Simon M. Laham

Der Sinn der Sünde

Simon M. Laham

Der Sinn der Sünde

Die sieben Todsünden –
und warum sie gut für uns sind

Aus dem Amerikanischen von
Claudia Jones

Die amerikanische Originalausgabe erschien 2012 unter dem Titel
»The science of sin. The psychology of the seven deadlies«
bei Three Rivers Press, an imprint of the Crown Publishing Group,
a divison of Random House, Inc. New York
Copyright © 2012 by Simon M. Laham
Published by Arrangement with Simon M. Laham

Dieses Werk wurde vermittelt durch die Literarische Agentur
Thomas Schlück GmbH, 30827 Garbsen.

Die Deutsche Nationalbibliothek verzeichnet diese Publikation
in der Deutschen Nationalbibliografie; detaillierte bibliografische
Daten sind im Internet über http://d-nb.dnb.de abrufbar.

Das Werk ist in allen seinen Teilen urheberrechtlich geschützt.
Jede Verwertung ist ohne Zustimmung des Verlags unzulässig.
Das gilt insbesondere für Vervielfältigungen, Übersetzungen,
Mikroverfilmungen und die Einspeicherung in und Verarbeitung
durch elektronische Systeme.

© 2013 by WBG (Wissenschaftliche Buchgesellschaft), Darmstadt
Die Herausgabe des Werkes wurde durch die Vereinsmitglieder
der WBG ermöglicht.
Typografie und Satz: Peter Lohse, Heppenheim
Einbandabbildung: Snake and Apple © Nelic-iStockphoto.com
Einbandgestaltung: Peter Lohse, Heppenheim
Gedruckt auf säurefreiem und alterungsbeständigem Papier
Printed in Germany

Besuchen Sie uns im Internet: www.wbg-wissenverbindet.de

ISBN 978-3-534-25931-1

Die Buchhandelsausgabe erscheint beim Primus Verlag.
Einbandabbildung: © fotolia.com - Instantly
Einbandgestaltung: Christian Hahn, Frankfurt a. M.
ISBN 978-3-86312-348-2

www.primusverlag.de

Elektronisch sind folgende Ausgaben erhältlich:
eBook (PDF): 978-3-534-73712-3 (für Mitglieder der WBG)
eBook (epub): 978-3-534-73713-0 (für Mitglieder der WBG)
eBook (PDF): 978-3-86312-639-1 (Buchhandel)
eBook (epub): 978-3-86312-642-4 (Buchhandel)

Inhalt

Einleitung 9

KAPITEL 1 **Wollust**
Büstenhalter, Nächstenliebe und
bessere Noten 17

Was wollen wir? 19
Nichts als Sex im Kopf 23
Sex und Bäume 26
Der lüsterne Nonkonformist 30
Der lustvolle Samariter 33
Vorsicht, Lust 38
Der menschliche Pfauenschwanz 41

KAPITEL 2 **Völlerei**
Esst, trinkt und seid fröhlich, schlau
und hilfsbereit 46

Gehirnnahrung 53
Ein Leitfaden für gutes Essen 58
Der Preis der Völlerei 62
Die Würze und die Bitterkeit des Lebens 64
Oh ... diese Franzosen 68

Inhalt

KAPITEL 3 **Habgier**
Gekauftes Glück, harte Arbeit und
Selbstgenügsamkeit 73

Glück zu verkaufen 75
Das Geldmotiv 80
Zwei Zahlungsparadoxa 84
Nichts als Geld im Kopf 91

KAPITEL 4 **Trägheit**
Eile mit Weile, Faulheit und viel Schlaf 99

Schlafen Sie darüber 102
Tagträumereien 110
Faule Köpfe 115
Faule Heilige 118
Das Konzept der Langsamkeit 120
Langsam und stetig 122

KAPITEL 5 **Zorn**
Die positive negative Emotion 129

Annäherung an den Zorn 130
Zornige Gemüter 135
Schön weit aufmachen und »Grrrr« sagen 140
Gerechter Zorn 143
Der Ausdruck von Zorn 148
Zornige Verhandlungen 151
Wütende Paare 154

Inhalt

KAPITEL 6 **Neid**
Wie Sie glücklicher, klüger und kreativer werden, wenn Sie anderer Menschen Hab und Gut begehren 156

Ein gutes Gefühl 158
Selig sind die Neider, denn sie werden intelligenter und kreativer sein 163
Wer ist schon neidisch auf einen Buchhalter? 166
Genau das Richtige 168
Die Umgebungstemperatur ist die beste Freundin einer jeden Frau 172

KAPITEL 7 **Hochmut**
... kommt vor dem Aufstieg 177

Stolz auf harte Arbeit 181
Stolz und Führungsverhalten 186
Aber werden sie auch gemocht? 188
Ist altruistischer Stolz ein Oxymoron? 190
Wie sonnt man sich im Erfolg eines Anderen? 191
Die Mythen und Realitäten des Narziss 193
Das wahre Spiegelbild des Stolzes 196
Alles, selbst Football, ist Eitelkeit 198

Schlusswort
Gerade als Sie dachten, es gäbe nur sieben ... 205

Danksagung 209

Anmerkungen 211

Über den Autor 239

Einleitung

Ich gebe zu, ich bin ein Sünder. Die meisten Tage begrüße ich mit einer Mischung aus Trägheit und Wollust (die, nebenbei bemerkt, üblicherweise auch den Abschluss der meisten Tage bildet). Diese verwandelt sich beim Frühstück in milde Völlerei und, ehe man sich's versieht, bin ich bereits mehrmals zur Hölle verdammt und es ist nicht einmal neun Uhr morgens. *Hochmut, Habgier, Trägheit, Völlerei, Wollust, Neid* und *Zorn* – die sieben Todsünden sind meine täglichen Begleiter.

Und Sie? Sind Sie ein Sünder? Können Sie sich auch nur an einen einzigen Tag in Ihrem Leben erinnern, an dem Sie nicht mindestens einigen dieser Laster gefrönt haben? Ich wette, Sie können es nicht.

Tatsache ist, wir alle »sündigen«, und zwar ständig. Wir lügen und betrügen und wir begehren alle möglichen Dinge, angefangen bei der Frau unseres Nachbarn bis hin zu seiner Schlafzimmereinrichtung. Aber keine Angst: Die sieben Todsünden sind nicht so schlecht für Sie, wie Sie vielleicht denken. Von Völlerei über Habgier, bis hin zu Neid und Wollust – selbst die schlimmsten dieser Laster können Sie klug, erfolgreich und glücklich machen. Jedenfalls werde ich versuchen, Sie bis zum Ende dieses Buches genau davon zu überzeugen.

Die sieben Todsünden sind allgegenwärtig. Der Geograf Thomas Vought von der Kansas State University untersuchte vor Kurzem

Amerikas Sündenlandschaft und erstellte eine Karte der sündigen Gipfel und lasterhaften Täler der Vereinigten Staaten.[1] Vought und seine Kollegen erstellten mithilfe von Statistiken aus verschiedenen Datenbanken diverse Sündenregister: Statistiken zu Gewaltverbrechen zur Messung von Zorn, zur Prävalenz sexuell übertragbarer Infektionen zur Erfassung von Wollust und zur Pro-Kopf-Anzahl der Fast-Food-Ketten zur Beurteilung der Völlerei. Die Grundaussage von Voughts Forschungsprojekt: Die sieben Todsünden sind gesund und munter. Hier sind die Gewinner:

> Am hochmütigsten: Shreveport, Louisiana
> Am habgierigsten: Las Vegas Strip
> Am trägsten: Atlantic City, New Jersey
> Am gefräßigsten: Tunica Co./Lula, Mississippi
> Am wollüstigsten: Tunica Co./Lula, Mississippi
> Am neidischsten: Biloxi, Mississippi
> Am zornigsten: Shreveport, Louisiana

Warum aber haben die Sünden einen solch schlechten Ruf, wenn doch jeder irgendwelchen Lastern frönt? Nun, das ist größtenteils die Schuld von Papst Gregor dem Großen. Sein 590 nach Christus veröffentlichtes Buch *Moralischer Kommentar zu Hiob* enthält eine kurze Liste der Todsünden.[2] Wohlgemerkt war aber nicht er derjenige, der diese Liste erfand: Er verfeinerte lediglich die vorhergehenden Bemühungen der Mönche Evagrius Ponticus und Johannes Cassianus.

Die Todsünden entwuchsen dem Klosterleben des frühen Mittelalters und wurden in einem Versuch festgelegt, die Mönche davon abzuhalten »durchzudrehen« und das Kloster zu verlassen. Kurz gesagt, waren die Todsünden praktische Leitlinien für die Wahrung der sozialen Ordnung in asketischen Gemeinschaften. Die Klostervorsteher wollten weder einen Haufen Vielfraße (schließlich gab es ohnehin nicht viel zu essen), noch wollten sie träge, hochmütige oder neidische Mönche, die nur allzu gewillt waren, beim ersten kleinen spirituellen Hindernis die Strapazen des religiösen Lebens hinter sich zu lassen.[3]

Zwar entstammt die Aufstellung dieser Sünden ursprünglich den Klöstern, aber seither haben sie sich zu einem festen Bestandteil des kulturellen Bewusstseins westlicher Zivilisationen entwickelt. Papsts Gregors Liste sorgte dafür, dass die Todsünden in der westlichen Welt nicht als gewöhnliche Übertretungen gelten. Gab man sich Zorn oder Neid hin, so war es nicht mit einem leichten Klaps getan. Es handelte sich um schwere Vergehen, für die man eine Ewigkeit in der Hölle kassieren konnte. Und das ist genau die Ansicht, die die westliche Welt seither im Hinblick auf die sieben Todsünden vertritt. Seit Jahrhunderten üben die Todsünden einen starken Einfluss auf die westliche Fantasie aus, erschrecken Kinder und Erwachsene zu Tode und durchdringen alle Bereiche unserer Kultur, von den Schriften Chaucers, über Dante und Milton hin zu den Filmen von David Fincher.

Die Psychologie erzählt jedoch eine ganz andere Geschichte bezüglich der Vorstellungen von Sünde und Moral. Im Laufe der Jahre haben Philosophen und Wissenschaftler versucht, die Moral »einzubürgern« und das Konzept von jeglichem göttlichen Glanz zu befreien. Moral wird jetzt als eine Reihe von Mechanismen angesehen, die nützlichen evolutionären Zielen dienen, genau wie die klassischen »Sünden«.[4] In der Psychologie gelten Hochmut, Wollust, Völlerei, Habgier, Neid, Trägheit und Zorn nicht als »Sünden«, als moralisch falsch oder auch nur als durchweg schlecht, sondern als ziemlich komplexe und weitgehend zweckmäßige psychische Zustände.

Jede der sieben Todsünden hat natürlich ihre Schattenseiten, aber auch eine Reihe von positiven und praktischen Auswirkungen: Zorn führt zu Beharrlichkeit, Trägheit zu Hilfsbereitschaft, Gier zu Freude und Neid kann das Selbstwertgefühl stärken.

Kurz gesagt, wenn es um die sieben Todsünden geht, präsentiert sich uns ein sehr komplexes Bild.

Es ist diese Komplexität, die ich in den folgenden sieben Kapiteln erkunden möchte. Die simplistische Kennzeichnung der sieben Todsünden als »Sünden« oder als durchweg falsch sorgt nur dafür, dass »Sünder« verachtet werden, und erstickt anspruchsvolle Diskussionen. Dieses Buch sagt dieser Einfältigkeit den Kampf an.

Ich habe noch ein weiteres Geständnis zu machen: Ich bin ein experimenteller Sozialpsychologe. Das bedeutet, ich erforsche das soziale Verhalten der Menschen (speziell ihr moralisches Verhalten), indem ich sie in mein Labor einlade, dort bestimmte Aspekte ihres Denkens oder ihres Verhaltens manipuliere und dann schaue, was passiert. Dieser Ansatz zur Untersuchung des Verhaltens hat sich als geeignet herausgestellt, um ein besseres Verständnis für unsere Motivationshintergründe zu entwickeln. Diese Art von Arbeit bildet die Grundlage dieses Buches. Jedes Kapitel umfasst eine Reihe von psychologischen Studien, die die faszinierende Komplexität der sieben Todsünden demonstrieren.

Sie glauben vielleicht, dass die Menschen die sieben Todsünden längst nicht mehr als »Sünden« ansehen. Nicht so schnell. Viele nehmen religiöse Glaubenssätze weiterhin sehr wörtlich und richten ihr Leben danach aus.

Gleichwohl sehen einige von uns ein Schlemmermahl oder gelegentliches Faulenzen nicht als Gründe für eine Reise in die Hölle. Tatsache ist jedoch, dass die lange Kulturgeschichte der sieben Tod*sünden* diese mit einer guten Schicht Negativität überzogen hat, die nur schwer abzuwaschen ist.

Betrachten wir die Ergebnisse der folgenden Studie.[5] William Hoverd von der Victoria University of Wellington und Chris Sibley, Psychologe an der University of Auckland, wollten wissen, ob die Leute Trägheit immer noch als unmoralisch ansehen. Dazu unterzogen sie die Teilnehmer einem sogenannten impliziten Assoziationstest (IAT), einer Computeraufgabe, die dazu entwickelt wurde, zu messen, wie eng zwei Konzepte im Gedächtnis miteinander verbunden sind. Und so funktioniert der IAT: Stellen Sie sich vor, Sie sitzen vor einem Computerbildschirm. Auf der linken Seite des Bildschirms sehen Sie zwei Kategoriebezeichnungen: »BLUMEN« und »ANGENEHM«. Auf der rechten Seite des Bildschirms sehen Sie zwei weitere Bezeichnungen: »INSEKTEN« und »UNANGENEHM«. Ihre Aufgabe ist es, Wörter, die in der Mitte des Bildschirms erscheinen, ihren entsprechenden Kategorien zuzuordnen, indem Sie mit der linken Hand eine Taste drücken, wenn das Wort zu einer Kategorie auf der linken Seite gehört (BLUMEN oder ANGENEHM) oder mit ihrer rechten Hand, wenn das Wort einer Kategorie auf der rechten Seite zugehörig ist (INSEKTEN oder UNANGENEHM). Wenn das Wort »Tulpe« erscheint, drücken Sie die linke Taste, und wenn das Wort »hässlich« auftaucht, drücken Sie die rechte Taste. Diese Reaktionen sollten recht einfach sein. Da BLUMEN und ANGENEHM im Gedächtnis ziemlich eng miteinander verbunden sind (immerhin mögen wir doch alle Blumen, nicht wahr?), sollte es Ihnen leicht fallen, auf diese Kategorien mit derselben Taste zu reagieren. (Das Gleiche gilt für INSEKTEN und UNANGENEHM). Je enger die beiden Konzepte miteinander verbunden sind, desto leichter sollte es sein, darauf zu reagieren, wenn sie eine Einheit bilden.

Jetzt stellen Sie sich vor, dass die Kategoriebezeichnungen ANGENEHM und UNANGENEHM die Seiten wechseln. Nun müssen Sie die linke Taste drücken, wenn das Wort entweder eine BLUME oder UNANGENEHM ist, und die rechte Taste, wenn das Zielwort ein INSEKT oder ANGENEHM ist. Das sollte sich als viel schwieriger erweisen, da die gepaarten Kategorien (z. B. BLUMEN und UNANGENEHM) nicht sehr eng miteinander in Beziehung stehen.

Hoverd und Sibley berufen sich auf die Logik des IAT, um den Grad der Verbindung zwischen »KÖRPERLICH NICHT AKTIV« (ähnlich Trägheit) und »UNMORALISCH« zu untersuchen. Wenn es den Leuten leicht fällt, auf KÖRPERLICH NICHT AKTIV und UNMORALISCH mit derselben Taste zu reagieren, dann sind diese Konzepte eng miteinander verknüpft. Wenn es für sie schwierig ist, stehen die Konzepte nicht in enger Verbindung zueinander.

In der von Hoverd und Sibly verwendeten IAT-Version wurde bei einigen Durchläufen dieselbe Taste (z. B. die linke Taste) mit KÖRPERLICH NICHT AKTIV und UNMORALISCH belegt. In anderen Durchgängen wurden KÖRPERLICH NICHT AKTIV und MORALISCH gepaart. Im Einklang mit der Auffassung, dass Trägheit eng mit Unmoral verbunden ist, fiel es den Teilnehmern leichter (d. h., sie waren schneller), auf die KÖRPERLICH NICHT AKTIV-UNMORALISCH-Paarung zu reagieren.

Das Erstaunlichste am IAT ist, dass er die gedanklichen Verknüpfungen von Personen misst, ohne dass diese sich dessen bewusst sind. Die Hoverd-und-Sibley-Studie demonstriert also eindrucksvoll, wie sehr unsere Vorstellungen von den sieben Todsünden bestimmt werden.

Auch wenn wir diese Sünden nicht bewusst unmoralisch finden, ist ihre Unsittlichkeit tief in uns verwurzelt und fest in unseren unbewussten Gedanken eingebettet.

Angesichts dieser tief verwurzelten und starken Assoziationen ist dieses Buch auch eine Übung in altmodischer Rhetorik. Ich möchte Sie nicht nur davon überzeugen, dass die Sünden komplexe und interessante psychologische Zustände sind, sondern dass sie, wenn Sie ihnen auf die richtige Art frönen, auch weitgehend zweckmäßig und alltagstauglich sind. Daher sehe ich dieses Buch als eine Art Heilmittel, in einer Zeit, in der selbst die banalsten täglichen Aktivitäten – vom Schmachten nach dem letzten Keks bis hin zum Hochlegen der Füße vor dem Fernseher – mit vorwurfsvoller Scham begrüßt werden. Dieses Buch ist kein Manifest für »ständiges Sündigen«, sondern eine Erinnerung daran, dass die Todsünden uns zuweilen recht dienlich sind und weit davon entfernt, uns einen feurigen Pfad entlang in Richtung Hölle zu führen. Lesen Sie weiter, um herauszufinden, warum die Habgierigen glücklich und die Trägen schlau sind, warum Zorn Sie zu einem furchteinflößenden Verhandlungsführer macht und vieles mehr.

Nun, wo soll ich anfangen? Es gibt keine wirklich definitive Reihenfolge der Todsünden. Jeder, der sich mit dieser Angelegenheit beschäftigt, hat sein eigenes bevorzugtes System. Ich selber stütze mich stark auf Papst Gregors Liste und so halte ich mich an seine Reihenfolge. Für Gregor reichen die Sünden in ihrer Schwere von den weniger tückischen, körperlichen hin zu den schlimmeren, den Geist betreffenden Sünden: Wollust, Völlerei, Habgier, Trägheit, Zorn, Neid, Hochmut.[6] Lassen Sie uns mit den körperlichen beginnen und uns dann zu den spirituellen vorarbeiten. Beginnen wir mit der Wollust.

KAPITEL I

Wollust
Büstenhalter, Nächstenliebe und bessere Noten

Kleidung, Gummischuhe, Brillen. Das sind keine Posten auf einer Einkaufsliste, sondern Beispiele für die unzähligen und seltsamen Objekte der Lust. Feuer und Füße sowie Bäume und Schafe stehen ebenfalls hoch im Kurs bei einigen Leuten. Nicht nur Männer und Frauen, sondern auch Tiere, Gemüse und Mineralien in allen Formen und Größen sind Ziele der sexuellen Begierde. Natürlich sehnen sich die meisten von uns nach einem ganz normalen Mann oder einer ganz normalen Frau, ohne Schnickschnack, Peitschen, Ketten oder anderem Beiwerk. Aber unabhängig davon, was genau uns im Einzelfall anmacht, sind die *Folgen* der Erregung sich in allen Fällen sehr ähnlich.

Ob wir Fred, Fiona oder Bello begehren – wenn wir nach etwas gieren, denken und handeln wir anders. Und viele dieser Gedanken und Handlungen sind gut für uns.

Wie die Vielfalt der Lustobjekte bereits andeutet, ist diese Sünde ein wenig komplizierter, als man auf den ersten Blick vermuten würde. Wir Psychologen verwenden den Begriff »Wollust« im beruflichen Kontext oder in feiner Gesellschaft für gewöhnlich gar nicht oder kaum. Vielmehr sprechen wir von »Aktivierung des sexuellen Verhaltenssystems«. (Das werde ich

Ihnen aber ersparen und diesen Zungenbrecher im Folgenden einfach durch das Wort »Lust« ersetzen.) Eine solche Aktivierung besteht aus einem Komplex physiologischer, kognitiver und emotionaler Reaktionen und Verhaltensänderungen. Die wichtigste Funktion des sexuellen Systems ist, wie Sie sicher bereits vermuten, die Vermehrung. Das bedeutet natürlich nicht, dass wir nur Sex haben, um uns fortzupflanzen. In der Tat gibt es nach einer aktuellen Zählung 237 Gründe, warum Männer und Frauen miteinander schlafen.[1] Dazu gehören betrunken sein, das Streben nach einer Beförderung, das Feiern eines besonderen Anlasses, das Verlangen, Zwiesprache mit Gott zu halten, sowie die eher banalen Gründe sich geliebt fühlen zu wollen und pure Geilheit.

Sex kann diese Art von Zielen erfüllen, aber entwicklungsgeschichtlich dient das sexuelle System der Weitergabe unserer Gene an die nächste Generation – und wie wir im Rest dieses Kapitels sehen werden, ist dieses System dazu erstaunlich gut geeignet. Wenn wir etwas begehren, wird eine Kaskade psychologischer und verhaltensbezogener Veränderungen ausgelöst, die alle darauf abzielen, unsere Chancen auf Sex zu steigern und, wie sich herausstellt, noch vieles mehr veranlassen. Aber bevor wir unsere Aufmerksamkeit auf die Vorteile der Lust richten, lassen Sie uns einmal betrachten, wie diese Sünde sich genau darstellt.

Was wollen wir?

»Frauen wollen Liebe, Nähe und einen guten Vater für ihre Kinder.«[2]

»Streifen Sie einen glasierten Donut über das Glied eines Mannes und knabbern Sie dann sanft den Teig ab und lecken sie die Glasur ... und seine Männlichkeit.«[3]

Einschlägigen Männer- und Frauenzeitschriften zufolge wollen die Geschlechter unterschiedliche Dinge. Ich selber mochte Donuts noch nie so wirklich, aber ich muss auch zugeben, dass ich mich bisher nur darauf beschränkt habe, diese zu essen. Und obwohl *Cosmopolitan* und *Men's Health* vielleicht hin und wieder die Details falsch wiedergeben (ich bevorzuge Bagels), trifft die generelle Aussage durchaus zu: Männer und Frauen begehren verschiedene Dinge.

Selbst wenn wir uns nur auf die menschlichen Objekte der Begierde beschränken, gibt es gut dokumentierte Unterschiede im Hinblick auf das, was die beiden Geschlechter anmacht. Heterosexuelle Männer wollen für gewöhnlich Jugend, Schönheit und ein Taille-Hüfte-Verhältnis von etwa 0,7.[4] Heterosexuelle Frauen hingegen orientieren sich häufiger an Geld, Bildung und Status.[5]

Einer der interessantesten Faktoren im Hinblick auf geschlechtsspezifische Unterschiede der Lust ist die Tatsache, dass wir diese auf unserer Suche nach einem Partner tatsächlich nutzen. Wir wissen, was das andere Geschlecht will, und wir stellen genau diese Eigenschaften heraus, wenn wir jemanden beeindrucken wollen.

Wir alle tun das. Denken Sie an Ihre letzte Verabredung. Meine Herren, haben Sie nicht vielleicht versucht ein wenig größer, geheimnisvoller und attraktiver zu wirken? Und, meine Damen, kam die Make-up-Grundierung für reinere Haut zum Einsatz? Oder das kleine Schwarze, das so schön schlank macht?

Im Zuge seiner Analyse der Daten von etwa 5000 Nutzern von Online-Dating-Diensten fand Jeffrey Hall von der University of Kansas heraus, dass sowohl Männer als auch Frauen mit ihren strategischen Falschdarstellungen genau den Punkt treffen: Männer neigten zu Übertreibungen hinsichtlich ihres persönlichen Vermögens und entsprachen damit dem Wunsch der Frauen nach Ressourcen und Status, wohingegen Frauen bei ihren Angaben gerne ein paar Pfunde wegmogelten. Beide Strategien sind sinnvoll angesichts der sexuellen Vorlieben des anderen Geschlechts.[6]

Nun mag das alles schrecklich pervers erscheinen: falsche Angaben zum persönlichen Vermögen – wie schockierend. Aber in gewissem Sinne können wir vielleicht gar nichts dafür.

James Roney von der University of Chicago induzierte Lust in einer Gruppe männlicher Teenager, indem er ihnen Bilder von jungen Frauen zeigte, und stellte fest, dass die Jungs danach materiellen Reichtum als weit wichtiger einschätzten als nach dem Anschauen von Bildern älterer Frauen und Männer.[7] Diese lüsternen Jungs legten auch mehr Wert auf Ehrgeiz und Status. Was hier zu passieren scheint, ist, dass die Lust vorübergehend unsere Wertesysteme umkrempelt. Wenn wir sexuell erregt sind, bevorzugen und übertreiben wir Qualitäten, die unsere Chancen auf Sex erhöhen, ohne uns dessen bewusst zu sein. Diese lüsternen Teenager bewerteten Ehrgeiz und Vermögen nicht absichtlich höher als gewöhnlich, sondern ihre Wertesysteme wurden auf subtile Weise von der Lust durchdrungen und umkonfiguriert, um ihnen so bessere Chancen bei der Partnersuche zu geben.

Nicht nur die genauen Ausprägungen der Lust unterscheiden sich zwischen den Geschlechtern, sondern auch die allgemeineren Einstellungen zu der ganzen Angelegenheit. Klischees vom

Was wollen wir?

Mann, der wahllos mit allem ins Bett geht, was einen Herzschlag hat, und von der eher zurückhaltenden, wählerischen Frau enthalten beide ein Fünkchen Wahrheit. In Studien über sexuelle Fantasien berichteten Männer oft von einem größeren Verlangen nach Abwechslung als Frauen.[8] Das gleiche Muster findet sich in Männerträumen: Dort kommt Sex mit mehr als einem Partner doppelt so häufig vor wie in den träumerischen Liebeleien der Frauen.[9]

Die unglaublichste mir bekannte Demonstration der Wahllosigkeit und Vorliebe für Abwechslung von Männern entstammt einer der besten Feldstudien der Sozialpsychologie.

1978 und 1982 rekrutierten Russell Clark von der Florida State University und Elaine Hatfield von der University of Hawaii eine Gruppe von 22-jährigen Psychologiestudenten als Verbündete (diesen Begriff verwenden wir, um die Assistenten oder Handlanger der Versuchsleiter zu beschreiben) für eine Studie über geschlechtsspezifische Unterschiede in sexuellen Einstellungen und Verhaltensweisen.[10]

Clark und Hatfields Handlanger sprachen Fremde des anderen Geschlechts an verschiedenen Orten auf dem Campus an. Die Verbündeten wurden angewiesen, nur diejenigen Personen auszuwählen, die für sie attraktiv genug waren, um mit ihnen zu schlafen, wenn sich die Gelegenheit böte. Nachdem er sich einen Überblick über die Menge verschafft und einen geeigneten, sexwürdigen Kandidaten ausgewählt hatte, sprach der Verbündete die Person mit den folgenden Worten an: »Ich habe dich auf dem Campus gesehen. Ich finde dich sehr attraktiv.« Nach diesem eher holprigen Eisbrecher setzte der Verbündete seine Anmache auf eine von drei Arten fort: »Möchtest du heute mit mir ausgehen?« oder »Möchtest du mich heute Abend in meiner Wohnung besuchen?« oder »Würdest du heute Nacht mit mir schlafen?«.

Sowohl 1978 als auch 1982 waren etwa 50% der Teilnehmer – männlich wie auch weiblich – bereit, sich mit einem völlig

Fremden zu verabreden. Einen Unterschied zwischen den Geschlechtern gab es nicht. Bei etwas erhöhtem Einsatz wurden die Frauen etwas zögerlicher. 1978 waren nur 6 % der Frauen bereit, einem fremden Mann in seine Wohnung zu folgen; 1982 war es keine einzige. Und eine Verabredung zum Sex? Nicht eine Frau in den sexuell freizügigen siebziger und frühen achtziger Jahren ließ sich auf Sex mit einem ihr völlig Fremden ein.

Die Statistiken könnten für Männer nicht unterschiedlicher sein. Während 50 % einer Verabredung zustimmten, waren 69 % gerne bereit, der Frau einen Besuch in ihrer Wohnung abzustatten und ganze 75 % (69 % im Jahr 1982) waren mehr als gewillt mit der Frau Sex zu haben. Wenn diese letzte Statistik nicht als Geschlechterunterschied gewertet werden kann, dann weiß ich nicht, was einen solchen sonst signalisieren könnte.

Obwohl diese Unterschiede bemerkenswert und signifikant sind, gibt es natürlich auch Gemeinsamkeiten in der Struktur der Lust. Sowohl Männer als auch Frauen fühlen sich zu Partnern hingezogen, die zuverlässig, reif, freundlich, gesund, intelligent, gebildet, gesellig und an einem Zuhause und einer Familie interessiert sind.[11] Auch wenn man sie zu den Gründen für Sex befragt, sind sich Männer und Frauen erstaunlich einig: Hinsichtlich 20 der 25 Top-Gründe stimmen beide Geschlechter überein.[12]

Geschlechterunterschiede in der Lust bilden einen interessanten Ausgangspunkt für unsere Erkundung dieser Sünde. Als Nächstes betrachten wir die Ähnlichkeiten und Unterschiede in den Auswirkungen der Lust auf die Art, wie Männer und Frauen denken.

Nichts als Sex im Kopf

Wie Sie sich vorstellen können, lassen sich nicht alle Studien zum Thema Lust als Feldstudie durchführen. Forscher stützen sich bei der Untersuchung sexueller Erregung und ihrer Folgen häufig auf Laborstudien. Und während Experimente gelegentlich erfordern, dass die Teilnehmer Geschlechtsverkehr im MRT-Scanner haben oder Geräte mit Namen wie »mercury-in-rubber strain gauge«* oder »vaginaler Fotoplethysmograf« an ihren Geschlechtsteilen angebracht werden, geben sich die meisten Sozialpsychologen gerne mit den guten alten Priming-Methoden zufrieden.[13] (Der Begriff Priming bezieht sich darauf, dass Menschen schneller auf einen Reiz reagieren, wenn diesem ein verwandter Reiz vorausgegangen ist. Mehr dazu weiter unten.) Typischerweise zeigen Forscher ihren glücklichen Teilnehmern Bilder von nackten Männern und Frauen oder Wörter wie *Penis* und *Orgasmus* und warten, was passiert.

Nehmen wir eine Studie von Omri Gillath von der University of Kansas und seinen Kollegen.[14] In dieser Studie absolvierten die Teilnehmer das, was wir eine lexikalische Entscheidungsaufgabe, oder LEA, nennen. Diese wird dazu verwendet, um die Aktivierung von Konzepten im Gehirn zu messen.

Und so funktioniert die LEA:

In jedem Durchgang einer LEA erscheint eine Buchstabenfolge auf dem Computerbildschirm und die Teilnehmer müssen entscheiden, ob diese ein Wort oder ein Nicht-Wort ergibt (d. h., sie müssen eine lexikalische Entscheidung treffen). Bei einem Durchgang könnten Sie etwa »hretea« sehen, woraufhin Sie dann hoffentlich mit »Nicht-Wort« antworten würden, indem Sie die entsprechende Taste drücken. In einem anderen Durchlauf könn-

---

* Anmerkung der Übersetzerin: Mit Quecksilber gefüllter Gummischlauch zur Messung der Volumenveränderung.

ten Sie »Tisch« sehen, worauf Sie mit Drücken der »Wort«-Taste reagieren sollten. Von Interesse für die Forscher sind die Reaktionszeiten für Wörter: Wie lange brauchen Sie, um »Tisch« als Wort zu erkennen? Je kürzer die Reaktionszeit, desto höher die Aktivierung von mit dem Zielwort verwandten Konzepten.

Besonders interessant wird die LEA, wenn zwischen den Durchgängen »Primes« eingesetzt werden. Nehmen wir zum Beispiel an, dass das Wort »Stuhl« kurz vor dem Wort »Tisch« auf dem Bildschirm erscheint. Sie werden angewiesen, das erste Wort zu ignorieren (»Stuhl« ist hier der sogenannte *Prime*) und auf die zweite Buchstabenfolge mit einer lexikalischen Entscheidung zu reagieren (»Tisch« ist hier das sogenannte *Zielwort*). Was hier passiert, ist, dass die Reaktionszeit zur Beurteilung des Wortes »Tisch« nach einem »Stuhl«-Prime für gewöhnlich kürzer ist, als nach einem Nicht-Wort-Prime (z. B. »ghjsj«). Warum? Es geht dabei um die Verbreitung der Aktivierung in den assoziativen Netzwerken, die unser Verstand umfasst. Der Verstand ist ein riesiges Netzwerk von miteinander verbundenen Ideen und Konzepten. Wenn ein Konzept in diesem Netzwerk aktiviert wird (z. B. durch die Präsentation des Wortes »Stuhl« in der LEA), breitet sich diese Aktivierung auf andere, verwandte Konzepte (z. B. »Tisch«) aus. Diese sich ausdehnende Aktivierung *primed* diese verwandten Konzepte und macht es so einfacher, sie, wenn nötig, zu verwenden.

Gillath war natürlich nicht an Stühlen und Tischen interessiert – seine Aufmerksamkeit galt dem Sex –, aber er wendete dieselbe Logik an. Statt Wörter wie »Tisch« zu benutzen, untersuchte Gillath, wie lange Personen brauchten, um auf Zielwörter wie »Penis«, »Orgasmus« und »Geschlechtsverkehr« zu reagieren. Anstelle von Wort-Primes zeigte er den Teilnehmern Bilder von nackten Personen des anderen Geschlechts, um eine Aktivierung auszulösen. Er fand heraus, dass die Teilnehmer »Penis«, »Geschlechtsverkehr« und andere sexbezogene Zielwörter tatsächlich schneller als Wörter erkannten, nachdem sie die Nacktfotos gesehen hatten. (Noch faszinierender ist die Tatsache, dass die hier verwendeten Primes unterschwellig waren, da sie für nur 30 Millisekunden gezeigt wurden. Dieser Zeitraum ist zu kurz, um den Inhalt der Primes bewusst wahrzunehmen.) Wenn wir sexuell geladenen Wörtern ausgesetzt werden, wird also eine Ausbreitung der Aktivierung von sexbezogenen Konzepten über die assoziativen Netzwerke unseres Gehirns ausgelöst, die dafür sorgt, dass wir nichts als Sex im Kopf haben. Aber zu welchem Zweck?

Gillaths Studie legt nahe, dass unsere Schwelle für die Wahrnehmung von sexbezogenen Informationen in der Umwelt durch Gedanken an Sex (auch unbewusste) herabgesetzt wird. Kurz gesagt verstehen wir mehr und mehr Reize als sexuell aufgeladen. Der offensichtlichste Vorteil dieser kognitiven Verschiebung ist, dass sie unsere Chancen auf Sex erhöht. Unsere grundlegenden kognitiven Funktionen stellen sich auf alles ein, was mit Sex zu tun hat, und das macht es wahrscheinlicher, dass wir zum Zug kommen.

Die Macht dieser mentalen Veränderung wird noch deutlicher, wenn wir einige Arbeiten von Jon Maner von der Florida State University betrachten. In einer faszinierenden Reihe von Studien primte Maner Studenten mit einem »Paarungsziel« (was lediglich eine andere Art ist, zu sagen, er hat die Studenten dazu gebracht, an Sex zu denken).[15] Dies tat er mithilfe eines Filmclips, in dem ein attraktiver Mann und eine attraktive Frau eine romantische erste Verabredung haben. Danach zeigte er den Teilnehmern Fotos von unterschiedlich attraktiven Menschen. Sein Ziel waren Bewertungen der Teilnehmer im Hinblick auf den Ausdruck offensichtlicher sexueller Erregung in diesen Fotos. Wenn die Lust ihre Arbeit gut macht und die jeweilige Person auf Sex vorbereitet, wäre zu erwarten, dass die lustgeprimten Teilnehmer sexuelle Erregung in anderen erkennen und diese als potenzielle Partner ansehen. Und das entspricht im Grunde den Ergebnissen, die Maner in seinen Studien fand. Diejenigen, die sexuell geprimt waren, nachdem sie den romantischen Film gesehen hatten, interpretierten mehr sexuelle Absicht in die Gesichter von anderen als die Teilnehmer in der Kontrollgruppe, die eine absolut sexlose Dokumentation über Menschen in Aufzügen zu sehen bekommen hatten. (Der Effekt war jedoch auf männliche Teilnehmer beschränkt, die attraktive Zielpersonen sahen.)

Im Großen und Ganzen scheint die Lust ganze Arbeit zu leisten. Sie lässt uns an Sex denken, was dazu führt, dass wir in der Umgebung Sex sehen, was uns wiederum glauben lässt, dass die Chancen auf Sex ziemlich gut stehen. Hier noch ein paar andere lustinduzierte kognitive Veränderungen: Wir finden andere Menschen attraktiver, wenn wir erregt sind, und wir schenken körperlich attraktiven (d. h. sexwürdigen) Personen mehr Aufmerksamkeit.[16] In der Psychologensprache: Aktivierte Paarungsziele (ausgelöst durch die Einwirkung von Nacktbildern und dergleichen) induzieren kognitive und verhaltensbezogene Strategien ausgerichtet auf die Unterstützung unseres reproduktiven Erfolges. Alltagssprachlich würden wir das so ausdrücken: Gedanken an Sex führen zu noch mehr Gedanken an Sex und diese mentalen Veränderungen wiederum führen zu Verhaltensweisen, die dafür sorgen sollen, dass wir schließlich auch Sex haben.

Sex und Bäume

(Manche Menschen fühlen sich sexuell zu Bäumen hingezogen. Das nennt man Dendrophilie. Aber darum geht es in diesem Abschnitt gar nicht.)

Die Lust ist eindeutig Meister darin, Gedanken und Verhaltensweisen auszulösen, die unsere Chancen auf Sex optimieren. Aber die Auswirkungen der Lust auf unser Denken und Handeln sind weit breiter gefächert.

Sex und Bäume

Diese Sünde lenkt unsere Aufmerksamkeit auf die unmittelbare Gegenwart. Das macht natürlich Sinn, da die Lust sich auf ein drängendes aktuelles Ziel richtet, nämlich Sex. Es zahlt sich aus, sich auf Reize in unserer unmittelbaren Umgebung zu konzentrieren (in der Regel auf Menschen; manchmal auf Kleidung oder Latex oder, ja, Bäume), die das aktivierte sexuelle Ziel erfüllen können.

Aber dieser durch die Lust inspirierte Gegenwartsfokus steht stellvertretend für eine allgemeinere kognitive Veränderung. Die Lust gibt uns nicht nur Anlass, uns primär auf gegenwärtige *sexuelle* Reize zu konzentrieren, sondern verspricht auch noch andere Belohnungen.

Liebe Leser, ich möchte Sie bitten, einen BH zu suchen. Durchwühlen Sie Ihre Unterwäscheschublade oder die Ihrer Partnerin. Tun Sie, was nötig ist. Jetzt schauen Sie sich den BH an. Fühlen Sie den Stoff. Wie gefällt Ihnen die Stickerei? Wie ist er allgemein verarbeitet?

Nun denken Sie bitte über Folgendes nach:

Ich kann Ihnen jetzt sofort 15 Euro geben oder einen anderen Betrag in einer Woche. Wie viel Geld müsste ich Ihnen in einer Woche geben, damit Sie die 15 Euro heute ablehnen?

Wenn Personen vor Entscheidungen zwischen unmittelbaren und zukünftigen Belohnungen gestellt werden, bevorzugen sie oft die unmittelbaren (auch wenn solche Belohnungen weniger wert sind) und fordern im Gegenzug dafür, dass sie die sofortige Belohnung aufgeben, höhere Belohnungen in der Zukunft.[17] Diese Tendenz, die Zukunft abzuwerten, nennt man »Delay Discounting«; sie kann aber auch einfach als Ungeduld interpretiert werden.

Obwohl wir alle dazu neigen, die Zukunft bis zu einem gewissen Grad abzuwerten, ist der Effekt bei Personen, die einen

BH in der Hand halten, ausgeprägter. Wenn Männern die obige Frage gestellt wurde, nachdem sie einen BH angefasst hatten, forderten sie wesentlich mehr Geld als Männer, die ein nicht allzu aufreizendes T-Shirt angefasst hatten.[18] (Die Studie wurde bisher noch nicht mit Frauen durchgeführt, aber irgendwie bezweifle ich ohnehin, dass Herrenunterwäsche denselben Effekt hat.)

So wie die Lust den Wert unmittelbarer sexbezogener Reize erhöht, so lässt sie die Gegenwart in monetärer Hinsicht ebenfalls viel wertvoller erscheinen. Und es geht dabei nicht nur ums Geld. Das Gleiche passiert, wenn man Süßigkeiten und Limonade anbietet: Personen, die einen BH in der Hand halten, fordern eine größere Menge zu einem späteren Zeitpunkt, um sie von einer bestimmten Menge in der Gegenwart abzubringen. Die Gegenwart ist für sexuell erregte Personen einfach wertvoller.[19]

Aber diese *recht allgemeine* Tendenz, sich auf die Gegenwart zu konzentrieren und diese höher zu werten, könnte Teil einer *noch allgemeineren* Aufmerksamkeitsverlagerung sein.

Welchen Buchstaben sehen Sie hier?

H
H
H
H
H
H H H H H

Ein L oder ein H? Selbstverständlich sehen Sie beides. Aber was, wenn ich Sie fragen würde: »Sehen Sie ein L?« oder »Sehen Sie ein H?« und Sie müssten so schnell wie möglich antworten? Wenn Psychologen ihre Studienteilnehmer bitten, genau das zu tun, finden sie interessante Unterschiede in deren Reaktionszeiten.

Warum? Diese Differenzen entstehen aufgrund von Unterschieden in der sogenannten »globalen versus lokalen Verarbeitung«. Die globale Verarbeitung dreht sich um das große Ganze. Sie ist ganzheitlich, erkennt die langfristige Perspektive und sieht eher den Wald als einzelne Bäume. In dem L-versus-H-Buchstabenbeispiel sieht die globale Verarbeitung schneller den L-Wald als die kleinen H-Bäume. Die lokale Verarbeitung hingegen konzentriert sich ganz auf die Details: Bäume statt Wald; Hs statt L. Es gibt eine Reihe von Faktoren, die globale/lokale Verarbeitung auslösen. Menschen aus ostasiatischen Kulturen sind zum Beispiel eher global orientiert, während jene aus dem Westen zu lokaler Verarbeitung neigen.[20]

Wenn die Lust also unsere *zeitliche* Aufmerksamkeit auf das Hier und Jetzt lenkt, wäre durchaus denkbar, dass sie auch andere Dimensionen der Aufmerksamkeit einschränkt und zu detailorientierter, lokaler Verarbeitung führt.

Um diese Möglichkeit zu testen, primten Jens Förster, Sozialpsychologe an der Universität Jena, und seine Kollegen Amina Özelsel und Kai Epstude Teilnehmer mit Lust, indem sie diese dazu brachten, an einen flüchtigen sexuellen Kontakt mit einem attraktiven Partner zu denken und ihnen dann eine Reihe von zusammengesetzten Buchstaben, ähnlich dem oben präsentierten, zeigten.[21] Und wie man es erwarten würde, wenn Lust tatsächlich lokale Verarbeitung auslöst, berichteten die Teilnehmer schneller, dass sie die »Baum«-Buchstaben sahen (d. h. H im obigen Beispiel), als die »Wald«-Buchstaben. Lust ist lokal, nicht nur zeitlich, sondern auch im Hinblick auf die allgemeine Verarbeitung. Es geht darum, im Einzelnen herauszufinden, was wohin gehört und in welcher Reihenfolge.

Welche Vorteile hat diese Art von lustinduzierter Verarbeitung? Nun, die lokale Verarbeitung ist mit dem verknüpft, was Psychologen »analytisches Denken« nennen. Das ist die Art des Denkens, die bei der Lösung von Problemen wie »Wenn A kleiner ist als B und C größer ist als B, ist A dann kleiner als C?« zum Einsatz kommt, die Teil der Graduate Record Examination* und anderer akademischer Tests sind. Um die Lösung für dieses und andere analytische Probleme zu finden, muss man logisch und oft mühsam anhand einer Reihe von Fakten schlussfolgern. Man muss seine Antwort aus den Details zusammensetzen.

Als Jens Förster und seine Kollegen in einer anderen Studie erneut Teilnehmer mit Sex primten und ihnen eine Reihe von Aufgaben vorlegten, die analytisches Denken erforderten, fanden sie heraus, dass lüsterne Denker im Verlauf einer vierminütigen Testzeit circa drei Aufgaben lösten; durchschnittlich eine mehr als Kontrollpersonen.[22]

Und die Moral des Ganzen? Schauen Sie sich vor Ihrer nächsten Prüfung einfach ein paar Pornos an.

Der lüsterne Nonkonformist

Etwa ein Fünftel der Werbung nutzt Sex, um die beworbenen Produkte zu verkaufen. Es ist sicherlich nicht übertrieben zu behaupten: »sex sells«. Legen Sie eine sexy Frau neben ein Päckchen Kaugummi und es ist zu erwarten, dass die positiven Eigenschaften der Frau auf den Kaugummi abfärben und ihn attraktiver erscheinen lassen. Intuitiv macht das Sinn und beruht in der Tat auf fundierten psychologischen Theorien zum Thema »evaluative Konditionierung«. (Dabei handelt es sich um nichts anderes als die Idee, dass ein neutraler Reiz über kurz oder lang positiver bewertet wird, wenn er konsequent mit einem positiven Reiz verknüpft wird. Die gleiche Logik gilt für die Paarung

---

* Anmerkung der Übersetzerin: Standardisierter Test zur Aufnahme in US-amerikanische Aufbaustudiengänge.

negativer und neutraler Reize, im Zuge derer der neutrale Reiz negativ wird.)

Aber das eigentliche Problem sind die Hinweise darauf, dass Sex nicht wirklich verkaufsfördernd ist. Obwohl Sex für die meisten Menschen ein eher positives Konzept ist (auch wenn Frauen in Bezug darauf oft gemischte Gefühle haben), sind sexuelle Reize auch recht störend.[23] So führt die Einbettung eines Produktes in einen sexuellen Kontext regelmäßig dazu, dass man sich schlechter an das Produkt erinnert. Das ist natürlich nicht im Sinne des Werbenden, da die Erinnerung an eine Marke ein wichtiger Prädiktor für die Kaufabsicht ist.[24]

Sex scheint in der Werbung und im Film nicht zu funktionieren. Als Anemone Ceeridwen und Dean Simonton die Kartenverkäufe für 914 Filme untersuchten, die zwischen 2001 und 2005 in die Kinos kamen, fanden sie heraus, dass sexuelle Inhalte eines Films negativ mit den Bruttoeinnahmen korrelierten (d. h. mehr Sex, weniger Geld).[25] (Was bestimmt den Kassenerfolg? Die Einnahmen eines Films lassen sich hauptsächlich auf Grundlage der Anzahl der Kinos vorhersagen, in denen der Film gezeigt wird.)

Aber ich will versuchen, etwas von dem »sex sells«-Mantra zu retten, bevor wir uns vollends von dieser altehrwürdigen, aber anscheinend falschen Weisheit der Werbebranche verabschieden – wenn auch nur der armen, fehlgeleiteten Werbefachleute zuliebe, die darauf bestehen, Kaffee durch Aufnahmen von sich in Schwimmbecken voller Kaffeebohnen tummelnden nackten Männern und Frauen verkaufen zu wollen. Haben Sie Nachsicht mit mir, wenn ich diesen Umweg einschlage.

In einer faszinierenden empirischen Studie untersuchten Vladas Griskevicius, ein Psychologe an der University of Minnesota, und eine Gruppe seiner Kollegen, in welcher Weise die Lust die Art beeinflusst, wie Menschen sich anpassen.[26]

Aus zwei Gründen müssen wir uns oft dem Verhalten anderer anpassen oder fügen. Erstens: in dem Versuch, besser informiert zu sein (wenn Sie unsicher sind, was Sie denken oder tun sollen, ist es oft eine gute Idee, das zu denken oder zu tun, was andere denken oder tun); und zweitens: in dem Versuch, zu gefallen oder dazuzugehören. In der Regel sind diese Motive zweckmäßig und die Konformität erweist uns einen guten Dienst. Es gibt aber auch Zeiten, so Griskevicius, zu denen es nicht besonders ratsam ist, der Norm zu folgen. Es gibt Zeiten, da ist es sinnvoller, aus der Menge hervorzustechen, anstatt sich ihr anzupassen. Das ist zum Beispiel der Fall, wenn wir in der Stimmung sind, Sex zu haben.

Auf dem Marktplatz der sexuellen Eitelkeiten buhlen wir um die Aufmerksamkeit der »Käufer« und müssen unsere einzigartigen Waren anpreisen und jegliche Art von Wettbewerbsvorteil kommunizieren. Und wenn das Hervortreten aus der Masse uns generell in einem positiveren Licht erscheinen lässt, sollte die Lust unsere Neigung, uns anzupassen, eher reduzieren.

Dieser Logik folgend entwickelte Griskevicius eine Reihe von Studien, um die Auswirkungen von Sex-Priming auf die Konformität zu testen. Die detaillierten Ergebnisse sind ein wenig kompliziert, aber das Wesentliche ist schnell zusammengefasst: Männer wurden zu Nonkonformisten, wenn das Herausfallen aus der Masse ein positives Selbstbild vermittelte. Da Frauen bei ihren Partnern auf Eigenschaften wie Entschlossenheit und Unabhängigkeit Wert legen, ist Nonkonformismus ein Weg für Männer, diese Qualitäten zu signalisieren. In Bezug auf Frauen stellt sich die Situation ein wenig anders dar. Sexgeprimte Frauen neigten in Griskevicius' Studie *eher* dazu, sich anzupassen, wenn eine solche Anpassung potenziellen Partnern ein positives Bild vermittelte. Das erklärt sich durch die männliche Vorliebe für ein angenehmes Wesen und Zugehörigkeitsgefühl einer Partnerin: Wenn sie sexuell erregt waren, versuchten Frauen ihre Umgänglichkeit zu vermitteln, indem sie sich der Gruppe anpassten.

Was hat das alles mit Sex in der Werbung zu tun? Nun, es scheint, dass die Verwendung von Sex in der Werbung nur sinnvoll ist, wenn er für die Vermarktung von Produkten eingesetzt wird, die Einzigartigkeit bei Männern und Konformität bei Frauen signalisieren. Wenn Männer eine halbnackte Frau neben einer Uhr sehen, die ihren Träger einzigartig erscheinen lassen soll, dann könnte das eine erfolgreiche Werbemaßnahme sein. Wenn die Frau jedoch ein T-Shirt hochhält, das seinen Träger in keiner Weise von einer Vielzahl anderer Träger ähnlicher Shirts unterscheidet, ist das unter Umständen ein Problem. Bei auf Frauen ausgerichteten Anzeigen könnte jedoch das Gegenteil der Fall sein.

Der lustvolle Samariter

Im Konfirmandenunterricht war ich nie sehr gut darin, den Sinn von Gleichnissen zu erkennen: Ich fand die ganze Übung langweilig und es verwirrte mich, warum so Vieles in der Sittenlehre auf der erfolglosen Aussaat von Samen und ähnlichen landwirtschaftlichen Sinnlosigkeiten fußte. Das Gleichnis des »barmherzigen Samariters« war jedoch selbst für mein Gehirn, das alles eher wörtlich nahm, einfach zu verstehen. Hier eine Zusammenfassung:

> Ein Mann wird verprügelt und halb tot auf der Straße von Jerusalem nach Jericho zurückgelassen. Während er am Straßenrand liegt, kommen ein Priester und ein Levit (ebenfalls ein religiöser Funktionär) vorbei, die ihm aber keine Hilfe leisten. Ein vorbeikommender Samaritaner jedoch hilft ihm, verbindet die Wunden des Mannes und bringt ihn zu einer Herberge.

Eine Frage, die im Zusammenhang mit diesem Gleichnis nicht oft gestellt wird, ist folgende: Was wäre passiert, wenn der Priester und der Levit erregt gewesen wären?

In einer interessanten Reihe von Studien, wiederum von Vladas Griskevicius, wurden heterosexuellen Männern und Frauen Bilder von attraktiven Mitgliedern des anderen Geschlechts gezeigt. Dann wurden sie gebeten, sich eine Verabredung mit der Person, die ihnen am besten gefiel, vorzustellen.[27] Nachdem diese Aufgabe die Teilnehmer in eine lustvolle Stimmung gebracht hatte, bewerteten sie ihre Bereitschaft, in einer Vielzahl von Situationen Hilfestellung zu leisten:

- ◆ Würden Sie an einem Stand auf dem Campus Geld für die Opfer einer Naturkatastrophe spenden?
- ◆ Würden Sie einen Grizzlybären ablenken, der eine ihnen fremde Person angreift?
- ◆ Würden Sie als Freiwilliger nach Washington, D. C., reisen, um dort dabei zu helfen, Treffen zwischen Hilfsorganisationen und Mitarbeitern des Weißen Hauses zu koordinieren?
- ◆ Würden Sie vor einer großen und potenziell feindlich gesinnten Menschenmenge eine Rede für einen guten Zweck halten?

Wie beeinflusst nun die Lust die Neigung zu dieser Art sozialen Verhaltens? Erinnern Sie sich daran, dass die Lust dazu dient, unsere Chancen auf Sex zu erhöhen. Eine Möglichkeit, dies zu erreichen, ist die Steigerung unserer Attraktivität für potenzielle Partner. Und eine ziemlich gute Strategie dafür ist die Kommunikation gern gesehener Qualitäten.

Denken Sie daran, dass Männer, was die Persönlichkeit angeht, Wert auf soziale Qualitäten bei Frauen legen: ein angenehmes Wesen und Zugehörigkeitsgefühl. Man könnte also erwarten, dass sexuell erregte Frauen intuitiv spüren, dass Männer hilfsbereite und liebenswürdige Frauen mögen, und alles dafür tun, um ihren Großmut zur Schau zu stellen. Und das ist genau das, was Griskevicius herausfand: Im Hinblick auf die meisten der gestellten Fragen neigten erregte Frauen eher dazu, zu helfen, als nicht erregte.

Für die Männer stellt sich die Sache etwas komplizierter dar, ergibt aber dennoch Sinn. Obwohl Frauen Wert auf soziale Qualitäten bei Männern legen, gibt es noch eine andere, potenziell damit konkurrierende Qualität, nämlich Dominanz. Angesichts dieses Zielkonflikts macht es Sinn, dass Männer sich nur in Situationen hilfsbereit zeigen, die *beide* dieser Eigenschaften kommunizieren. Das sehen wir auch in Griskevicius' Studie.

Wenn Sie erneut einen Blick auf die oben aufgeführten Fragen werfen, werden Sie etwas Interessantes feststellen. Einige von ihnen beinhalten ganz klar die Möglichkeit, sowohl zu helfen, *als auch* Heldenmut (Ablenkung des Grizzlybären), Prestige (Besuch im Weißen Haus) und Dominanz (Bezwingen einer wütenden Menge) zu zeigen. Und genau wie Griskevicius erwartete, löste die Lust bei Männern nur in diesen Situationen, in denen das Helfen zusätzlich Prestige, Führungsqualitäten oder Heldenmut signalisierte, das Bedürfnis aus, Hilfe zu leisten. Frauen mögen hilfsbereite Helden und die Männer nahmen die Gelegenheit wahr, sich als solche zu präsentieren.

Wir sehen also abermals, wie die Lust Verhaltensweisen fördert, die die Chancen auf Sex erhöhen. Frauen mögen Männer mit Status und Ehrgeiz und sinnvollerweise treibt die Lust die Männer dazu an, keine Gelegenheit zu verpassen, diese Eigenschaften zu vermitteln. Männer mögen liebenswürdige Frauen und so aktiviert die Lust Verhaltensweisen, die dies signalisieren.[28] Es ist mehr oder weniger Zufall, dass die durch die Lust ausgelösten Verhaltensweisen nicht nur den lüsternen Personen dienen, sondern auch den Menschen um sie herum.

Was den Leviten und den Priester angeht ... nun ja, wären sie erregt gewesen und der verletzte Mann wäre von einem Grizzly angegriffen worden ... wer weiß?

Obwohl die Folgen der Lust sich hauptsächlich auf die Gegenwart konzentrieren, ist diese Sünde dennoch schlau genug, zu erkennen, dass es manchmal ein wenig dauert, bis man jemanden ins Bett bekommt. Männer können nicht erwarten, dass die Frauen bereitwillig mit ihnen in die Kiste hüpfen, nur weil sie vor einem Bären herumtanzen. Das heißt, obwohl die Lust kognitive und verhaltensbezogene Veränderungen initiiert, die unsere Chancen auf *unmittelbare* sexuelle Erfüllung erhöhen, löst sie zusätzlich Prozesse aus, die unsere Chancen auf langfristigen sexuellen Erfolg verbessern.

Nehmen Sie sich kurz Zeit und denken Sie an vier Dinge, die Ihnen wirklich wichtig sind. Vier Dinge, mit Ausnahme der romantischen Beziehung, in der Sie sich zurzeit befinden. Ihre Familie vielleicht? Oder Ihre Arbeit?

Jetzt beantworten Sie bitte die folgende Frage in Bezug auf jedes dieser vier Dinge:

Stellen Sie sich vor, dass es Ihnen unmöglich ist, sich mit

_____

_____

_____

_____

(fügen Sie hier nacheinander Ihre vier Antworten ein, eine nach der anderen) zu beschäftigen und dennoch eine Beziehung mit Ihrem Partner zu führen. Wären Sie in diesem Falle

Der lustvolle Samariter

bereit, die Beziehung zu Ihrem Partner zu beenden, damit Sie sich weiterhin um _____ kümmern können?

Dabei handelt es sich um eine abgeänderte Version des sogenannten Fragebogens zur »Opferbereitschaft«, der verwendet wird, um die Bereitschaft einer Person zu messen, ihre eigenen Interessen hinter die eines romantischen Partners zu stellen. Je weniger Sie bereit sind, die Beziehung zu beenden, desto wichtiger ist Ihnen offensichtlich Ihr Partner.

Als Omri Gillath, der auch für die LEA-Priming-Studie verantwortlich ist, die ich zuvor erwähnte, und seine Kollegen lustgeprimten Personen eine ähnliche Aufgabe stellten, fanden sie heraus, dass diese Personen eher bereit waren, Opfer für ihre Partner zu bringen, als diejenigen, die neutralen Primes ausgesetzt worden waren.[29] In ähnlichen Studien fand Gillath heraus, dass die Lust auch andere, sich positiv auf die Beziehung auswirkende Verhaltensweisen auslöste: höhere Bereitschaft, dem Partner persönliche Informationen mitzuteilen, und verbesserter Zugang zu intimen Gedanken.[30] Wenn sexgeprimten Teilnehmern in hypothetischen Beziehungskonfliktszenarien eine Reihe von möglichen Optionen vorgegeben wurde, neigten sie dazu, positive, konstruktive statt negative, destruktive Lösungsstrategien zu wählen.

Im Grunde sehen wir hier, wie die Lust liebesbezogene Gedanken im traditionellen Sinne auslöst: Austausch/Teilen, Intimität usw. Gillath argumentiert, jeder dieser Effekte sei ein Beispiel dafür, wie das Lust-System kurzfristige Ziele verfolgt, die die Chancen auf Sex langfristig erhöhen. Wenn wir eine Beziehung haben und diese aufrechterhalten können, indem wir kommunizieren, uns auf die Intimität konzentrieren und durch Anpassung Konflikte lösen, haben wir langfristig bessere Chancen auf Sex und darauf, uns fortzupflanzen. Die Liebe steht hier im Dienste der Lust.

Vorsicht, Lust

Natürlich gibt es im Hinblick auf die Lust nicht nur Positives zu berichten.

Dan Ariely, der zu diesem Zeitpunkt am MIT tätig war, und George Loewenstein von der Carnegie Mellon University interessierten sich dafür, wie junge Männer sexuelle Reize, Risikobereitschaft und erzwungene Sexualhandlungen beurteilen.[31] Diese Forscher gaben jedem Teilnehmer einen speziell entwickelten Laptop mit modifizierter Tastatur, die leicht mit der nichtdominanten Hand verwendet werden konnte. (Das sollte Hinweis genug darauf sein, was als Nächstes kommt.)

Einige Teilnehmer nahmen den Computer einfach mit nach Hause, starteten die Versuchssoftware und beantworteten Fragen wie diese:

- ◆ Sind Frauenschuhe erotisch?
- ◆ Können Sie sich vorstellen, sexuelle Erregung durch Kontakt mit einem Tier zu verspüren?
- ◆ Ist eine Frau sexy, wenn sie schwitzt?

Diese Fragen standen ganz im Zeichen der sexuellen Erregung. Andere Fragen zielten darauf ab, herauszufinden, wie weit der Teilnehmer gehen würde, um Sex zu haben:

- ◆ Würden Sie einer Frau heimlich ein Medikament verabreichen, um die Chancen zu erhöhen, dass sie Sex mit Ihnen hat?

Wieder andere maßen Einstellungen zu unsicheren Sexualpraktiken:

◆ Würden Sie ein Kondom benutzen, wenn Ihnen die sexuelle Vergangenheit eines neuen Sexualpartners nicht bekannt wäre?

Während einige der Teilnehmer die Fragen nach Lust und Laune beantworteten, erhielten andere die Aufgabe, während der Beantwortung erotische Bilder anzuschauen und zu masturbieren. Diesen glücklichen Teilnehmern präsentierte das Computerprogramm nicht nur die zu beantwortenden Fragen, sondern auch Bilder von nackten Frauen und ein »Erregungsthermometer«, das die Teilnehmer nutzen konnten, um ihre Erregung aufzuzeichnen. Die Forscher wollten, dass diese lüsternen Teilnehmer sich in einem »hoch erregten, aber präorgastischen« Zustand befanden, bevor sie die Fragen beantworteten. Aus diesem Grund wurden sie angewiesen, die Fragen erst zu beantworten, wenn ihr Erregungslevel 75 Grad auf dem Erregungsthermometer erreichte. (Diese 75-Grad-Marke wurde als ausreichend hohe Erregung eingeschätzt, war aber nicht so hoch, dass die Teilnehmer Gefahr liefen, zu ejakulieren. Wer weiß, wie dieses Kriterium berechnet wurde.)

Für Ariely und Loewenstein war es besonders interessant herauszufinden, wie sexuelle Erregung die Antworten dieser jungen Männer beeinflussen würde. Die Ergebnisse sind verblüffend. Erregte Teilnehmer tendierten viel eher dazu, eine Reihe von Reizen und Verhaltensweisen aufregend zu finden, als ihre nicht-masturbierenden Kollegen: Schuhe waren erotisch, genauso wie Urinieren, Analverkehr, Schweiß, Zigarettenrauchen und 12-jährige Mädchen (und in der Tat auch 60-jährige Frauen). Zudem steigerte die Lust die Bereitschaft der Männer, einer Frau Drogen zu verabreichen, um mit ihr Sex haben zu können, zu lügen, um sie ins Bett zu bekommen und (ich vermute, dieser Punkt ist nicht wirklich schlimm) sie in ein schickes Restaurant einzuladen. Selbst die Überzeugungen der Männer in Bezug auf die Sicherheit sexueller Praktiken schienen sich mit zunehmender Lust zu verändern: Onanisten waren eher der Meinung, Empfängnisverhütung sei Frauensache und Kondome verringerten das Vergnügen und störten die Spontaneität.

Diese allgemeine, durch die Lust inspirierte Verschiebung hin zu mehr Risikobereitschaft kann auch ohne Masturbation auftreten. Die bloße Anwesenheit einer attraktiven Frau kann ausreichen, um Männer zu ziemlich dummen Aktivitäten zu verleiten.

Richard Ronay und Bill von Hippel, beide von der University of Queensland, schickten einige Assistenten in Skateboard-Parks in Brisbane, Australien, um männliche Teilnehmer für eine Studie zu rekrutieren.[32] Die Skater wurden gebeten, einen einfachen und einen schwierigen Skateboard-Trick zu wählen, und dann bei dem Versuch gefilmt, jeden Trick 10-mal vorzuführen. Der entscheidende Faktor in dieser Studie war das Geschlecht der Forscher: Einige Skater versuchten ihre Stunts vor einem männlichen Versuchsleiter, während andere ihre Tricks einer attraktiven Versuchsleiterin zeigten. Ronay und von Hippel interessierten sich dafür, wie sehr sich diese Skater jeweils bemühen würden, ihren Versuchsleiter bzw. ihre Versuchsleiterin zu beeindrucken.

Wenn Skater sich an einem schwierigen Trick versuchen, müssen sie im Bruchteil einer Sekunde entscheiden, ob sie den Versuch abbrechen, um Verletzungen zu vermeiden, oder ob sie den geplanten Stunt riskieren. Ronay und von Hippel erwarteten, dass die jungen Skater sich vor einer attraktiven Frau viel mutiger zeigen würden als vor einem Mann; und genau das ergab auch ihre Studie: Skater riskierten einen schwierigen Trick eher vor einer Frau als vor einem Mann. Und obwohl diese Risikobereitschaft in mehr Bruchlandungen resultierte, führte sie auch zu einer größeren Anzahl erfolgreicher Tricks.

Die Ergebnisse dieser Studien lassen sich relativ einfach interpretieren: Wenn sie erregt sind (oder sich in Gegenwart einer potenziellen Partnerin befinden), sind Männer eher bereit, sich verrückten und riskanten Aktivitäten hinzugeben. Natürlich zahlt sich das Risiko manchmal aus und steigert die Chancen auf Sex: Es kann uns dabei helfen, uns von den Mitstreitern abzuheben, oder eröffnet sexuelle Möglichkeiten, die wir sonst nie wahrgenommen hätten. Aber Sex ist eindeutig nicht das Einzige, was hier auf dem Spiel steht; er ist nur ein Faktor unter vielen. Und wenn wir dank unserer Erregung beim Skaten auf unsere Köpfe oder Ellbogen fallen oder wenn sexuelle Erregung uns veranlasst, Nötigung oder Schlimmeres anzuwenden, dann hat die Lust uns keinen guten Dienst erwiesen.

Der menschliche Pfauenschwanz

Ein Großteil der bisherigen Diskussion bezog sich auf die evolutionäre Funktion der Lust. Gefühle sexueller Erregung lösen Gedanken und Verhaltensweisen aus, die auf Sex abzielen, und natürlich vererben wir durch Sex auch unsere Gene. Vom evolutionären Standpunkt aus hat alles, was unser Überleben und unsere Vermehrung wahrscheinlicher macht (und vererbbar ist), gute Chancen, selektiert zu werden. Lust ist ein im Rahmen der Evolution entwickelter, psychologischer Mechanismus (eine Adaption), der auf Reproduktion ausgerichtet ist. So einfach ist das.

Aber es gibt noch eine andere, interessantere Darstellung der Verbindung zwischen Lust und Evolution; eine, die die bisherige Argumentation auf den Kopf stellt. Im Mittelpunkt dieser These steht die ziemlich faszinierende Idee, dass Lust nicht nur eine bloße Anpassung, ein einfaches Produkt der Evolution ist, sondern dass sie selber die Evolution *vorantreibt* und vielleicht für vieles von dem verantwortlich ist, was die menschliche Rasse so interessant macht, einschließlich Kunst und Musik, Theater und

Sport und sogar Sprache. Die Ideen zu diesem Thema beginnen mit dem seltsamen Fall des Pfauengefieders.

Wie Ihnen sicher bekannt ist, haben Pfauen ein großes, farbenfrohes und ziemlich ausladendes Schwanzgefieder. Aber haben Sie sich jemals gefragt, warum? Worin besteht der Nutzen eines solch extravaganten Aussehens? Aus evolutionärer Sicht scheint ein solcher Schwanz auf den ersten Blick eher rätselhaft: Ein Pfau könnte sich auch dann mit einer Pfauenhenne paaren, wenn er einen kleineren Schwanz hätte, und für das allgemeine Überleben ist ein großer, sperriger und mehrfarbiger Köder für Raubtiere kaum eine gute Investition.

Warum also haben Pfauen solche scheinbar unvorteilhaften Schwänze? Schmuck wie das Schwanzgefieder des Pfaus entwickelt sich, weil er einen Vorteil nicht im Sinne des Überlebens, sondern im Hinblick auf die Attraktivität für das andere Geschlecht bietet. Weil Pfauenhennen ziemlich wählerisch sind (in der Tat sind die Weibchen der meisten Arten wählerischer als die Männchen), müssen Pfauen um ihre Zuneigung buhlen. Und weil Pfauenhennen auf großes Schwanzgefieder stehen, beweist sich diese Extravaganz als Vorteil auf dem Paarungsmarkt.

Der Prozess, durch den ein solcher Schmuck entsteht, ist als »sexuelle Selektion« bekannt. Dieses Konzept besagt, dass bestimmte Aspekte des Verhaltens und Aussehens sich nicht entwickelt haben, um das Überleben zu sichern, sondern weil sie dabei helfen, die meisten oder besten Partner anzuziehen. Die sexuelle Selektion wird nicht nur als für den Pfauenschwanz verantwortlich angesehen, sondern auch für dekorative Merkmale anderer Arten. Evolutionspsychologe Geoffrey Miller von der London School of Economics behauptet sogar, dass die sexuelle Selektion für die schmückenden Aspekte der menschlichen Natur verantwortlich zeichnet.[33] In Millers Augen machen uns Dinge wie Kunst, Musik und Theater, die in Bezug auf das Überleben kaum Vorteile zu bieten scheinen, attraktiver für potenzielle Partner. Diese Qualitäten sind das menschliche Äquivalent des Pfauengefieders. Wir protzen mit unseren geistigen, künstlerischen und sportlichen Fähigkeiten, so wie der Pfau sein Gefieder zur Schau stellt, und potenzielle Partner wählen uns aufgrund dieser Qualitäten. Dies bleibt eine umstrittene Idee, aber es gibt durchaus einige Studien, die sie untermauern.

Nehmen wir zum Beispiel die Kreativität. Obwohl einige Forscher Spekulationen in Bezug auf die Überlebensvorteile des kreativen Instinkts angestellt haben (kreative Fangtechniken sorgen für einen höheren Ertrag), haben andere solche überlebensbasierten Erklärungen in Frage gestellt. Denn obgleich kreative Fischerei- oder Jagdmethoden sich manchmal als vorteilhaft für das Überleben erweisen können, was nützt uns ein kreatives Gedicht oder Lied? Es ist unwahrscheinlich, dass solche kreativen Maßnahmen dazu eingesetzt werden können, Fische aus dem Meer zu locken oder Großwild aufzuspießen.

Miller argumentiert, dass Kreativität, wie auch anderer menschlicher Zierrat, nicht dem Überleben dient, sondern die Attraktivität für Partner steigert. Damit Millers Argumente Sinn machen, sollten wir von der Kreativität und von anderen schmückenden Faktoren bestimmte Eigenschaften erwarten können. Zunächst sollte nachweisbar sein, dass die Menschen Kreativität sexuell attraktiv finden. Und, so weit, so gut für Miller, die Menschen bevorzugen tatsächlich kreative Partner.[34]

Wir sollten auch erwarten, dass die Menschen ihre Kreativität *zur Schau stellen*, wenn sich die Gelegenheit bietet, einen potenziellen Partner auf sich aufmerksam zu machen. Vorhin haben wir über die Idee gesprochen, dass die Menschen ein gutes Gespür dafür haben, was das andere Geschlecht sich wünscht, und so unter Erregung genau die bevorzugten Eigenschaften hervorheben. Das Gleiche gilt für Kreativität. Als Vladas Griskevicius die Teilnehmer seiner Studie mit Lust primte, indem er sie sich eine Verabredung mit einem attraktiven, begehrenswerten Partner vorstellen ließ, fand er heraus, dass sie danach beim Schreiben einer Geschichte kreativer waren.[35] Beim Gedanken an einen potenziellen, begehrenswerten Partner wurde die Kreativität zur Schau gestellt.

Kreativität ist weder der einzige noch der interessanteste menschliche Schmuck. Einer der provokantesten Aspekte von Millers These ist die Idee, dass auch moralische Tugenden in der gleichen Weise wie das Pfauengefieder funktionieren könnten. Im Wesentlichen schlägt Miller vor, dass die Lust doch tatsächlich für die Entwicklung der moralischen Tugend verantwortlich sein könnte. Und wie um seine Darstellung zu untermauern, zeigen Studien, dass die Menschen tugendhafte Eigenschaften wie Freundlichkeit, Einfühlungsvermögen und Ehrlichkeit sexuell attraktiv finden.[36] Darüber hinaus zeigt Griskevicius' Forschung zu den Auswirkungen der Lust auf Hilfsbereitschaft, die ich ein paar Seiten weiter vorne erwähnt habe, dass Menschen tatsächlich eher bereit sind zu helfen, wenn sie erregt sind, besonders wenn es dazu dient, potenziellen Partnern geschätzte Qualitäten vorzuführen. Wie bereits angedeutet[37] ist Millers These kontrovers, aber die Bewertung der Lust als Sünde dürfte auf eher wackeligen Füßen stehen, wenn sich herausstellen sollte, dass sie tatsächlich für einen Großteil der menschlichen Tugenden verantwortlich zeichnet.

Wenn es darauf ankommt, ist das eigentliche Problem mit der Lust für viele die Tatsache, dass sie zum Sex oder, Gott bewahre, zur Selbstbefriedigung führen könnte. Letztere wurde von der katholischen Kirche zuletzt 1994 als »in sich schwere ordnungswidrige Handlung« verurteilt. Die Tugenden des Sex und der Masturbation – die Bettgenossen der Lust – sind zu zahlreich und vielfältig, um an dieser Stelle darauf einzugehen und sprengen ohnehin den Rahmen unseres Anliegens. Wir haben uns bisher auf die Lust konzentriert, den psychologischen Vorläufer von Sex und Selbstbefriedigung, und ich hoffe, dass ich es geschafft habe, Sie davon zu überzeugen, dass diese Sünde keinesfalls ausschließlich schlecht ist. Die lüsterne Denkweise ist zweckmäßig und kann Güte, Kreativität und unter den richtigen Bedingungen sogar bessere Klausurergebnisse hervorbringen. Diese Todsünde, ebenso wie die, denen wir uns in den folgenden Kapiteln widmen, ist weit davon entfernt, »ordnungswidrig« zu sein, weder in sich noch schwer noch sonst irgendwie.

KAPITEL 2

Völlerei

Esst, trinkt und seid fröhlich, schlau und hilfsbereit

Wenn Papst Gregor der Große recht hatte, befinden sich die Franzosen auf dem direkten Weg in die Hölle. Gregor hatte nicht per se eine anti-französische Haltung; es ist nur so, dass das Porträt des Schlemmers in seinem Buch *Moralischer Kommentar zu Hiob* eine gewisse Ähnlichkeit mit dem modernen Franzosen hat. Gregor machte jede Freude am Essen zunichte, da er nicht nur eine, sondern gleich fünf Möglichkeiten aufzeigte, wie wir uns durch Völlerei versündigen können. Da sind die offensichtlichen wie »zu gierig« und »zu viel«, aber auch die weniger direkt zu verurteilenden Arten zu essen wie »zu früh«, »zu teuer« und »mit zu viel Konzentration darauf, wie das Essen zubereitet wurde«.

Diese multidimensionale, gregorianische Sichtweise der Völlerei ähnelt sehr der modernen französischen Einstellung zum Essen. In einer Welt, in der viele von uns ausschließlich auf die ernährungsphysiologischen Aspekte ihrer Nahrung achten – hoher oder niedriger Glykämischer Index (GI = Maß zur Bestimmung der Wirkung eines Lebensmittels auf den Blutzuckerspiegel), gute oder schlechte Fette –, haben die Franzosen eine erfrischend unbekümmerte kulinarische Haltung; eine Einstellung, die sich ganz um die Freuden und das Erlebnis des Essens dreht.[1] Diese genussmaximierende Einstellung zum Essen, die heute so erfrischend scheint, galt in den mittelalterlichen Klöstern, in denen die Todsünden festgeschrieben wurden, als Grund für eine Exkommunikation. Da die Völlerei im Mittelalter als tödlich angesehen wurde, zeugte ein lustvoller übermäßiger Genuss von Speisen und Getränken von einer gottlosen Beschäftigung mit irdischen, körperlichen Freuden, die zu Lasten einer angemessenen Konzentration auf das Göttliche und Geistige ging.

Heutzutage ist die Völlerei natürlich nicht mehr das vielköpfige Ungeheuer, das Gregor beschrieb und verurteilte. Jetzt ist die Völlerei eindimensional, dreht sich nur noch um das *zu viel* und wird wegen ihrer Verbindung mit dem Übergewicht moralisiert. Für viele ist »Völlerei« gleichbedeutend mit »fett«. Die gute Nachricht für die armen Franzosen ist jedoch, dass sich die Amerikaner aufgrund dieser Völlerei-Adipositas-Verbindung auf viel direkterem Weg in die Hölle befinden als sie selbst. Denn trotz seiner schlemmerhaften Einstellung zum Essen hat Frankreich eine weit niedrigere Adipositasprävalenz als die Vereinigten Staaten.[2]

Natürlich sind Völlerei und Übergewicht nicht dasselbe. Selbst wenn wir uns auf die Definition der Sünde beschränken, die sich nur um »übermäßiges Schlemmen« dreht, ist klar, dass Völlerei eine *Art* des Essens ist, während Adipositas einen körperlichen Zustand beschreibt, der durch einen Body-Mass-Index (BMI) von mehr als 30 definiert wird. (Interessant ist auch, dass »zu viel essen« nichts mit Dicksein zu tun hatte, als es der Liste der Sünden zum ersten Mal hinzugefügt wurde. Die Freude an Nahrungsexzessen selbst war die Sünde, nicht ein zu hoher BMI.)[3]

Obwohl sich dieses Kapitel den verschiedenen Formen der *Völlerei* und nicht dem Übergewicht widmet, ist die Verbindung zwischen den beiden in der modernen Welt so eng, dass ich es nicht versäumen möchte, ein paar Worte dazu zu sagen.[4]

Viele Menschen machen das schlemmerhafte Verhalten und moralische Verfehlungen einer Person für ihre Fettleibigkeit verantwortlich. Menschen, die regelmäßig Hamburger, Pommes und Eisbecher mit doppelt Karamell- und Schokosoße essen, gelten als unmoralischer und unüberlegter als diejenigen, die Obst und Salat essen. Übergewichtige, so die allgemeine Meinung, sind moralisch kompromittierte Konsumenten von schädlichem Junkfood, sind faul und es mangelt ihnen an Selbstdisziplin.[5]

Die Adipositas den moralischen Verfehlungen des gefräßigen Einzelnen zuzuschreiben, ist jedoch aus mindestens zwei Gründen kontraproduktiv. Erstens stigmatisiert man durch die Moralisierung von Fett die Adipösen und Übergewichtigen und macht somit deren Leben nicht nur noch schwieriger, als es ohnehin schon ist, sondern erhöht auch die Wahrscheinlichkeit, dass sie noch mehr essen, was das aktuelle Problem nur weiter verschlimmert.[6]

Das zweite Problem, das sich aufgrund der alleinigen Zurückführung von Fettleibigkeit auf Völlerei ergibt, ist, dass hier der erhebliche Einfluss der Umwelt auf die Entscheidung übersehen wird, wie, was und wie viel wir essen.

Sozialpsychologen wissen schon lange, dass alle Arten des menschlichen Verhaltens auf Gedeih und Verderb der Umwelt ausgeliefert sind. Das Essen ist da keine Ausnahme. Die Beziehung zwischen dem schlemmerhaften Verlangen zu konsumieren und dessen Auswirkungen auf den Körper hängt stark von der Umwelt ab. Einfach ausgedrückt: Völlerei erfüllt eine adaptive Funktion in Umgebungen, in denen Kalorien knapp sind (wie z. B. in den afrikanischen Savannen unserer Vorfahren), aber nicht in solchen, in denen es reichlich Kalorien gibt (wie in Deutschland zum Beispiel). Das Verlangen, so viel wie möglich zu essen, hielt die Menschen in den relativ ressourcenknappen Verhältnissen unserer evolutionären Vergangenheit am Leben und gesund genug, um sich zu vermehren. Wir entwickelten uns zu einer Spezies, die viel isst und wenig tut – eine sinnvolle Strategie, wenn Kalorien ein Luxus sind. Entwicklungsgeschichtlich überlebten die Vielfraße, nicht die Diäthalter.

In der heutigen industrialisierten westlichen Welt stellt sich die Völlerei jedoch ein wenig anders dar. Aufgrund eines Überflusses an leicht zugänglichen Kalorien in unserer Umwelt ist unser Trieb, wie wild zu konsumieren, nunmehr eher schädlich als nützlich. Das eigentliche Problem ist nicht die Völlerei an sich, sondern Völlerei inmitten der kalorischen Exzesse von McDonald's, Currywurstbuden und Tiefkühlmahlzeiten. Wenn Kalorien nur schwer zu finden sind, ist ein unersättlicher Appetit eine Versicherung, eine adaptive Motivation, die uns dabei hilft, uns ein paar Extra-Kilos für schlechte Zeiten anzufuttern; aber wenn der gleiche Trieb mit einem kurzen Ausflug von der Couch zum reichlich gefüllten Kühlschrank gestillt werden kann, führt uns der schlemmerhafte Konsumdrang oft in Richtung Fettleibigkeit.

Der Einfluss der Umwelt auf den Konsum kann kaum genug betont werden. Nehmen Sie zum Beispiel die umfeldbedingte Portionsgröße.

Brian Wansink, Ernährungsforscher an der Cornell University, hat sehr lange damit verbracht, die Auswirkungen der Portionsgröße auf das Essverhalten zu untersuchen. Immer wieder hat Wansink gezeigt, dass die Menge der servierten Speisen bestimmt, wie viel man zu sich nimmt. Personen, die eine 500-Gramm-Tüte M&Ms erhalten, essen etwa doppelt so viel wie diejenigen, die nur ein halbes Pfund erhalten; Kinobesucher mit großen Popcornportionen essen etwa 100 Gramm mehr als jene, die nur eine mittlere Portion kaufen.[7] Allgemein gesagt heißt das: Verdoppeln Sie die Größe einer Mahlzeit und Sie werden bis zu 25 % mehr essen; verdoppeln Sie die Größe eines Snacks und Sie werden bis zu 45 % mehr konsumieren.[8]

Portionsgrößen beeinflussen unsere Essgewohnheiten aus mehreren Gründen. Zunächst zeigen Portionsgrößen die Verbrauchsnormen an. Sie suggerieren: »So viel essen die meisten Menschen« und »Diese Menge ist normal und angemessen«.

Aber Portionsgrößen bestimmen den Verbrauch auch aufgrund desjenigen Effekts, den Wansink das »Iss auf«-Phänomen nennt. Entgegen der Intuition hören wir nicht auf zu essen, wenn wir satt sind, sondern wenn unser Teller leer ist. Wenn der Teller sich nicht leert, hören wir nicht auf zu essen.

In einer ziemlich verschlagenen Studie brachten Wansink und ein paar seiner Kollegen Studenten für ein »Suppenessen« in ihr Labor.[9] Nachdem diese in Vierergruppen Platz genommen hatten, wurde den Studenten mitgeteilt, dass sie Tomatensuppe – eine neue Rezeptur – bekommen würden, und sie wurden ermutigt, so viel zu essen, wie sie wollten. Etwa zwanzig Minuten später füllten sie einen Fragebogen aus, in dem sie gefragt wurden, was sie von der Suppe hielten, wie viel sie ihrer Meinung nach gegessen hatten und andere, ähnliche Fragen. Wansink interessierte, wie viel Suppe die Teilnehmer aßen, und fand etwas sehr Bemerkenswertes heraus: Einige der Teilnehmer aßen durchweg etwa 75 % mehr Suppe als andere.

Warum? Was war das Besondere an diesen scheinbaren Suppenliebhabern?

Nun, damit kommen wir zum hinterhältigen Teil. Während es *schien* als äßen alle Studenten aus identischen Suppenschalen, waren einige davon »bodenlos«. Wansink hatte manche Schalen so manipuliert, dass sie sich selbst wieder auffüllten. Unbemerkt von den Teilnehmern waren in jeder Sitzung zwei Schalen über einen versteckten Schlauch mit großen Suppentöpfen verbunden worden, die unter dem Tisch verborgen waren. Wansink hatte ein aufwendiges Füll- und Abflusssystem entwickelt, welches dafür sorgte, dass sich die Schalen unmerklich wieder füllten, während die Teilnehmer aßen.

Damit manipulierte Wansink das »Iss auf«-Phänomen. Einige Teilnehmer hatten die Möglichkeit, ihre Schüsseln zu leeren,

Völlerei

während das Nachfüllsystem andere daran hinderte. Und genau diese Teilnehmer, denen es unmöglich war, ihre Teller zu leeren, waren diejenigen, die wesentlich mehr aßen. Diese ahnungslosen Suppenliebhaber fraßen sich voll, nicht weil sie hungriger als die anderen oder von Tomatensuppe besessen waren, sondern weil sie nie den Boden ihrer Schalen sahen.

Aber Portionsgröße ist nicht die einzige Umgebungsinformation, die unsere Essgewohnheiten beeinflusst.

Und nun die Frage: Aus welcher Art Glas trinken Sie mehr? Dem Longdrinkglas auf der linken Seite oder dem Becherglas auf der rechten?

Die Mehrheit der Leute ist der Auffassung, sie würden eine größere Menge aus dem Longdrinkglas trinken, aber tatsächlich ist es so, dass die meisten aus dem niedrigeren, breiteren Becher mehr trinken.[10] Da wir der vertikalen Dimension von Dingen übermäßige Beachtung schenken (auf Kosten der horizontalen), spielt die Höhe in unseren Bewertungen eine größere Rolle als die Breite. Der übermäßige Fokus auf die Höhe des Glases macht uns glauben, dass wir aus dem höheren Longdrinkglas mehr konsumieren würden.

Die Liste der subtilen Umfeldfaktoren geht weiter: Wir servieren und essen eine größere Menge Eiscreme aus 1-Liter-Schüsseln verglichen mit ½-Liter-Schüsseln; wir essen mehr Schokoküsse aus einer transparenten Schale als aus einer weißen Schale, und wir essen mehr M&Ms, wenn wir zehn statt sieben Farben zur Auswahl haben.[11]

Trotz der weiten Verbreitung und Wirksamkeit solcher Umfeldfaktoren finden diese Einflüsse größtenteils statt, ohne dass wir uns ihrer bewusst sind. Wir bemerken einfach nicht, dass unser Ernährungsumfeld ständig mit uns spielt. Wenn Sie plötzlich feststellen, dass sie ein Dutzend mehr Schokoladenbonbons gegessen haben, als es gut für Sie gewesen wäre, sagen Sie sicher nie »Verdammte durchsichtige Schüssel«, sondern eher »Mann, muss ich hungrig gewesen sein« oder »Herrgott, warum bin ich solch ein Vielfraß?«.

Angesichts dieser Tendenz, internen Faktoren wie Hunger oder Gelüsten die Schuld an unserem Essverhalten zu geben, ist es wenig erstaunlich, dass diejenigen, die viel essen, als gefräßige Sünder dämonisiert werden, die sich nicht unter Kontrolle haben. Niemand schreibt die Fettleibigkeit niedrigen Gläsern oder transparenten Schüsseln zu, sondern einem Mangel an Selbstdisziplin.

Das soll natürlich nicht heißen, dass Selbstbeherrschung und Selbstkontrolle keine Rolle bei der Regulation der Nahrungsaufnahme spielen. Der Punkt ist vielmehr, dass die Gleichsetzung von Adipositas und Völlerei (und die resultierende moralische Verurteilung der Übergewichtigen) sowohl kontraproduktiv als auch viel zu vereinfacht ist.

Aber genug zur Fettleibigkeit und zurück zur Völlerei.

Eines der wirklichen Probleme bei der Verteidigung des »übermäßigen Essens« im Zuge der Völlerei ist, dass die Sündhaftigkeit Teil der Definition ist. Es ist als würde man fragen, ob

Mord falsch ist. Mord ist als rechtswidrige Tötung *definiert* und somit falsch – das ist eine Frage der Semantik. Was wir fragen sollten, ist nicht, ob *übermäßiges* Essen schlecht ist (das ist es per Definition – das Wort *übermäßig* lässt die negative Aussage in das Konzept einfließen), sondern ob *mehr* essen schlimmer ist als *weniger* essen.

Der Gegenpol zum Schlemmer ist der Asket. Früher war ein Asket ein einsamer Mönch in einer kahlen Zelle, der nur von einer Kruste Brot und etwas Wasser zehrte, während er die Gemeinschaft mit Gott suchte. Die moderne Ausprägung des Asketen ist der Diäthalter. Seine Zelle ist eher metaphorisch als wörtlich, statt Wasser und Brot ernährt er sich von Weizengras und allerlei trendigen Dingen, und die angestrebte Gemeinschaft, obwohl immer noch verdächtig spirituell, hat weniger oft Gott zum Ziel als vielmehr ein Idealbild der eigenen Person.

Diäthalten erscheint tugendhaft; nicht nur, weil es gesundheitliche Vorteile bringt, sondern gerade weil es die Selbstdisziplin und Reinheit verkörpert, die dem übermäßigen Genuss fehlt. Aber obwohl Mäßigung und Zurückhaltung manchmal vor Tugend nur so leuchten, trägt zu anderen Zeiten die Maßlosigkeit den Heiligenschein.

Gehirnnahrung

Nehmen Sie sich einige Minuten Zeit, um die folgende Aufgabe zu lösen:

> Auf Seite 54 sehen sie zwei Anordnungen von Perlen auf Stäben. Ihre Aufgabe ist es, die Anordnung auf der linken Seite in so wenigen Zügen wie möglich in die Anordnung auf der rechten Seite zu verwandeln.[12]

Völlerei

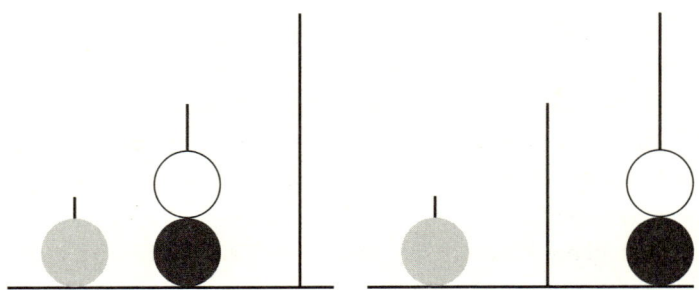

Wenn Sie gerade auf Diät sind, wird Ihnen das nicht leicht fallen. Auf jeden Fall nicht so leicht wie jemandem, der nicht auf sein Gewicht achtet.[13]

Diese Übung ist der, die wir Psychologen die *Tower von London*-Aufgabe nennen, sehr ähnlich. Solche Übungen werden dazu verwendet, die exekutive Funktionsfähigkeit zu messen. Das ist die Fähigkeit des Gehirns, die Gedanken zu regulieren, zu kontrollieren und komplexe Entscheidungen zu treffen. Die Exekutive des Gehirns ist der eines Unternehmens sehr ähnlich: Sie kontrolliert, plant und lenkt Prozesse. Und ebenso, wie die Führungsebene jeder großen Organisation ausreichend Ressourcen benötigt, um erfolgreich zu sein, braucht auch die »Führungsebene« des Gehirns kognitive Ressourcen, damit die Geschäfte des Geistes laufen.

Was aber stimmt nicht mit der Exekutive der Diäthalter? Warum fällt ihnen das Lösen der Tower-von-London-Aufgabe so schwer?

Eine Möglichkeit ist, dass Diäthalter sich gedanklich ständig mit Essen beschäftigen und dadurch die begrenzten kognitiven Ressourcen verbraucht werden. Während also die Exekutive des Diäthalters sich darüber Gedanken macht, was es zum Abendessen gibt, kann sie sich nicht effizient anderen Dingen widmen.[14]

Gehirnnahrung

Die Arbeit des Psychologen Matthew Gailliot von der University of Albany deutet auf eine andere Erklärung hin.[15] Für Gailliot ist $C_6H_{12}O_6$ der entscheidende Akteur der exekutiven Funktion, ein einfaches Monosaccharid, das gemeinhin unter dem Namen Glukose bekannt ist.

Glukose dient dem Körper und dem Gehirn als Kraftstoff. Unsere Körper verwandeln die Nahrung, die wir zu uns nehmen, in Glukose, die dann über die Blutbahn ins Gehirn transportiert wird, wo sie unsere Denkprozesse mit Energie versorgt.

Man kann Glukose auch als eine Ressource ansehen, die durch angestrengte geistige Aktivität aufgebraucht wird. Eine solche Aktivität ist die ständige Selbstkontrolle, die Diäthalter ausüben, bei dem Versuch ihr Essverhalten zu regulieren. Gailliot zufolge steht Glukose, die in Prozessen der Selbstkontrolle verbraucht wird, nicht länger für andere anspruchsvolle kognitive Aktivitäten zur Verfügung.

Bedeutet dies, dass Diäthalter dazu verurteilt sind, unter den Folgen der chronisch leistungsschwachen Exekutive zu leiden?

Nicht ganz. Es stellt sich heraus, dass Glukosezufuhr im richtigen Moment uns vor den Folgen der glukosevernichtenden Wirkung der Selbstkontrolle schützen kann.

In einer raffinierten Studie brachten Gailliot und eine lange Liste von Mitarbeitern Studienteilnehmer ins Labor und zeigten ihnen einen kurzen Film.[16] Das Ungewöhnliche an diesem Film war, dass alle zehn Sekunden ein Wort in der unteren Ecke des Bildschirms aufblinkte. Einige der Teilnehmer wurden angewiesen, nicht auf diese Wörter zu achten. Diese Teilnehmer gehörten zur »Selbstkontrolle«-Gruppe, da sie bewusst ihr Verhalten regulieren und ihre Aufmerksamkeit zurück auf den Film lenken mussten, falls ihr Blick zu den Wörtern wanderte. Andere Teilnehmer erhielten diese Anweisung nicht und wurden angehalten, ganz normal den Film anzuschauen.

Nachdem sie sich den Film angeschaut hatten, wurde den Teilnehmern ein Getränk gereicht und sie wurden gebeten, dieses bezüglich Trinkbarkeit und anderer, ähnlicher Eigenschaften zu bewerten. Einige der ahnungslosen Teilnehmer tranken eine mit Zucker gesüßte Limonade, während die Limonade der anderen mit einem Zuckeraustauschstoff präpariert war. Beide Getränke schmeckten gleich süß. Der einzige Unterschied war, dass das zuckerhaltige Getränk, im Gegensatz zu dem künstlich gesüßten Getränk, als Glukosequelle diente.

Gailliot interessierte, ob die Glukose die Teilnehmer der Selbstkontrolle-Gruppe vor Leistungseinbußen bei einer nachfolgenden Aufgabe schützen würde. Erinnern wir uns daran, dass Teilnehmer, die beim Anschauen des Films Selbstkontrolle ausüben mussten, laut der »Glukose als Ressource«-Theorie ihre Glukosespeicher zumindest teilweise aufgebraucht haben sollten, was bedeutete, dass ihnen für die anspruchsvolle Aufgabe im Anschluss weniger Energie zur Verfügung stand. Würde eine einfache Limonade diesem Effekt entgegenwirken?

Um diese Frage zu beantworten, stellte Gailliot den Teilnehmern als Nächstes die folgende Aufgabe. Probieren Sie es selbst aus.

Nennen Sie die Farben, in denen diese Wörter gedruckt sind. Lesen Sie nicht die Wörter, sondern benennen Sie die Farben.

SCHWARZ

GRAU

SCHWARZ

WEISS

GRAU

Dies nennt man den Stroop-Test. Er wird von Psychologen verwendet, um die selektive Aufmerksamkeit zu messen, die ein zentraler Bestandteil der exekutiven Funktionen ist. Sie haben wahrscheinlich schon bemerkt, dass es recht schwierig ist, nicht die Wörter zu *lesen*, wenn man versucht, diese Aufgabe zu meistern. Wenn zum Beispiel das Wort »rot« in blauer Tinte gedruckt ist, dauert es länger *blau* zu sagen, als wenn Farbname und Wortfarbe übereinstimmen. Sie können nicht dagegen an, »rot« zu lesen, und das macht Sie langsamer.

Gailliot stellte fest, dass die Teilnehmer, die während des Films Selbstkontrolle üben mussten, wie erwartet ziemlich schlecht beim Stroop-Test abschnitten, *es sei denn, sie tranken das zuckerhaltige Getränk*. Diese mit Glukose »gedopten« Teilnehmer absolvierten den Test ebenso schnell wie diejenigen, die sich während des Films nicht selbst kontrollieren mussten.

Und es sind nicht nur die exekutiven Funktionen, denen die Glukose einen Schub gibt. Dieses wunderbare Monosaccharid hat auch eine Reihe interessanter Auswirkungen auf das Verhalten. Es hilft unter anderem bei der Regulierung der Aufmerksamkeit und der Emotionen. Mehr Glukose bedeutet besseres Gedächtnis, schnellere Reaktionszeiten, weniger Aggression ... und so weiter, und so weiter. Glukose kann uns sogar dabei helfen, besser mit dem Tod umzugehen.[17]

Somit ist der Vielfraß, der sich das letzte Glas Limo schnappt, vielleicht tatsächlich ein wenig schlauer und schneller als der Diäthalter, und auch ein wenig besser gerüstet, sich dem Jenseits zu stellen. All das ist natürlich sehr positiv, aber können wir noch weiter gehen? Ist der Schlemmer, der so oft der moralisch Ausgestoßene ist, dem Diäthalter in Wirklichkeit moralisch sogar überlegen?

Völlerei

Ein Leitfaden für gutes Essen

Ich möchte, dass Sie sich Barry vorstellen. Barry ist ein »typischer Australier«. Jetzt stellen Sie sich bitte einen Tag in Barrys Leben vor.

Wenn Sie so reagieren wie die meisten, ist dieser imaginäre Tag gespickt mit stereotypen Anspielungen: Barry reitet vielleicht am Morgen halb betrunken auf einem Känguru und schießt auf Koalas, bevor er für das nachmittägliche Grillen, ein paar Bier und einen Abend vor dem Fernseher bei Cricket oder der Serie »Nachbarn« zu seiner Frau zurückkehrt.

Den meisten von uns fallen mit beunruhigender Leichtigkeit alle möglichen Klischees ein: der sportliche Afroamerikaner, der fleißige Asiat, der ungebildete australische Surfer und der nach Gin riechende Brite mit schlechten Zähnen. Das Ärgerliche ist, dass Stereotype uns oft in den Sinn kommen, ohne dass wir das beabsichtigen. Stereotype werden »automatisch aktiviert«: Wenn wir an ein Mitglied einer mit Klischees behafteten Gruppe denken oder einem solchen begegnen, fällt uns ein zusammenhängendes Netz von gruppenbezogenen, stereotypen Informationen ein. Man stellt sich »Barry« vor und kommt fast nicht umhin, auch an ein »Känguru« zu denken.

Aber eine *Aktivierung* ist nicht das Gleiche wie eine *Äußerung*. Auch wenn *uns* ein Stereotyp in den Sinn kommt (d. h. aktiviert wird), müssen wir es nicht *anderen* präsentieren: Wir müssen die Klischees, die uns einfallen, nicht zum Ausdruck bringen.

Wir können stereotype Informationen, die uns einfallen, tatsächlich oft unterdrücken und sie zurück in die Tiefen unseres Gehirns verbannen, aber das ist anstrengend und erfordert kognitive Ressourcen.

Wenn man Gailliots Glukoselogik auf die Stereotypisierung anwendet, könnte man spekulieren, dass Personen mit hinreichendem Glukosespiegel dem anstrengenden Kampf der Unterdrückung von Klischees besser gewachsen sind.

Um zu testen, ob Glukose die Äußerung von Klischees reduziert, zeigten Matthew Gailliot und einige seiner Kollegen Testpersonen ein Bild von Sammy, einem »typischen homosexuellen Mann«, und baten sie, in einer Kurzgeschichte zu beschreiben, was Sammy an einem durchschnittlichen Tag so macht.[18] Die kritische Manipulation hierbei war folgende: Bevor sie ihre Geschichten aufschrieben, erhielt eine Hälfte der Teilnehmer ein zuckerhaltiges Getränk (welches vom Körper schnell und einfach in Glukose verwandelt wird) und die andere Hälfte ein künstlich gesüßtes, kalorienfreies Placebo, welches dem Körper keine Glukose zuführt. Später kodierte Gailliot die Geschichten der Teilnehmer auf stereotype Inhalte und fand heraus, dass die Personen, die das zuckerhaltige Getränk konsumiert hatten, Sammy weniger klischeehaft beschrieben. Diese Teilnehmer hatten die notwendigen Reserven, um die Stereotype zu unterdrücken. Wahrscheinlich dachten auch sie stereotype Gedanken, während sie sich Sammys Tag vorstellten, schafften es aber, diese nicht in die Geschichten einfließen zu lassen.

Das heißt, wenn Sie mit Zucker gesüßte Limonade trinken, stereotypisieren Sie weniger. Das sind gute Neuigkeiten für den Schlemmer, aber wie weit erstrecken sich die Auswirkungen des Konsums in den Bereich der Moral?

Barbara Briers von der Pariser Management-Schule HEC und ihre Kollegen holten eine Gruppe von Teilnehmern in ihr Labor, um ein paar kurze Studien zum Thema geschmackliche Vorlieben und Spendenverhalten durchzuführen.[19] Die Forscher hatten die Teilnehmer gebeten, ab vier Stunden vor ihrer Ankunft im Labor nichts mehr zu essen und nur Wasser, Tee oder Kaffee zu trinken. Damit wurde sichergestellt, dass alle einigermaßen hungrig waren, bevor sie eintrafen.

Völlerei

Als sie ins Labor kamen, wurden einige der Teilnehmer der »satt«-Gruppe zugeordnet. Diese Personen durchliefen zunächst einen Geschmackstest, bei dem sie laut Briers einfach »ein großes Stück Kuchen« aßen und dann einige Fragen zu Geschmack, Farbe, Konsistenz etc. der Torte beantworteten. Nach zwanzig Minuten wurde eine Spendenaufgabe durchgeführt, bei der die Teilnehmer gefragt wurden, ob sie für eine Reihe von verschiedenen Wohltätigkeitsorganisationen spenden würden – das Rote Kreuz, Ärzte ohne Grenzen usw.

Der anderen Hälfte der Teilnehmer wurden genau die gleichen Aufgaben gestellt, aber in umgekehrter Reihenfolge – erst Spende, dann Geschmackstest.

Die Gruppen unterschieden sich darin, dass diejenigen, die zuerst die Spendenaufgabe bearbeiteten, hungrig waren, während sie über ihre Spendenvorlieben nachdachten, während die, für die diese Aufgabe bereits die zweite war, vorher etwas gegessen hatten.

Briers und ihre Kollegen interessierten sich für den Einfluss von Hunger auf die Spendenbereitschaft der Teilnehmer.

Die bisherige Forschung hat gezeigt, dass bestimmte Aspekte in Bezug auf Essen und Geld in ähnlichen Teilen des Gehirns verarbeitet werden – dem Orbitofrontalkortex (OFK), um genau zu sein. Dieser befindet sich direkt oberhalb der Augenhöhlen.[20] Der OFK kommt bei der Verarbeitung von Belohnungen zum Einsatz. Besonders interessant ist, dass es egal zu sein scheint, um welche Art von Belohnung es dabei geht. Ob Essen, Geld, Sex, Drogen, wann immer es um Belohnungen geht, scheint der OFK beteiligt zu sein.

Die Tatsache, dass die Verarbeitung von Belohnungen in Form von Essen sich neuronale Bereiche mit der Verarbeitung von finanziellen Belohnungen teilt, deutet für Briers darauf hin, dass Geld und Essen in gewissem Sinne austauschbar sein könnten.

Ein Leitfaden für gutes Essen

Die Cree-Indianer sagen: »Erst wenn der letzte Baum gerodet, der letzte Fluss vergiftet, der letzte Fisch gefangen ist, werdet ihr merken, dass man Geld nicht essen kann.«*

Sagen Sie das aber nicht Briers oder dem OFK. Wenn es nach dem Orbitofrontalkortex geht, kann man so viel Geld essen, wie man möchte. Auf der Ebene des Gehirns ist das Verlangen nach Essen dem Wunsch nach Geld sehr ähnlich. Ein hungriger Mensch sehnt sich vielleicht nicht nur nach Kuchen, sondern auch nach Bargeld; und wie die hungrige Person Essen hortet, so hat sie vielleicht auch den Drang, das ihr zur Verfügung stehende Geld zu horten.

Genau das fanden auch Briers und ihre Kollegen heraus: Hungrige Menschen waren weniger geneigt, zu spenden, als diejenigen, die gerade ein Stück Kuchen verschlungen hatten.

Briers fand ein ähnliches Ergebnis, wenn Hunger mithilfe des Duftes von frischen Brownies induziert wurde: Jene, die die Brownies rochen und daher vermutlich ein Hungergefühl verspürten, gaben einem Interaktionspartner weniger Geld, als Personen, die dem Geruch nicht ausgesetzt waren.[21]

Daraus folgt, dass Hunger ein weniger edler Zustand ist, als die Asketen uns glauben machen wollen. Hunger ist zweckmäßig, nicht spirituell. Er treibt den Organismus an, zu horten – Essen genauso wie andere Formen der Belohnung.

Bei der Verteidigung der Völlerei muss man nicht nur das »Viel« und »Wenig« vergleichen, sondern auch die Vielzahl anderer Beanstandungen ansprechen, die jene spielverderberischen Mönche des Mittelalters umrissen, als sie das kulinarische Erlebnis auf Teufel komm raus all seiner Freuden berauben wollten. Erinnern wir uns an Gregors umfassende Liste: zu viel, zu gierig, zu teuer ...

---

* Anmerkung der Übersetzerin: Der Ursprung und der genaue Originalwortlaut dieses Zitats sind bis heute umstritten.

Völlerei

Der Umfang dieser Verbote verdeutlicht die Komplexität unserer Beziehung zum Essen. Für den Menschen ist Essen weit mehr als eine Energiequelle. Essen ist nicht nur Verzehr, sondern auch eine ästhetische, soziale und identitätsbildende Erfahrung. Für die frühen Theologen bedeutete das übermäßige Schwelgen in dieser Art von Erfahrungen eine Distanzierung von Gott. Aber was bedeuten diese anderen Arten der Völlerei für unser tägliches Wohlbefinden? Mit dem viel und wenig Essen haben wir uns bereits beschäftigt. Aber was ist mit den anderen? Beginnen wir mit dem »zu teuer«.

Der Preis der Völlerei

Wenn es ums Essen geht, sind unsere Erwartungen von größter Bedeutung: Wenn auf dem Etikett eines Schokoladenpuddings das Wort »gesund« steht, denken die Leute, er schmeckt besser. Wenn die Besucher eines Restaurants glauben, ihr Wein komme aus der Pfalz statt aus Frankreich, sind sie der Ansicht, er schmecke schlechter. Wenn man Personen vor die Wahl zwischen »Schokoladenkuchen« und »Schwarzwälder Kirsch mit belgischer Schokolade« stellt, entscheiden sie sich immer für Letztere.[22] Erwartungen, ob gesundheits- oder geschmacksbasiert, haben einen Einfluss auf unser Geschmackserlebnis.

Einer der Faktoren, die unsere Erwartungen am meisten beeinflussen, ist der Preis. Aus Marketingstudien wissen wir, dass unsere Qualitätswahrnehmung mit dem Preis eines Produktes steigt.[23] Das Gleiche gilt im Fall von Lebensmitteln und Getränken.

Aber wie stark sind unsere preisbasierten Erwartungen? Können sie das Wesen unserer kulinarischen Erfahrungen verändern? Stellen Sie sich fünf Weingläser vor, von denen jedes mit einem anderen Cabernet Sauvignon gefüllt ist. Sie werden gebeten, diese Weine zu verkosten und bezüglich ihres Genusswertes und der Intensität ihres Geschmacks zu bewerten. Jeder Wein hat einen anderen Preis und unterscheidet sich äußerlich nur durch sein jeweiliges Preisschild von den anderen.

Wein 1: 5 Euro
Wein 2: 10 Euro
Wein 3: 35 Euro
Wein 4: 45 Euro
Wein 5: 90 Euro

Welchen Wein bevorzugen Sie?

Hilke Plassman vom Caltech und einige ihrer Kollegen führten genau diese Studie durch und fanden wie zu erwarten heraus, dass den Teilnehmern die höherpreisigen Weine besser mundeten.[24] Ein genauer Blick auf Plassmans Daten zeigt zum Beispiel, dass Wein aus einer 45-Euro-Flasche dem Wein aus einer 5-Euro-Flasche vorgezogen wird und Teilnehmer den Wein aus der 90-Euro-Flasche lieber mögen als den aus der 10-Euro-Flasche. Das macht Sinn, da der Preis oft die Qualität eines Produkts widerspiegelt.

Aber, wie es in der Psychologie so oft der Fall ist, gibt es auch diesmal eine unerwartete Wendung. Sie denken, Sie verkosten fünf verschiedene Weine? Falsch gedacht. Tatsächlich sind es nur drei: 1 und 4 sind der gleiche Wein und 2 und 5 ebenfalls. Obwohl Plassmans Teilnehmer den 45-Euro-Wein wesentlich höher bewerteten als den 5-Euro-Wein, handelt es sich bei beiden um *genau den gleichen Wein*.

Was hier passiert, ist, dass die Erwartungen das Erlebnis steuern. Ein 45-Euro-Wein *sollte* in der Tat besser schmecken als ein 5-Euro-Wein; ebenso, wie eine 90-Euro-Flasche von höherer Qualität sein sollte als eine 10-Euro-Flasche. Diese Erwartungen überschreiben die grundlegenden Eigenschaften des Weins und prägen unsere Erfahrungen.

Der Schlemmer, der »zu teuer« isst, wird also in der Tat mehr Freude am Essen haben. Das Interessanteste daran ist jedoch, dass es ausreicht, zu *glauben*, man esse etwas Teureres.

Die Würze und die Bitterkeit des Lebens

Als Papst Gregor auf die Tatsache hinwies, dass wir uns nicht zu sehr mit der Zubereitung des Essens beschäftigen sollten, war das der Versuch, uns davon zu überzeugen, uns tagein, tagaus mit der gleichen langweiligen Pampe zufriedenzugeben. Im Wesentlichen versuchte er, uns gegen die Vielfalt aufzubringen.

Obwohl eine Volksweisheit besagt, dass »Vielfalt die Würze des Lebens ist«, sind im Hinblick auf das Essen nicht alle Arten von Vielfalt gleich.

Stellen Sie sich folgendes Szenario vor: Sie und ein paar Freunde gehen zum Abendessen in ein feines Restaurant. Ein Kellner bringt ihnen die Speisekarten. Nach wenigen Minuten geben Sie ihre Bestellung auf.

In dieser Phase des Essens – beim Bestellen – präsentiert sich die Vielfalt in unterschiedlichen Formen. Die Speisekarte selbst stellt einen oft vor die Qual der Wahl: Entenrisotto, Penne al ragu, Aubergine Parmigiana (sie befinden sich nämlich in einem italienischen Restaurant), Caprese-Salat, Ravioli Primavera, Lasagne ... Sie wissen schon.

Die gute Nachricht ist, dass die große Auswahl auf Speisekarten oft zu gesünderen Entscheidungen führt. Da die Auswahl aus einer längeren Liste schwieriger ist als aus einer kürzeren, tendieren die Menschen dazu, Entscheidungen zu treffen, die leichter zu rechtfertigen sind. Auf der Suche nach einer Rechtfertigung für die Wahl des Gerichts neigen Personen eher zu gesundheitlichen als zu rein hedonistischen Gründen wie Ge-

Die Würze und die Bitterkeit des Lebens

schmack. Als die Teilnehmer einer Studie vor die Wahl zwischen Obst und Keksen gestellt wurden, wählten 55% das Obst, wenn in jeder Kategorie nur zwei Möglichkeiten zur Auswahl standen. Hatten die Teilnehmer jedoch die Wahl zwischen sechs verschiedenen Früchten und sechs Arten von Keksen, so wählten ganze 76% die gesündere Alternative.[25] Mehr Vielfalt, gesündere Entscheidungen.

Eine nicht zu unterschätzende Einschränkung gibt es jedoch: Eine zu hohe Anzahl von Auswahlmöglichkeiten überfordert. Lässt man Personen die Wahl zwischen 24 Sorten von Marmelade, so ist es weniger wahrscheinlich, dass sie überhaupt eine Auswahl treffen, als wenn nur sechs Sorten zur Auswahl stehen.[26] Eine solche Entscheidungslähmung oder Analyselähmung, wie dieses Phänomen manchmal genannt wird, schränkt den Nutzen der Vielfalt klar ein. Man sollte also genug anbieten, um eine bewusste Entscheidung herbeizuführen, aber nicht so viel, dass das Gehirn sich ausklinkt.

Obwohl die Auswahl auf der Speisekarte uns manchmal einen guten Dienst leistet, erweist sich die Überzeugung, dass Vielfalt *als solche* gut ist, oft als eher nachteilig.

Die Chancen stehen gut, dass ein Gespräch ähnlich dem folgenden stattfindet, während Sie und Ihre Begleiter die Speisekarte anschauen:

SIE: Welche Gerichte fallen euch ins Auge?
BEGLEITER 1: Das Entenrisotto sieht sehr lecker aus.
BEGLEITER 2: Nimmst du das Risotto? Das wollte eigentlich ich bestellen.
SIE: Warum nimmst du nicht die Ente und ich nehme die Lasagne ...

Völlerei

Dieser Art von Gespräch begegnet man immer wieder, in dem Versuch, Vielfalt auf den Tisch zu bringen. Irgendetwas scheint falsch daran, wenn jeder dasselbe bestellt. Dies beruht auf der Idee, dass Vielfalt etwas Gutes ist – die Würze des Abendessens. Aber diese Art von Vielfalt geht oft nach hinten los.

Dan Ariely von der Duke University lieferte eine clevere Feldstudie ab, die die Auswirkungen einer solchen Vielfalt auf Lebensmittelpräferenzen untersuchte.[27] (Eigentlich ging es um Biervorlieben, aber wir wollen mal nicht kleinlich werden.) Zusammen mit Jonathan Levav, einem Professor an der Columbia University, ging Ariely inkognito in eine Kneipe. Als Kellner verkleidet gingen Ariely und Levav auf Besuchergruppen zu und boten ihnen kostenlose Bierproben an. Dabei hatten sie vier Proben zur Auswahl: ein Amber Ale, ein Lagerbier, ein Pale Ale und ein Wheat Ale. An einigen Tischen wurden die Besucher gefragt, welches dieser Biere sie gerne probieren wollten. Dann bestellten sie, nacheinander und gut hörbar für alle. Den Besuchern an anderen Tischen gaben Ariely und Levav eine kleine Getränkekarte und baten sie, ihre Wahl aufzuschreiben. Nachdem die Biere bestellt waren, wurden die Proben serviert und die Besucher wurden gebeten, zu bewerten, wie gut ihnen ihr jeweiliges Getränk mundete.

Was Ariely und Levav herausfanden, sollten Sie sich bei Ihrem nächsten Restaurantbesuch mit einer Gruppe von Freunden ins Gedächtnis rufen: Tische, an denen laut bestellt wurde, entschieden sich für eine größere Vielfalt an Bieren, aber die meisten *genossen ihr Bier weniger* als die Personen, an deren Tisch schriftlich bestellt wurde.

Es ist ziemlich eindeutig, was hier vor sich geht. Stellen Sie sich die Situation vor. Sie sehen eine Liste der Bierproben und denken: »Das Lager klingt ganz gut; das nehme ich.« Wenn Sie still bestellen, schreiben Sie Ihre Wahl einfach auf und bekommen das, was Sie möchten. Wenn Sie aber laut bestellen, bestellt viel-

Die Würze und die Bitterkeit des Lebens

leicht Ihr Freund das Lagerbier, bevor Sie an der Reihe sind, und Sie entscheiden sich im Namen der Vielfalt für eine andere Sorte. So trinken Sie am Ende etwas, was Sie gar nicht wirklich wollten.

Das Streben nach Vielfalt unter Restaurantgästen ist also vielleicht nicht wirklich sinnvoll. Aber was ist mit Vielfalt bei der Wahl der eigenen Lebensmittel? Das kommt darauf an.

Kehren wir noch einmal zu dem italienischen Restaurant zurück. Vergessen Sie für den Moment Ihre Begleiter und konzentrieren Sie sich nur auf das, was Sie bestellen möchten.

Sie sind in der Stimmung für eine Vor- und eine Hauptspeise und Ihnen fällt auf, dass das Restaurant das Entenrisotto – welches, nebenbei bemerkt, Ihr Favorit ist – als Vor- und als Hauptspeisenportion anbietet. Trotz Ihrer übermäßigen Liebe für gallertartige Reisgerichte würden Sie das Risotto wahrscheinlich nicht als Vor- und Hauptspeise essen wollen. Und das wäre in der Tat auch kein sinnvoller Schachzug. Mit jedem Bissen eines bestimmten Gerichts verringert sich unser Genussempfinden. Das nennt man hedonische Anpassung oder Gewöhnung. Der erste Bissen Risotto schmeckt großartig, der zweite sehr gut, aber wenn Sie sich dem Rest der Vorspeise nähern, ist jeder Bissen weniger genussreich und Ihnen ist nach einer Veränderung. Sie haben sich an den Geschmack gewöhnt.

Wenn also zwei Konsumerlebnisse – wie z.B. Vorspeise und Hauptgericht – kurz aufeinander folgen, macht das Streben nach Vielfalt Sinn. Der Wechsel zu einem anderen Gericht – z.B. Parmigiana – ist eine weise Entscheidung. Auch wenn es nicht Ihr absolutes Lieblingsgericht ist, wird es in diesem Fall dennoch besser schmecken als noch mehr von dem gleichen Risotto, an das sich Ihre Geschmacksnerven bereits gewöhnt haben.

Nehmen wir aber mal an, dass zwischen Vor- und Hauptspeise eine längere Pause liegt. Im Geiste der Slow-Food-Bewegung lädt man Sie an einem Abend auf eine Vorspeise in einem Restaurant ein. Die Hauptspeise folgt eine Woche später. Wie würde Ihre Bestellung jetzt aussehen? Wenn es Ihnen so geht wie den Meisten, würden Sie sich dennoch für verschiedene Gerichte entscheiden: Risotto heute Abend und nächste Woche dann Parmigiana.

Wie wir sehen werden, ist das ein schlechter Zug.

Abwechslung beim Verzehr ist nützlich, wenn sie der Gewöhnung wehrt. Wenn aber die Verzögerung zwischen den Erlebnissen lang genug ist, ist die Gewöhnung nicht länger ein Problem. Der erste Bissen des Risottos zum Hauptgang *nächste* Woche wird genauso süß (oder, besser gesagt, salzig) schmecken wie der erste Bissen der Vorspeise in dieser Woche. Ist genug Zeit vergangen, spielt die Gewöhnung nicht länger eine Rolle.

Wenn es um die Vielfalt beim Essen geht, müssen wir also Vorsicht walten lassen. Der gefräßige Feinschmecker, der einer Vielzahl von kulinarischen Genüssen nachjagt, maximiert vielleicht in einigen Fällen den gesundheitlichen Nutzen und den Genuss, erreicht in anderen Fällen aber das Gegenteil. Vielfalt beim Essen sollte, ähnlich wie Gewürze, sparsam und mit Bedacht eingesetzt werden.

Oh ... diese Franzosen

Schlussendlich lässt sich die Völlerei in der heutigen Welt tatsächlich anhand des Unterschiedes zwischen Franzosen und Amerikanern erklären. Dabei läuft alles auf zwei entscheidende Aspekte hinaus.

Wie bereits angedeutet, haben die Franzosen eine ganz andere Haltung gegenüber dem Essen wie die Amerikaner. Dies zeigt sich sehr anschaulich in Bezug auf zwei Fragen, die der Psychologe Paul Rozin von der University of Pennsylvania gerne verwendet, um Einstellungen zum Essen zu messen:

Oh ... diese Franzosen

1. Welches Wort unterscheidet sich am meisten von den anderen beiden?

BROT   PASTA   SOSSE

2. »Spiegelei« passt am besten zu:

FRÜHSTÜCK   CHOLESTERIN

Wenn Sie Franzose sind, neigen Sie eher dazu, die erste Frage mit »BROT« und die zweite mit »Frühstück« zu beantworten.[28] Diese Antworten offenbaren eine Reihe von kulinarischen Assoziationen, die Verbindungen zwischen Nahrungsmitteln und den auf Erfahrungen beruhenden und lustvollen Aspekten des Essens herstellen. »Pasta« wird oft zusammen mit »Soße« serviert (somit fällt »BROT« aus der Reihe), ebenso wie es oft »Spiegelei« zum »Frühstück« gibt.

Amerikaner, hingegen, neigen eher dazu, »BROT« mit »PASTA« zu verknüpfen, da beide kohlenhydrathaltig sind, und das »Spiegelei« verbinden sie mit »Cholesterin«. Diese Antworten unterstreichen die Beschäftigung der Amerikaner mit den ernährungsphysiologischen Aspekten des Essens. Für Amerikaner ist das kulinarische *Erlebnis* weit weniger wichtig als die *Konsequenzen* des kulinarischen Genusses. Amerikaner machen sich Gedanken darüber, welche Auswirkungen das Essen auf die Form und die Funktionen ihres Körpers hat. Um es einfach auszudrücken: In Frankreich steht das Essen ganz im Zeichen des Genusses, in den USA ist das Essen Anlass zur Sorge.

Der andere entscheidende Unterschied zwischen diesen beiden Ländern bezieht sich nicht auf die Einstellung, sondern auf die Umwelt. Um diesen Unterschied zu verstehen, können wir erneut die Arbeit von Paul Rozin heranziehen.

Rozin schickte einige mit digitalen Waagen ausgestattete Mitglieder seiner Forschungsgruppe in Restaurants in Paris und Philadelphia, um sie die dort servierten Portionen wiegen zu lassen.[29] Diese Forscher gingen in ein Bistro oder eine Pizzeria vor Ort und bestimmten dort das Gewicht einer typischen Portion. Bei der Analyse der Ergebnisse fand Rozin etwas sehr Überraschendes: Im Vergleich aller untersuchten Restaurants waren die amerikanischen Portionen etwa 25 % größer. Selbst identische Fast-Food-Ketten, die großen Wert auf Standardisierung legen, zeigten Unterschiede zwischen den Städten. Vergleichen Sie ein McDonald's- oder Pizza-Hut-Restaurant in Philadelphia mit einem in Paris und Sie werden sehen, dass die Portionen in Philadelphia circa 1,3-mal größer sind. Eine große Limonade ist in Paris (530 g) kleiner als in Philadelphia (545 g); eine mittlere Portion Pommes frites wiegt in der französischen Hauptstadt 90 g, während das Äquivalent in Philadelphia 155 g schwer ist.

Und diese Unterschiede zeigen sich nicht nur in Restaurants. Größere Portionen finden sich überall in den Vereinigten Staaten. Die Packungen in amerikanischen Supermärkten sind circa 1,4-mal größer als in französischen. Selbst amerikanische Kochbücher geben in der Regel Portionen an, die ein Viertel über denen in französischen Kochbüchern liegen.[30]

Amerikaner befinden sich inmitten einer überwältigenden Fülle von bequem zugänglichen Kalorien. Im Gegensatz zu den Franzosen leben sie in einem überdimensionierten Ernährungsumfeld und es ist genau dieser Unterschied, der den Ausschlag gibt, wenn es darum geht, die Völlerei in der heutigen Welt zu verstehen.

Der Punkt ist folgender: In Amerika ist die *Haltung* asketisch und ausgerichtet auf Zurückhaltung und Nährwerte, aber die Umwelt nicht. Die amerikanische kulinarische Landschaft stellt sich dar als bergige Portionen einfach zugänglicher, kalorienreicher Lebensmittel. Trotz der amerikanischen Einstellung hin zu

Oh ... diese Franzosen

einer gesünderen Lebensweise beobachten wir eine umweltbestimmte Entwicklung hin zur Fettleibigkeit. Die Franzosen, auf der anderen Seite, geben sich dem Essen hin, wie es Papst Gregors Vielfraß tun würde: mit genussorientierter Hemmungslosigkeit. In Frankreich ist die Umwelt aber so strukturiert, dass sie diese freizügigen Tendenzen einschränkt. Um es noch einmal zu sagen: Völlerei ist nicht so einfach als Sünde klassifizierbar. Sie ist eher eine erfrischende Einstellung zum Essen, die uns, unter den falschen Umständen, vom rechten Weg abbringen kann.

Die Gleichsetzung von Völlerei und Fettleibigkeit in der heutigen Zeit fördert eine eindimensionale, puritanische und langweilige Haltung gegenüber dem Essen. Das Einzige, was für viele von uns zählt, ist, ob der nächste Bissen womöglich unseren Hintern fetter werden lassen könnte. Die Franzosen hingegen bewahren standhaft ihre vielschichtigen kulinarischen Einstellungen. Für sie ist Essen nicht nur das bloße Hineinschaufeln von Energielieferanten. Für die Franzosen ist Essen nicht nur essen.

Während eines Großteils der Menschheitsgeschichte spielte Essen eine wichtige Rolle in der Gesellschaft. Auch hier nicht nur als bloßes Verzehrerlebnis, sondern als eine zutiefst soziale, identitätsbildende Erfahrung. Essen definiert uns, sowohl wörtlich – Eiweiße, Wasser, Glukose usw. – als auch symbolisch; frei nach der Devise »Du bist, was du isst«. Das, was wir essen, zeigt, wo wir herkommen (Chow mein oder Taboulé), welche Stellung wir in der Gesellschaft einnehmen (Gänseleberpastete oder Big Mac) und was uns wichtig ist (Gemüse oder Fleisch). Selbst eine einfache Suppe spricht Bände im Hinblick auf unsere Identität: Hühnernudelsuppe = Stubenhocker; Gulaschsuppe = Stimmungskanone; und Muschelsuppe = der Geistreiche.[31]

Vielleicht noch wichtiger ist, dass das Essen uns mit anderen verbindet. Gemeinsame Mahlzeiten sind die Schmiede der sozialen Bindungen und haben in der Evolution unserer Spezies eine zentrale Rolle gespielt, indem sie Männer und Frauen in Haushalten zusammenbrachten und zur Formung größerer Gemeinschaften beitrugen.[32] Das Abendessen, welches im Laufe der Evolutionsgeschichte so wichtig für menschliche Haushalte wurde, ist bis heute ein nicht wegzudenkender Faktor für den Familienzusammenhalt. Es gibt Hinweise darauf, dass Familien, die zusammen essen, sich positiver entwickeln und bessere Kommunikationsmuster an den Tag legen sowie Kinder großziehen, die gut in der Schule und psychisch gesünder sind.[33] Selbst die Semantik des Essens und die Semantik der Gesellschaft sind miteinander verflochten: Das Wort »Kompagnon«, zum Beispiel, hat seine Wurzeln in den lateinischen Wörtern »com« (zusammen) und »pānis« (Brot).[34]

Die Franzosen haben es geschafft, sich vieles von dem zu erhalten, was am Essen sinnvoll, lustvoll und sozial ist. Sie bleiben wahre Schlemmer und Feinschmecker. Sie schätzen Erfahrungen und machen sich keine Sorgen um die Folgen; ihnen liegt viel an Gemeinschaft statt Isolation, vernünftiger Vielfalt statt Einfachheit und Monotonie.

Wenn das Völlerei ist, dann reihe ich mich gerne ein, wenn die Franzosen ihren schlemmerhaften Abstieg in die Hölle antreten.

KAPITEL 3

Habgier
Gekauftes Glück, harte Arbeit und Selbstgenügsamkeit

In Oliver Stones Klassiker *Wall Street* aus dem Jahre 1987 spricht ein gegelter Michael Douglas als Ikone Gordon Gekko zu einem Besprechungszimmer voller Investoren:

> »Der entscheidende Punkt ist doch, dass die Gier, leider gibt es dafür kein besseres Wort, gut ist. Die Gier ist richtig, die Gier funktioniert. Die Gier klärt die Dinge, durchdringt sie und ist der Kern jedes fortschrittlichen Geistes.«[1]

Gekko verkörpert jene besondere Form der in den 1980ern gerne zitierten Moral, die an die ultimative Tugend des freien Marktes glaubt und der zufolge das individuelle Streben nach Erfüllung der eigenen Interessen (sprich: die Gier des Einzelnen) das Wohlergehen der Massen garantiert und so die Lage rettet. Uns (Konsumenten) bleibt dabei nichts weiter zu tun, als Geld auszugeben, und der Markt kümmert sich um den Rest. Nur wenige von uns glaubten der extremen Form dieser Einstellung nach 1987, und noch weniger glauben ihr heute, nach dem Ereignis, welches Wikipedia als »Finanzkrise 2007–2010« bezeichnet.

Offensichtlich erfasst die Aussage »Gier ist richtig« nicht ganz die Komplexität der Lage. Das ebenso banale »Gier ist schlecht« ist allerdings auch nicht die Lösung. Eine solche vereinfachende Sicht der Dinge will uns glauben machen, dass der jüngste globale wirtschaftliche Abschwung – und andere vor ihm – ein Symptom der ungezügelten Gier des Marktes war. Aber die Dinge sind nie so einfach, wie sie scheinen. Börsenkräche haben alle Arten von Ursachen: politische Machtkämpfe, verzerrte Entscheidungsfindung, die Gruppenpsychologie der Aktionäre ... die Liste ließe sich beliebig fortsetzen. Darüber hinaus sind Geld und unser Streben danach gewisse Konstanten. Wenn man der Gier die Schuld an einer finanziellen Pleite geben will, dann muss man sie in gleichem Maße für jeglichen Aufschwung loben.

Aber dieses Kapitel konzentriert sich nicht auf die Gier am Markt, sondern auf die Gier in anderen Aspekten unseres täglichen Lebens. Und ebenso wie die Rolle der Gier am Markt komplex ist, so ist sie es auch in anderen Bereichen unseres täglichen Verhaltens.

Das Wort »Gier« leitet sich aus dem mittelhochdeutschen Wort »gir« ab, das in seiner Bedeutung dem Wort »Völlerei« wohl näher kam als dem Wort »Gier«. Heute beschreibt das Wort jedoch meist nicht den Wunsch nach Essen, sondern nach Geld. Habgier ist ein Laster des Geldes und es ist das Geld, das den Kern des heutigen Status der Gier als Sünde (oder wenigstens als etwas ziemlich Schlechtes) bildet. Im vielleicht berühmtesten Gemälde der sieben Todsünden – Hieronymus Boschs *Die sieben Todsünden und die vier letzten Dinge* – wird die Habgier als bestechlicher Richter personifiziert, der mit einer Hand eine Zahlung akzeptiert, während er mit der anderen einen Antragsteller verurteilt. Bei der Wahl »Bargeld vor Gerechtigkeit« erliegt der Richter dem allmächtigen verderblichen Einfluss des Geldes. Der heilige Paulus bringt es auf den Punkt: »Die Liebe zum Geld ist die Wurzel allen Übels.« Der Punkt ist klar: Geld ist schmutzig und diejenigen, die gierig hinter ihm herjagen, besudeln sich zwangsläufig ihre Hände – und Seelen.

Das aktuelle Kapitel stellt diese althergebrachte Weisheit in Frage. Lassen Sie mich zu Beginn nur kurz anmerken, dass Geld weder die Wurzel – oder irgendein anderer Bestandteil – des Bösen, noch halb so schlecht ist, wie Sie oder der heilige Paulus vielleicht denken.

Glück zu verkaufen

Eines der wenigen Dinge, die uns mehr Spaß machen, als die Reichen zu verfluchen, ist sie zu bemitleiden. Diejenigen von uns, die an die gähnende Leere in ihren Hosentaschen gewöhnt sind, wollen gerne glauben, dass die Reichen bemitleidenswerte Seelen sind, die töricht Dollar um Dollar jagen, auf dem Weg in die unvermeidliche Depression und Inhaltslosigkeit. Es wird allgemein behauptet, dass Geld nicht glücklich macht, und die finanziell Benachteiligten unter uns hoffen, dass das stimmt. Aber ist dem wirklich so?

Tatsache ist, dass die Menschen umso glücklicher sind, je mehr Geld sie haben. Reiche Länder sind glücklicher als arme und innerhalb der Grenzen eines Landes sind die Wohlhabenden glücklicher als die Mittellosen. Aber damit nicht genug; Geld hat zahlreiche Auswirkungen auf unser Wohlbefinden. Die Reichen sind zufriedener mit ihrem Leben, sie machen mehr positive Erfahrungen, verspüren mehr Freude und leiden seltener unter Langeweile, Depressionen und Traurigkeit als die Armen.[2] Anhand einer aktuellen und rigorosen Auswertung vorhandener Studien schlossen Betsey Stevenson und Justin Wolfers, zwei junge Ökonomen, Folgendes:

> Das Einkommen korreliert positiv mit dem Wunsch, weitere Tage wie den gestrigen zu erleben, dem Gefühl, gut ausgeruht zu sein und respektvoll behandelt zu werden, mit der Fähigkeit zu entscheiden, wie man seine Zeit verbringen möchte, mit lächeln oder lachen, mit dem Gefühl, stolz zu sein und etwas Interessantes erlebt zu haben, und mit dem Verzehr gut schmeckender Speisen.[3]

Auch wenn sie sehr vielgestaltig sind, sind die Vorteile eines höheren Einkommens keineswegs garantiert. Die Habgierigen können alles Geld der Welt haben und die Sache mit dem Glück dennoch nicht richtig hinbekommen. Wenn es um gekauftes Glück geht, gilt: »Hüte dich, Käufer.« Wenn Sie schon Geld für ein »gutes Leben« ausgeben, ist es wichtig zu wissen, was Sie kaufen sollten, um den besten Nutzen daraus zu ziehen.

Vor ein paar Jahren veröffentlichte Lexus eine Werbekampagne mit dem Slogan: »Wer sagt, dass man mit Geld kein Glück kaufen könne, gibt es nicht richtig aus.«

Aus dem Mund eines Luxus-Auto-Unternehmens ist solch eine Aussage natürlich ein wenig selbstgefällig, aber es ist etwas Wahres daran.

Philosophen sind oft die Ersten, die sich mit einem bestimmten psychologischen Thema beschäftigen. So auch mit der Frage, wie man Glück kaufen kann. Aristoteles beobachtete, dass obwohl die Menschen annehmen, äußere Güter seien der Quell des Glücks, es die Muße selbst ist, die Freude, Glück und Vergnügen bereitet.[4] Mit dieser Beobachtung stößt Aristoteles auf eine der wichtigsten Unterscheidungen in den Supermarktregalen: Erfahrungen vs. materielle Güter. Formulieren wir Aristoteles für den modernen Verbraucher etwas um: Ist es besser zu tun oder zu haben?

Mit dieser Frage im Hinterkopf baten der Sozialpsychologe Leaf Van Boven von der University of Colorado und Thomas

Gilovich von der Cornell University eine Gruppe von Studenten, sich an einen Kauf zu erinnern, den sie mit der Intention getätigt hatten, ihr Glück und ihre Freude am Leben zu steigern.[5] Genauer gesagt fragten sie die Hälfte dieser Studenten nach einem »Erlebniskauf« – einem Einkauf von mehr als 100 Dollar, der primär dazu diente, eine Erfahrung zu machen –, einem persönlich durchlebten Ereignis oder einer Reihe von Ereignissen. Die andere Hälfte baten sie, von einem »materiellen« Kauf zu berichten – einem Kauf von mehr als 100 Dollar, der primär darauf abzielte, Geld für einen materiellen Besitz auszugeben –, einem greifbaren Objekt, das man kauft und dann behält. Wie erwartet, fanden sich Reisen, Essen gehen und Eintrittskarten für Konzerte oder Skipässe ganz oben auf der Liste der Erlebniskäufe der Studenten. Auf der Liste der materiellen Käufe fanden sich vor allem Kleidung, Schmuck, Computer, Fernseher und Stereoanlagen.

Im Anschluss beantworteten die Studenten einige Fragen zu ihren Einkäufen: In welchem Maße trägt der Kauf zu Ihrem Glück bei? War das Geld gut angelegt? Das Ergebnis (und nicht nur dieses Ergebnis) gibt Aristoteles recht: Erlebniskäufe machten die Menschen glücklicher als materielle und wurden als bessere finanzielle Investitionen angesehen. Die Freude über Erlebnisse in Restaurants und auf Skipisten übertraf die Freude an Kleidung, Schmuck und Fernsehapparaten.

Nun sind Studenten nicht gerade die repräsentativste Gruppe. Hat dieses Ergebnismuster allgemeine Gültigkeit? Um diese Frage zu beantworten und das Ergebnis der ersten Studie zu replizieren, führten Van Boven und Gilovich eine große Befragung von über 1200 Amerikanern durch.[6] Mehr als die Hälfte der Teilnehmer (57 %) gab an, der Kauf eines *Erlebnisses* mache sie glücklicher als der Kauf von materiellem Besitz. Nur 34 % der Befragten sagten das Gegenteil (die restlichen 9 % waren nicht sicher oder beantworteten die Frage nicht).

Was ist so besonders an Erfahrungen? Warum macht uns ein Restaurantbesuch glücklicher als der Kauf von Kleidung? Van Boven und Gilovich sehen eine Reihe von Gründen, warum Erlebniskäufe materielle Käufe in dieser Hinsicht übertrumpfen.

Erfahrungen bestimmen zu einem größeren Anteil als materielle Käufe, wer wir sind. Natürlich definieren materielle Güter uns ebenfalls – denken Sie nur an das, was Ihre Kleidung oder Ihre CD-Sammlung über Sie aussagt –, aber Erfahrungen können das noch besser. Die folgende Frage sollte dies verdeutlichen:

Wenn Sie beim Brand Ihres Hauses nur ein Besitzstück retten könnten, welches wäre das?

Die meisten Leute sagen, sie würden ihre Fotoalben retten – die Sammlung ihrer Erlebnisse.[7]

Ein weiterer Grund, warum Erfahrungen uns glücklich machen, ist, dass sie oft gemeinsam gemacht werden – sie beinhalten andere Menschen. Auswärts essen oder ein Theater- oder Kinobesuch sind Aktivitäten, die wir mit anderen teilen. Und da andere Menschen eine große Rolle für unser Glück spielen, leisten wir einen wesentlichen Beitrag zu unserem Wohlbefinden, wenn wir unsere Erfahrungen mit anderen teilen.

Außerdem verlieren Erfahrungen nicht an Wert. Im Gegensatz zu materiellem Besitz, an dessen unveränderliche physische Realität wir uns schnell gewöhnen, existieren Erlebnisse als Erinnerungen, die wir immer wieder neu erfinden und interpretieren können. Während wir des materiellen Besitzes überdrüssig werden, können wir die Erinnerungen an unsere Erfahrungen durch die sprichwörtliche rosarote Brille wieder und wieder neu erleben. Als Anhänger von George W. Bush gefragt wurden, wie glücklich sie an dem Tag waren, an dem Bush im Jahr 2000 gewählt wurde, bewerteten sie (vier Monate nach diesem Tag) ihr Glücksgefühl viel höher als am Wahltag selbst.[8]

Das gierige Streben nach Geld kann sich auszahlen, wenn wir wissen, wie wir das uns zur Verfügung stehende Geld ausgeben müssen. Geld kann in der Tat Glück kaufen, aber wir müssen vorsichtig sein. Wir dürfen nicht vergessen, dass mehr Geld oft auch mehr Stress und mehr Verantwortung bedeutet.[9] Und wenn Sie niemanden haben, mit dem Sie es teilen können, nützt Ihnen auch noch so viel Geld nichts.[10] Psychologen beginnen gerade zu verstehen, dass die Kaufkraft des Dollars neben anderen, weniger greifbaren »Währungen« verblasst. Laut den Psychologen Ed Diener von der University of Illinois und Martin Seligman von der University of Pennsylvania leisten soziale Bindungen, Spaß an der Arbeit und Gesundheit einen großen Beitrag zum Glück.[11] Geld hilft, aber es ist nicht alles.

Dennoch gilt die folgende allgemeine Regel: Mit steigendem Einkommen nimmt auch das Glück zu. Mit stillem Vertrauen in diese Beziehung können wir nun eine letzte und wichtige Frage stellen: Wie viel ist genug? Gibt es ein bestimmtes Einkommen, ab dem ich das beste Preis-Glücks-Verhältnis erreicht habe? Bezüglich dieser Frage ist das letzte Wort noch nicht gesprochen. Einige Studien zeigen, dass zusätzliches Geld Personen ab einem mittleren Einkommen nicht mehr wirklich viel glücklicher macht. Andere Arbeiten, hingegen, zeigen beträchtliche Unterschiede bis hin zu 200 000 Dollar und mehr.[12]

Alles in allem sind die Gierigen unter uns auf dem richtigen Weg, wenn es um Glück geht. Aber es gibt keine Garantien. Und so, wie wir die Grenzen des Geldes beim Kauf von Glück berücksichtigen sollten, sollten wir auch erkennen, dass Geld zu viel mehr gut ist, als nur dazu, Dinge zu kaufen. Laut Diener macht Geld uns in vielerlei Hinsicht glücklich: Das Geldverdienen selbst, zum Beispiel, kann sehr angenehm sein; genauso, wie das Geldausgeben.[13] Geld ist ein Segen, weil es oft als Motivation dient.

Das Geldmotiv

Als ich ein Kind war, spielte ich hin und wieder Basketball auf dem Schulhof auf der gegenüberliegenden Straßenseite. Ich war weder besonders groß noch schnell oder gut. Hin und wieder warf ich einen Korb oder lieferte eine Vorlage. An einem Samstagnachmittag aber lief auf dem Spielfeld alles perfekt: Gleich zu Beginn wurde ich gefoult und traf beide Freiwürfe. Von da an saß jeder Wurf. Leider war das eine einmalige Erfahrung. In der Woche darauf machte ich wieder nur eine durchschnittliche Figur. Aber an diesem einen Samstag erreichte ich den Flow-Zustand.

Sei es während des Schulhofspiels am Wochenende, der Bundesliga oder der Weltmeisterschaft: Es ist das Ziel eines jeden Sportlers, diesen fast mystischen Zustand zu erreichen. Wenn man sich im Flow-Zustand befindet, bewegen sich alle Dinge wie in Zeitlupe, die Wahrnehmung ist schärfer und, was am wichtigsten ist, man erzielt eine Menge Punkte, Körbe, Tore oder was auch immer.

Der Flow-Effekt oder das »Hot-Hand-Phänomen«, wie er manchmal auch genannt wird, ist der Aufmerksamkeit der Sozialpsychologen nicht entgangen. Die schlechte Nachricht für Sportler ist jedoch, dass dieser schwer fassbare Zustand vielleicht gar nicht existiert. In einer klassischen Studie überprüften die Psychologen Thomas Gilovich, Robert Vallone und Amos Tversky auf der Suche nach dem Hot-Hand-Phänomen die Wurfstatistiken der Philadelphia 76ers und der Boston Celtics.[14] Aus der Sicht eines Statistikers hat ein Basketballer eine »Hot Hand«, wenn er nach einem oder mehreren erfolgreichen Würfen mit größerer Wahrscheinlichkeit einen weiteren Korb wirft als nach einem oder mehreren Fehlwürfen. Mit anderen Worten, das Hauptmerkmal des Hot-Hand-Phänomens sind aufeinanderfolgende Korbwürfe. Trotz langer und sorgfältiger Analyse

Das Geldmotiv

eines Berges von Statistiken fanden Gilovich und seine Kollegen keine Beweise für den Flow-Effekt auf dem Basketballfeld.

NBA-Basketballer werden verdammt gut bezahlt, aber diese Bezahlung ist nicht an die Aneinanderreihung von Körben geknüpft. Von ihnen wird zwar erwartet, dass sie Körbe werfen, aber nicht unbedingt unmittelbar nacheinander. Was aber, wenn man die Sportler für solch eine Aneinanderreihung bezahlen würde? Kann das Versprechen von mehr Geld zu »Hot Hands« führen?

Die Ökonomen Todd McFall, Charles Knoeber und Walter Thurman wollten wissen, ob das Anbieten von monetären Anreizen »Hot Hands« (oder vielleicht eher heiße Golfschläger) auf dem Golfplatz herbeiführen würde.[15] Dazu nutzten sie eine glückliche Entwicklung in der Geschichte der Professional Golfers' Association (PGA) Tour.

Die angesehene PGA-Tour besteht aus circa 45 Turnieren im Laufe eines Jahres. Diejenigen, die gut spielen, werden bezahlt, die anderen nicht. Lange Zeit gab es keinen wirklichen Anreiz für gute Leistungen in aufeinanderfolgenden Turnieren. Natürlich verdiente ein Spieler umso mehr Geld, desto besser seine Leistung in einem Turnier war, aber es gab keinen echten Anreiz für mehrere Siege in Folge. Im Jahr 1987 wurde dann erstmals die Tour Championship (ursprünglich Nabisco Championship) eingeführt. Die Teilnahme an diesem lukrativen Turnier am Ende der Saison hängt von der Leistung der Spieler während der gesamten Tour ab und nur die 30 Topverdiener der Saison dürfen teilnehmen.

Wie nutzten McFall und seine Kollegen diese Tatsache in ihrer Studie zu den Auswirkungen von Geld auf das Hot-Hand-Phänomen? Lesen Sie selbst.

Sie argumentierten, dass ein Spieler vor jedem Spiel der Saison in eine von drei Gruppen eingeteilt werden kann:

Gruppe 1: Diejenigen, die bereits einen Platz im Tour Championship sicher haben (die 30 Topverdiener).
Gruppe 2: Diejenigen, die noch eine Chance auf einen Platz haben.
Gruppe 3: Diejenigen, die kaum noch Hoffnung auf einen Platz im Tour Championship haben.

Anschließend überlegten sie, dass sich Zusammensetzung und Größe jeder Gruppe im Verlauf der Saison verändern. Zu Beginn der Saison sind die meisten Spieler in Gruppe 2 und haben eine Chance an der Championship teilzunehmen, aber nach und nach wechseln mehr und mehr Spieler in die Gruppen 1 und 3. Gegen Ende der Saison, wenn nur noch ein paar Turniere zu spielen sind, gehören nur noch wenige Spieler zur zweiten Gruppe, da die meisten sich entweder bereits einen Platz in der Championship gesichert (Gruppe 1) oder keine Chance mehr auf die Teilnahme haben (Gruppe 3).

Schließlich schlussfolgerte McFall, dass die Motivation der Spieler, mehrere Turniere nacheinander zu gewinnen, sowohl von ihrer derzeitigen Gruppe, als auch von der verbleibenden Zeit bis zum Ende der Saison abhängen müsste. Diese Erkenntnis erlaubte McFall und seinen Kollegen, zu testen, ob das Versprechen von Geld »Hot Hands« herbeiführt.

Spieler, die sich bereits zu Beginn der Saison an die Spitze gespielt haben, haben einen zusätzlichen Anreiz für weitere Siege in Folge: Mit einer Reihe guter Leistungen gleich zu Beginn können die Spieler sich schnell ihren Platz in der Tour Championship sichern. Nachdem dies geschafft ist, können sie sich zum Ende der Saison hin etwas entspannen. Diese Spieler haben den Anreiz, zu *Beginn* der Saison mehrere Siege aneinanderzureihen. Diejenigen jedoch, die sich gegen *Ende* der Saison in Gruppe 2 wiederfinden, haben einen zusätzlichen Anreiz für eine Aneinanderreihung von Siegen, da sie nun schleu-

Das Geldmotiv

nigst versuchen müssen, es doch noch in die Championship zu schaffen.

Auf Grundlage dieser Logik verglich McFall zu verschiedenen Zeiten während der Saison den bestplatzierten Spieler mit dem Spieler auf Platz 30. Dabei berücksichtigte er diverse Störfaktoren wie Spielerfähigkeiten, Schwierigkeit des Golfplatzes usw. Er sagte voraus, der bestplatzierte Spieler (Gruppe 1) werde zu Beginn der Saison aufgrund seiner erhöhten Motivation frühzeitig eine Reihe von Siegen sammeln und den Spieler auf Platz 30 (Gruppe 3) überflügeln. Und genau das zeigte auch das Ergebnis. Der Erste auf der Liste war circa 0,13 Schläge besser als der Dreißigste. (Erinnern wir uns daran, dass die Fähigkeit der Spieler berücksichtigt wurde. Dieser Unterschied ist also nicht darauf zurückzuführen, dass der bestplatzierte Spieler einfach ein besserer Golfer ist.)

Welche Veränderung erwarten wir gegen Ende der Saison? Gegen Ende der Saison wird der Spieler auf Rang 30 sich um einen Platz im Tour Championship bemühen und sich besonders anstrengen, um diesen zu sichern. Der bestplatzierte Spieler hat seinen Platz bereits sicher und kann sich entspannen. Der Trend im Hinblick auf die Aneinanderreihung von Siegen könnte sich daher umkehren. Und genau das ist auch passiert: Beim letzten Turnier vor der Championship spielte der Spieler auf Rang 30 circa 0,56 Schläge besser als der Erstplatzierte (bereinigt um Fähigkeit usw.). Wichtig ist, dass dieser Unterschied in der vom Turnierzeitpunkt während der Saison und der Geldrangliste abhängigen Leistung erst seit der Einführung der Tour Championship im Jahr 1987 zu finden ist. Bevor dieser Anreiz eingeführt wurde, gab es im Golf keine »Hot Hands«.

Zwei Zahlungsparadoxa

Die Logik der Regel ist recht einfach – wenn Sie wollen, dass die Leute härter und besser arbeiten, nutzen Sie ihre Gier aus und bezahlen Sie sie. Diese Erkenntnis macht Sinn und wird, unterm Strich, von den Ergebnissen der empirischen Forschung untermauert. Mehr Geld bedeutet härtere Arbeit und bessere Ergebnisse.[16] Das gilt auf dem Golfplatz und im Labor genauso wie am Arbeitsplatz. Aber wie bei allen Regeln gibt es einige wichtige Ausnahmen. Wenn man genau hinsieht, stößt man auf zwei sehr interessante Zahlungsparadoxa, derer Sie sich bewusst sein müssen, wenn Sie das Beste aus der Gier als motivierende Kraft machen wollen.

Paradoxon I: Mehr extrinsisch = weniger intrinsisch

Vor einigen Jahren führte der Psychologe Edward L. Deci von der University of Rochester ein Experiment durch, das sich zu einem Klassiker der Sozialpsychologie entwickeln sollte.[17] Er interessierte sich für den Einfluss des Geldes (und Belohnungen im Allgemeinen) auf die Motivation. Deci stützte seine Studie auf einen wichtigen Unterschied zwischen zwei Motivationstypen: intrinsische und extrinsische Motivation. Intrinsische Motivation basiert auf der Freude an einer Aufgabe. Man spielt das Klavier aus intrinsischer Motivation, wenn das Klavierspiel *an sich* der motivierende Faktor ist. Extrinsische Motivation, hingegen, kommt von außen. Geld ist ein gutes Beispiel für eine extrinsische Motivation. Unsere Pianistin handelt aus extrinsischer Motivation, wenn sie wegen einer finanziellen Belohnung spielt. Deci interessierte sich für die Beziehung zwischen extrinsischer und intrinsischer Motivation. Wie beeinflusst Geld den intrinsischen

Zwei Zahlungsparadoxa

Antrieb? Würde die Aussicht auf Geld die intrinsische Motivation der Pianistin steigern oder unterdrücken? Ausgehend von dieser Frage lud Deci Personen zur Mitwirkung an einer Laborstudie ein. Diese Studie umfasste drei Tests, von denen jeder an einem anderen Tag stattfand. Am ersten Termin fanden die Teilnehmer im Labor Folgendes vor: einen Versuchsleiter, eine Auswahl von Puzzleteilen und einige Zeitschriften (darunter *Playboy* – geben Sie es zu, man muss die 1970er einfach lieben). Den Teilnehmern wurde mitgeteilt, sie hätten 13 Minuten Zeit, um aus den sieben Puzzleteilen vier Formen zu legen. Ein Bild jeder Form wurde den Teilnehmern in Papierform zur Verfügung gestellt.

An einem bestimmten Punkt während der Sitzung verließ der Versuchsleiter für acht Minuten den Raum und beobachtete die Teilnehmer durch einen Einwegspiegel. Deci wollte herausfinden, wie viel dieser »unbeaufsichtigten« Zeit jeder Teilnehmer mit dem Puzzle verbringen würde. Er ging davon aus, dass diejenigen mit hoher intrinsischer Motivation (oder Liebe zum Puzzeln) den Großteil der Zeit mit dem Puzzle und weniger Zeit mit dem Lesen des *Playboy* verbringen würden.

Für die Hälfte der Teilnehmer war die zweite Sitzung eine exakte Rekonstruktion der ersten – Versuchsleiter, Puzzle, *Playboy*. Der anderen Hälfte wurde jedoch dieses Mal ein finanzieller Anreiz für ihre Leistung in Aussicht gestellt. Diesen Personen wurde mitgeteilt, sie würden für jede fertiggestellte Form einen Dollar erhalten. Wie erwartet, verbrachten diejenigen, die für ihre Leistung bezahlt wurden, mehr unbeaufsichtigte Zeit mit dem Puzzle (etwas über fünf Minuten) als bei der ersten, unbezahlten Sitzung (circa vier Minuten). Diejenigen, denen keine Bezahlung angeboten wurde, beschäftigten sich in jeder der beiden Sitzungen circa dreieinhalb Minuten mit dem Puzzle.

Bisher verhält sich die Geschichte so ähnlich wie auf dem Golfplatz: Wenn man Leute für eine Leistung bezahlt, steigt ihre

Motivation. Aber was passiert, wenn man diesen Anreiz wieder entfernt? In der dritten Sitzung widmete sich jeder Teilnehmer erneut der Puzzleaufgabe, diesmal unter den Bedingungen der ersten Sitzung; d. h., niemandem wurde Geld angeboten. Zeigten Teilnehmer, die in der zweiten Sitzung bezahlt wurden, in der dritten Sitzung mehr oder weniger Motivation? *Weniger.* Diejenigen, die zuvor bezahlt worden waren, verbrachten in der dritten Sitzung deutlich *weniger* Zeit mit der Puzzleaufgabe (nur drei Minuten und 20 Sekunden). Diejenigen hingegen, die nicht bezahlt worden waren, verbrachten nochmals circa vier Minuten mit dem Puzzle. Obwohl die Verlockung von Bargeld in der zweiten Sitzung die Motivation steigerte, verschwand in der dritten Sitzung die intrinsische Motivation der Teilnehmer, als die extrinsische Motivation entfernt wurde.

Der Grund dafür ist einfach: Wenn man *für Geld* puzzelt, beginnt man zu glauben, dass das Geld der einzige Grund für die Beschäftigung mit der Aufgabe ist.

Nimmt man das Geld weg, entfernt man auch die einzige Motivationsquelle. Die Moral dieser Geschichte ist: Wenn Sie einmal anfangen, für eine Leistung zu zahlen, sollten Sie planen, diese auch weiterhin zu vergüten.

Zwei Zahlungsparadoxa

Paradoxon 2:
Es gibt Dinge, die man mit Geld nicht kaufen kann.

Werfen Sie einen Blick auf diese beiden Transaktionslisten:

Liste A
- Jemanden dafür bezahlen, Ihr Haus zu putzen
- Essen kaufen
- Ein Haus kaufen

Liste B
- Ihre Mutter dafür bezahlen, Abendessen zu kochen
- Sich aus dem Militärdienst freikaufen
- Wählerstimmen kaufen

Wahrscheinlich haben Sie kein Problem mit den Geschäften in Liste A. Es ist durchaus angemessen, eine Reinigungskraft zu bezahlen, damit sie Ihr Haus putzt, und Geld gegen Waren wie Lebensmittel oder Unterkunft einzutauschen. Aber an Liste B könnte Ihnen einiges komisch vorkommen. Wenn es Ihnen so geht wie den meisten Menschen, dann sind Sie der Meinung, dass Mutterliebe, Wehrdienstbefreiung und Demokratie im Gegensatz zu Reinigungsdiensten, Essen und Häusern nicht gekauft und verkauft werden können. Und obwohl die Beatles mit ihrem »money can't buy me love«* durchaus recht gehabt haben mögen, scheinen sie nicht weit genug gegangen zu sein. Geld kann (oder sollte nach Ansicht der meisten Menschen) auch keine Ehre, kein Vertrauen und keine Wahlergebnisse kaufen. Während einige Waren und Dienstleistungen den Regeln des Marktes unterliegen und offen sind für Preisgestaltung, gilt dies für andere nicht.

---

* Anmerkung der Übersetzerin: »Liebe ist nicht käuflich«.

Der Psychologe Philip Tetlock von der University of California in Berkeley nennt die Transaktionen der Liste B »Taboo Trade-Offs« und hat gezeigt, dass die meisten Menschen auf solch einen Austausch mit moralischer Entrüstung reagieren. Jemand braucht nur einen Austausch von Geld gegen Pflicht zu erwähnen und man könnte aus der Haut fahren.[18] Geld gehört einfach nicht in die in Liste B aufgelisteten Transaktionen. Familiäre Beziehungen, Wehrdienst und Wahlen sind Lebensbereiche, die durch soziale und moralische Normen bestimmt werden, aber nicht durch die Regeln des Marktes.

Um zu verstehen, warum Geld in manchen Situationen akzeptabel ist, in anderen aber nicht, müssen wir erkennen, dass die Menschen im Hinblick auf verschiedene Arten von Transaktionen unterschiedliche Auffassungen vertreten.[19] Manche Austausche passen ohne Weiteres ins Marktsystem. In solchen Situationen werden Waren und Dienstleistungen gegen Bargeld eingetauscht und niemanden interessiert es. Ihr Chef bezahlt Sie für die Stunden, die Sie arbeiten; Sie bezahlen die Supermarktkassiererin für Ihre Lebensmittel und das Leben geht munter weiter. In dieser Art von Marktgeschäften wägen Sie Kosten und Nutzen ab, ordnen Gütern bestimmte Preise zu und lassen Ihrem inneren Wirtschaftsexperten freien Lauf.

Andere Transaktionen (nennen wir sie »soziale Transaktionen«) passen ganz und gar nicht in das Marktsystem und die Einführung marktwirtschaftlicher Prinzipien in einen solchen Austausch bringt einfach nicht die gewünschten Ergebnisse. Es gehört sich nicht, die eigene Mutter für den Sonntagsbraten zu bezahlen, genauso wenig, wie man Stimmen kauft oder sich mit Geld aus der patriotischen Pflicht stiehlt. In solchen Transaktionen sind Gegenseitigkeit und Pflichtgefühl, nicht Euro und Cent, die angemessene Währung.

Moralische Empörung ist schön und gut, wenn es um hypothetische Fragen geht. Wir sitzen rittlings auf unserem hohen

Zwei Zahlungsparadoxa

Ross und wettern gegen jeden, der soziale Güter gegen Geld tauscht; aber wie verhalten wir uns selbst in solchen Situationen? Der Gedanke, dass andere gute Taten vollbringen, um ihre Gier zu befriedigen, mag Sie empören, aber was, wenn Ihnen jemand Geld anbieten würde, um einer alten Dame über die Straße zu helfen? Würde das Angebot es mehr oder weniger wahrscheinlich machen, dass Sie es tun? Bleiben wir auf unserem hohen Ross, wenn es um unser eigenes, tatsächliches Verhalten geht, oder steigen wir ab? Kann die Gier im Dienste des Gemeinwohls eingesetzt werden? Lassen Sie uns zur Beantwortung dieser Frage einen sehr cleveren Feldversuch zurate ziehen.

Jedes Jahr gehen in Israel an einigen Tagen Schüler und Schülerinnen von Tür zu Tür und sammeln Spenden für wohltätige Zwecke. Dafür erhalten sie nichts weiter als das angenehme Gefühl, etwas Gutes getan zu haben. Wie würden sich diese wohlmeinenden Kinder verhalten, wenn man ihnen Geld für ihre karitativen Bemühungen zahlen würde?

Die Ökonomen Uri Gneezy und Aldo Rustichini interessierte genau diese Frage und so entwarfen sie eine Feldstudie, um die Auswirkungen von Entlohnung auf wohltätiges Verhalten zu testen.[20] Sie teilten 180 israelische Schüler in verschiedene Gruppen ein. Die Bedingungen einer der Gruppen waren typisch für die Durchführung ehrenamtlicher Arbeit: Ihre Mitglieder wurden an die Bedeutung der Sache erinnert und daran, dass die Gesellschaft ihnen alles Gute wünscht. Wichtig ist, dass diesen Schülern keinerlei finanzieller Anreiz für ihre Bemühungen geboten wurde. Den Teilnehmern einer anderen Gruppe wurde eine Bezahlung von 1% der gesammelten Spenden versprochen, nachdem auch sie die Ansprache zum guten Zweck und der Dankbarkeit der Gesellschaft gehört hatten. (Dabei ist auch wichtig, dass den Schülern gesagt wurde, das Geld für die Bezahlung stamme aus den Geldbeuteln der Versuchsleiter und nicht aus den Spenden.)

Wie viel sammelte jede der Gruppen?

Wenn ein echter finanzieller Anreiz für eine gute Tat die Menschen tatsächlich so sehr verstimmt, wie im hypothetischen Fall, sollten die Spendensammler, denen eine Bezahlung versprochen wurde, schlechter abschneiden als die Freiwilligen. In Gneezys und Rustichinis Studie sammelte die unbezahlte Gruppe 68 Dollar. (Die Spenden wurden in Neuen Israelischen Schekeln gesammelt, aber ich habe die Währung für Sie umgerechnet). Wie viel sammelte die bezahlte Gruppe? 44 Dollar – ein beträchtlicher Unterschied von 24 Dollar gegenüber den Freiwilligen.

Diese Ergebnisse legen nahe, dass die Bezahlung wohltätiger Arbeit in der Tat nach hinten losgehen kann. So wie Menschen die Vorstellung abstößt, *andere* könnten eine gute Tat gegen Bezahlung ausführen, bleiben auch sie selbst hinter den Erwartungen zurück, wenn ihnen unter solchen Umständen Geld angeboten wird. Dieses Ergebnis legt nahe, dass Gier nicht zur Unterstützung von Wohltätigkeitsprojekten ausgenutzt werden kann.

Aber es gibt noch eine andere Erklärung für dieses Ergebnis. Vielleicht ging das mit der Bezahlung nur nach hinten los, weil diese einfach nicht hoch genug war. Vielleicht führte das Angebot von mageren 1% zu einer schlechteren Leistung, weil es als beleidigend niedrig empfunden wurde.

Um diese Möglichkeit zu testen, müssen wir uns die dritte Gruppe der Studie von Gneezy und Rustichini anschauen. Dieser Gruppe wurde statt der kläglichen 1% eine Bezahlung in Höhe von 10% des gesammelten Betrages angeboten. Wenn es tatsächlich stimmt, dass Menschen die Vorstellung bezahlt zu werden *generell* zurückweisen, würden wir erwarten, dass diese Gruppe ebenfalls weniger Geld sammelt als die Gruppe, die keinerlei Bezahlung erhält.

Wie viel sammelte die 10%-Gruppe? Entgegen der obigen Logik sammelte sie fast genau so viel wie die Gruppe der Freiwilligen (63 Dollar).

Wenn Geld zu einem Bestandteil sozialer Transaktionen wird, kann es mehr schaden als nützen; allerdings hängt die genaue Wirkung von der Summe ab. Wenn das Angebot zu gering ist, kann Geld unsere guten Absichten sabotieren. Ist der Anreiz jedoch ausreichend, scheint Geld keinen Schaden anzurichten. Die Moral von der Geschicht' ist, dass Sie genug Geld zahlen sollten, wenn Sie gute Taten möglichst optimal auf der Basis von Gier fördern möchten. Die andere Alternative ist, überhaupt nichts zu zahlen.

Nichts als Geld im Kopf

Man muss uns nicht mit Geld vor der Nase herumwedeln, um unser Handeln zu beeinflussen. Selbst das bloße *Konzept* des Geldes kann ausreichen, um unser Denken und Verhalten in erstaunlicher Weise zu verändern, wenn es irgendwo in unserem Gehirn aktiviert wird. Niemand weiß das besser als Sozialpsychologin Kathleen Vohs. In einer Reihe von klugen Studien zeigte Vohs, welch einen großen Einfluss Geld auf unser Verhalten hat.

Sie sollten mittlerweile erkannt haben, dass wir Sozialpsychologen ein trickreicher Haufen sind. Wenn arme, ahnungslose Teilnehmer in ein Psychologielabor kommen, ist nichts, wie es scheint. Nehmen Sie zum Beispiel einen von Vohs' ersten Versuchen zur Macht des Geldes.[21] Als die Teilnehmer in ihr Labor kamen, erhielten sie eine Liste durcheinandergewürfelter Sätze. Einige Teilnehmer erhielten eine Liste, die der folgenden ähnelte:

Münze jetzt Sie die werfen
reich Mann Bank der ist
Himmel der nahtlos ist rot
die intensiv Hebel Hitze ist
ordentlich entpacken das Sie Paket
er rot möchte Bargeld etwas

Andere erhielten eine Liste wie diese:

es im ist Park hinein
Kurs rot den besteht er
gut pensioniert vorbereitet war ich
neben vorbei tiefen Loch dem
weise Bänken roten den bei
ein er ist Flasche Sportler

Unabhängig von der Liste, die ihnen vorlag, hatten alle Teilnehmer die gleiche Aufgabe: Bilden Sie aus dem Wortsalat jeder Zeile sinnvolle Vierwortsätze.

Fällt Ihnen an diesen beiden Listen ein Unterschied auf? Anders als im Fall der zweiten Liste enthält die Hälfte der Posten auf der ersten Liste Wörter, die mit Geld in Verbindung stehen (Münze, reich, Bargeld). (In der tatsächlichen Studie enthielt jede Liste 30 Posten, aber ich hoffe, die Beispiele reichen aus, um das Wesentliche zu verdeutlichen.) Der Sinn dieser einfachen Übung ist es, die Teilnehmer sehr subtil mit dem Konzept des Geldes zu primen. Das Entwirren von Sätzen, die geldbezogene Wörter enthalten, aktivert (oder primt) geldbezogene Gedanken.

Nach dem Entschlüsseln der Sätze wurde den Teilnehmern ein »Einsichtproblem« präsentiert. Wenn Menschen sich mit solchen Aufgaben beschäftigen, haben sie in der Regel nicht das Gefühl, Fortschritte zu machen – stattdessen finden sie die Lösung oft durch einen Geistesblitz; ihnen geht sozusagen irgendwann ein Licht auf. Hier ist ein klassisches Beispiel:

Verbinden Sie alle neun Punkte mit vier geraden Linien, ohne den Stift von der Seite zu heben oder die Linien erneut nachzuzeichnen.[22]

Nichts als Geld im Kopf

Die Aufgabe, die Vohs verwendete, war sorgfältig ausgewählt worden, um zu garantieren, dass die Teilnehmer sie nicht zu schnell lösen konnten. Vohs interessierte, wie lange die Teilnehmer versuchen würden, die Aufgabe erfolgreich zu Ende zu bringen, bevor sie um Hilfe bitten würden. Würden die mit »Geld« geprimten Teilnehmer häufiger oder weniger häufig um Hilfe bei der Lösung der Aufgabe bitten? Nach nur circa vier Minuten waren die meisten Teilnehmer der Kontrollgruppe (diejenigen, die Sätze ohne geldbezogene Wörter entflechten sollten) verwirrt und fast 75 % hatten um Hilfe gebeten. Personen in der Priming-Gruppe waren viel ausdauernder – erst nach acht Minuten hatten 75 % dieser Teilnehmer sich an die Versuchsleiter gewandt.

Warum? Vohs argumentiert, dass Geldpriming die Menschen *selbstgenügsam* macht. Für Vohs bedeutet dies die »Konzentration auf selbstgewählte Verhaltensweisen ohne die aktive Beteiligung anderer«.[23] Wenn Personen eine solche Denkweise an den Tag legen, ist es nicht wahrscheinlich, dass sie um Hilfe bitten; stattdessen verlassen sie sich lieber auf ihre eigenen Fähigkeiten.

Aber wie weit reichen die Folgen des Geldprimings und dieser Selbstgenügsamkeit? Um die Grenzen dieses durch Geld induzierten Selbstgenügsamkeitseffekts zu testen, brachte Vohs' Team eine weitere Gruppe Probanden ins Labor. Diese Teilnehmer sollten entweder ein Bündel Bargeld oder ein Bündel Papier in der Größe von Geldnoten zählen. Jede Person zählte ihr Bündel als vorgebliche Fingerfertigkeitsaufgabe. Es sollte nicht weiter überraschend sein, dass dies nur ein Vorwand war. Die Zählaufgabe war einfach eine Art, einige der Teilnehmer (diejenigen, die Geld zählten) mit Geld zu primen. Danach steckten die Versuchsleiter kurzerhand die Hände der Teilnehmer in Eimer mit heißem Wasser. Die geldgeprimten Personen fühlten weniger Schmerz![24]

Was für ein fesselndes Ergebnis: Der bloße Gedanke an Geld macht uns unempfindlicher gegen Schmerzen? So wie tatsächlicher Reichtum den Wohlhabenden zu mehr Selbstgenügsamkeit verhilft, so sorgt der *Gedanke* an Geld dafür, dass wir uns unverwundbar und leistungsfähig fühlen.

Gilt das, was für körperliche Schmerzen gilt, auch für sozialen Schmerz? In einer anderen Studie verwendete Vohs erneut die Geldzählaufgabe für ein Geldpriming, aber anstatt ihre Hände in heißes Wasser zu stecken, ließ sie die Teilnehmer eine Interaktionsaufgabe durchführen, in der diese sozial ausgegrenzt waren.[25] Wieder einmal erging es den geldgeprimten Teilnehmern besser: Sie fühlten sich nach dem Ausschluss weniger verletzt als diejenigen, die Papier gezählt hatten. Das Geldpriming dient als Puffer; diesmal gegen den sozialen Schmerz der Ächtung.

In diesem letzten Ergebnis zeigt die gierige Einstellung zum Geld zwei Gesichter. Dadurch, dass man mehr Selbstvertrauen an den Tag legt, neigt man dazu, weniger das Gefühl zu haben, andere zu brauchen. Solch eine Selbstgenügsamkeit kann, wie oben beschrieben, unterschiedliche und positive Auswirkungen, aber auch negative Folgen haben.

Gierige Personen, die ständig an Geld denken, werden oft als egoistisch und herzlos verurteilt. Und da könnte etwas Wahres dran sein.

Eine der geistigen Veränderungen, die das Geldpriming begleiten, ist eine Reduktion dessen, was wir Psychologen Perspektivenübernahme nennen. Dies bezeichnet die Fähigkeit, sich in andere Menschen hineinzuversetzen und die Welt durch ihre Augen zu sehen. Uns stehen verschiedene Methoden zur Verfügung, um diese zu messen. Hier eine der Interessantesten – versuchen Sie es:

> Zeichnen Sie mit dem Zeigefinger der dominanten Hand (Ihre Schreibhand) den Buchstaben »S« auf Ihre Stirn.

Das ist auch schon alles. Wie misst diese einfache Übung unsere Fähigkeit, die Welt durch die Augen anderer zu sehen? Die Art, wie Sie das »S« gezeichnet haben, ist entscheidend. Wenn Sie Ihr »S« rechts oben auf Ihrer Stirn begonnen und dann Ihren Finger nach links bewegt haben, haben Sie ein »S« gezeichnet, wie es aus Ihrer Sicht richtig herum wäre. Mit anderen Worten: Sie haben sich nicht in jemand anderen hineinversetzt. Wenn Sie jedoch Ihr »S« links oben angesetzt und dann Ihren Finger nach rechts bewegt haben, haben Sie das »S« so gezeichnet, dass, wenn jemand Ihnen gegenüberstünde, er es auf Ihrer Stirn richtig herum sähe.

In einer anderen Studie von Vohs widmeten sich einige der Teilnehmer genau dieser Aufgabe.[26] Die restlichen Teilnehmer machten etwas leicht Abweichendes. Sie wurden gebeten, sich ein Dollarzeichen auf die Stirn zu zeichnen. Die $-Version der Aufgabe ist der S-Aufgabe *motorisch* sehr ähnlich, unterscheidet sich aber *konzeptionell* sehr von dieser, da Letztere das Geldkonzept aktiviert. Was fand Vohs anhand dieser Aufgaben heraus? Diejenigen, die zur $-Gruppe gehörten, neigten weniger dazu, sich in andere hineinzuversetzen, als die Personen in der S-Gruppe.

Wenn es stimmt, dass geldgeprimte Personen weniger geneigt sind, die Welt durch die Augen anderer zu sehen, sind sie dann auch weniger gewillt anderen zu helfen? In einem weiteren durchdachten Experiment untersuchten Vohs und ihre Kollegen, ob Geldpriming die Hilfsbereitschaft von Menschen beeinflusst.[27] Dieses Mal fanden die Teilnehmer bei ihrer Ankunft im Labor das Brettspiel *Monopoly* vor und nach kurzer Spielzeit mit einem von Vohs' Assistenten wurde die kritische Manipulation vorgenommen.

Der Versuchsleiter räumte das Spiel weg, um Platz für die nächste Aufgabe zu schaffen. Während bei einigen Teilnehmern das Spiel komplett abgeräumt wurde, vergaß der Versuchleiter bei anderen »versehentlich« 4000 Dollar des *Monopolygeldes* auf dem Tisch. Um diesen Geldprime weiter zu verstärken, wurde die 4000-Dollar-Gruppe gebeten, sich eine wohlhabende Zukunft vorzustellen. Die Kontrollteilnehmer wurden gebeten, über ihre Pläne für den nächsten Tag nachzudenken.

Nachdem das Konzept »Geld« nachdrücklich in den Köpfen einiger Teilnehmer aktiviert worden war, war es an der Zeit, deren Hilfsbereitschaft zu testen. Dazu inszenierte Vohs einen »Unfall« und ließ einen Verbündeten mit einem Ordner und einer Schachtel Bleistifte durch das Labor laufen. Als der Verbündete den Teilnehmer erreichte, verstreute sie »versehentlich« die Bleistifte über den ganzen Boden. Die Versuchsleiter wollten herausfinden, wie viele Bleistifte die Teilnehmer jeweils aufheben würden. Sie fanden heraus, dass die geldgeprimten Teilnehmer wesentlich *weniger* Bleistifte aufhoben, als die Mitglieder der Kontrollgruppe.

Das alles sieht nach eher schlechten Nachrichten für chronisch geldgeprimte Gierhälse aus. Aber obwohl dieser Mangel an Hilfsbereitschaft von manchen Menschen als Egoismus gewertet werden könnte, ist es wichtig, dieses Ergebnis im Zusammenhang mit Vohs' anderen Erkenntnissen zu sehen. Ein genauerer Blick lässt darauf schließen, dass nicht Egoismus hier am Werke ist. Ein egoistischer Mensch würde unter allen Umständen versuchen, seinen Vorteil zu maximieren. Vohs' erste Studien zeigen jedoch, dass geldgeprimte Personen *länger* als

Nichts als Geld im Kopf

Kontrollteilnehmer warten, bevor sie um Hilfe bei einer schwierigen Aufgabe bitten. Ein egoistischer Teilnehmer hätte aber vermutlich fast sofort nach Hilfe gefragt, um das Problem so schnell wie möglich zu lösen.

Laut Vohs ist die Geld-Denkweise nicht von Grund auf egoistisch, sondern *selbstgenügsam*. Weit davon entfernt von unmoralischem Egoismus durchdrungen zu sein, hat diese Denkweise vielleicht sogar ihre ganz eigene Moral. Abgesehen davon, dass es Menschen selbstgenügsam macht, betont das Geldpriming auch diverse Marktprinzipien, d.h., Gedanken an Geld bringen Personen dazu, sich auf Aspekte des Marktes zu konzentrieren. Dazu gehören Transaktionen und Geschäfte, Kosten und Nutzen, Ein- und Ausgänge usw. Vohs argumentiert, dass geldgeprimte Menschen wegen ihrer Fokussierung auf die Regeln des Marktes Austauschbeziehungen bevorzugen könnten, die durch die sehr demokratische (und überhaupt nicht unmoralische) Norm der Fairness reguliert werden (und im Zuge derer sie für jede gute Tat eine Belohnung erhalten).

Unsere Beziehung zu Geld ist komplex. Auf der einen Seite kann es uns glücklicher, motivierter und selbstgenügsamer machen – alles Folgen, die für die gierige Jagd nach dem Geld sprechen. Auf der anderen Seite hat sie das Potenzial, unsere Motive zu sabotieren und uns weniger hilfsbereit auftreten zu lassen. Wenn wir das Geld zu sehr schätzen, zu materialistisch werden und unsere Freunde und Familie vernachlässigen, geraten die Dinge aus dem Ruder.

Diese Komplexität entspringt teils aus der Tatsache, dass Geld in unseren Köpfen auf zwei verschiedene Arten wirkt. Laut den Psychologen Stephen Lea und Paul Webley von der University of Exeter kann Geld sowohl als Werkzeug als auch als Droge betrachtet werden.[28]

Wenn wir Geld als Werkzeug sehen, d.h. als bloßes Instrument des Austausches oder als Anreiz, läuft in der Regel alles ganz gut. Wir verwenden diese Werkzeuge einfach dazu, bestimmte erstrebenswerte Ziele zu erreichen. Genau so wie ein Hammer ein nützliches Hilfsmittel beim Bau eines Tisches ist, so ist Geld ein nützliches Mittel zum Erreichen von Glück, Leistung und Selbstgenügsamkeit.

Aber Geld hat auch stark süchtig machende Eigenschaften – es kann von uns Besitz ergreifen, wie eine Droge. Wenn dies geschieht, ist Geld nicht länger ein Mittel zum Zweck, ein Werkzeug, mit dem wir uns eine Belohnung sichern, sondern wird zum Selbstzweck. Wenn Gier zur Sucht wird, sind wir in echten Schwierigkeiten. Sobald wir anfangen, der Jagd nach dem Geld unsere Freunde, Familie und andere Bestrebungen zu opfern, läuft etwas falsch.

KAPITEL 4

Trägheit

Eile mit Weile, Faulheit und viel Schlaf

Die Internetseite des Duden liefert zwei Definitionen von Trägheit.[1] Eine davon ist diese:

> Eigenschaft der Masse, ihren Bewegungszustand beizubehalten, solange keine äußere Kraft einwirkt, die diesen Zustand ändert; Beharrungsvermögen.

Nun ist das keine wirkliche Sünde, es sei denn, Gott nimmt Anstoß an Massen, die Ihren Bewegungszustand beibehalten.
Was wir wollen ist die andere Duden-Definition:

> Das Trägsein

Und der Duden liefert auch gleich eine Reihe von Synonymen:

> Bequemlichkeit, Energielosigkeit, Faulheit, Gleichgültigkeit, Gleichmütigkeit, Lustlosigkeit, Nachlässigkeit, Passivität, Pflicht-Vergessenheit, Sorglosigkeit, Tatenlosigkeit, Teilnahmslosigkeit, Unempfindlichkeit, Ungerührtheit, Unlust, Verantwortungslosigkeit, Desinteresse, Lethargie, Phlegma usw.

Aber auch das sind keine wirklichen Sünden. Es liest sich eher wie ein Sonntag- oder auch ein Samstagnachmittag; oder sogar wie der gelegentliche Arbeitstag.

Warum ist Trägheit eine Sünde? In diesem Fall können wir die Schuld bei verschiedenen Parteien suchen – zum Teil war es die mittägliche Faulheit mittelalterlicher Mönche, zum Teil die semantische Schlamperei der Kirche, hauptsächlich die der Protestanten.

Ursprünglich war es nicht die »Trägheit«, die sich auf der Liste der Todsünden fand, sondern »Acedia«. Acedia ist das lateinische Wort für eine Art von spiritueller Faulheit und Verzweiflung, einer viel unheilvolleren Disposition als die gutartige »Bequemlichkeit«, wie wir sie im Duden finden. Was genau ein fauler Geist ist, ist mir nicht ganz klar, aber es muss etwas gewesen sein, was mittelalterlichen Mönchen offensichtlich nicht behagte. Mutmaßlich wohnten verzweifelte Seelen in schlaffen, trägen Körpern, deren Hände für alle Arten von Teufelswerk bestimmt waren. Evagrius Ponticus, der Mönch, der als Erster die sieben Untugenden auflistete, schrieb, Trägheit würde den Mönch zwingen, »ständig in Richtung Fenster zu schauen, aus der Zelle zu springen, die Sonne zu beobachten, um zu sehen, wie weit sie noch von der neunten Stunde entfernt ist, hierhin und dorthin zu sehen«.[2]

Diese ganze Herumspringerei erscheint mir so gar nicht träge, aber der Punkt ist, dass von Mönchen erwartet wurde, einen Beitrag zum körperlichen und geistigen Wohlergehen ihrer Gemeinden zu leisten und jede geistige Malaise, die dafür sorgte, dass sie hierhin und dorthin sahen und aus ihren Zellen sprangen, hätte ein solches Engagement wahrscheinlich untergraben. Religiöse Führer wollten nicht, dass ihre Anhänger nach dem Mittagessen hinaus in die gottlose Wüste wanderten und ihren Glauben und ihre Mitbrüder vernachlässigten. Und so institutionalisierten sie Acedia als Todsünde.

Das war damals. Im Laufe der Zeit scheint die Kirche im Hinblick auf die Semantik der Trägheit ein wenig faul geworden zu sein. Die in ihrer Bedeutung tückische »Acedia« wurde durch die eher harmlose »Trägheit« ersetzt und das Ergebnis ist ein modernes »Unterlassungsurteil« gegen die gutartige Einstellung »es gemütlich angehen zu lassen«.

Nur ein Teil des schlechten Rufs der Trägheit ist das direkte Ergebnis ihres Status als Todsünde. Hauptsächlich sind die Protestanten schuld. Mit der Reformation im sechzehnten Jahrhundert entwickelte sich die Gleichsetzung von Arbeit mit Erlösung, eine Gleichung, die der große deutsche Soziologe Max Weber die »protestantische Arbeitsethik« nannte.[3]

Hand in Hand mit dieser Vorstellung von Arbeit als Erlösung geht das Konzept der Trägheit als wirtschaftliche Sünde. Jeder, der es jetzt ruhig angehen lässt, verstößt weniger gegen göttliche Regeln als gegen die Erfordernisse der Wirtschaft. Es ist nicht die seelische Gesundheit des Sünders, um die sich zeitgenössische Gegner der Trägheit sorgen, sondern die Höhe des Profits. Die mittägliche Malaise des modernen Faulpelzes manifestiert sich nur selten als Selbstanalyse in der Wüste. Stattdessen haben wir Anstupsen bei Facebook, Zwitschern bei Twitter und Was-auch-immer bei MySpace, die vielleicht alle schlecht fürs Geschäft, aber sicher nicht für die Seele sind.

Die Arbeit gibt uns durchaus einen Sinn und die Mittel zum Leben, aber die blinde Anbetung der protestantischen Arbeitsethik ist beunruhigend. Bertrand Russell, zum Beispiel, war darüber gar nicht glücklich. In *Lob des Müßiggangs* schreibt er: »Die Vorstellung, nur jede gewinnbringende Tätigkeit sei wünschens- und erstrebenswert, hat alles auf den Kopf gestellt.«[4] Das Problem mit dem »Arbeit = Tugend«-Gedanken ist der ungültige Folgeschluss »Trägheit = Laster«. Wenn man tugendhafte Arbeit sündiger Trägheit gegenüberstellt, wird die Sünde zu einem Synonym für Untätigkeit und Nichtstun.

Aber diese Gegenüberstellung vergisst einen entscheidenden Punkt. In Wahrheit umfasst die Trägheit eine ganze Menge Aktivitäten; es ist nur so, dass diese nicht unbedingt offensichtlich sind, es sei denn, man sucht gezielt danach. Robert Louis Stevenson fängt dies in seiner *Apology for Idlers* sehr gut ein: »sogenannter Müßiggang, ... besteht nicht in Nichtstun, sondern in vielen Anstrengungen, die unerkannt bleiben ...«.[5] Das Ziel dieses Kapitels ist es, Sie genau davon zu überzeugen. Stevensons Punkt zeigt sich nie klarer als im ultimativen Zustand der Trägheit, dem Schlaf.

Schlafen Sie darüber

Bei aller scheinbaren Einfachheit bleibt der Schlaf für die Wissenschaft noch immer ein ziemliches Geheimnis. Von außen sieht der Vorgang in etwa so kompliziert aus wie ein Ziegelstein: geschlossene Augen, ein gelegentliches Murmeln und vielleicht die ein oder andere Bewegung oder Drehung. Dieser allgemeine Mangel an ersichtlicher Funktion könnte den Eindruck vermitteln, das Gehirn würde während des Schlafens abschalten, sodass es sich – wie wir auch – erholen kann. Dies ist aber nicht der Fall. Das schlafende Gehirn ist der Inbegriff der Stevenson'schen Einstellung – es tut sehr vieles, das dem zufälligen Beobachter verschlossen bleibt.

Wissenschaftler sind sich seit geraumer Zeit der Auswirkungen von Schlaf und der Folgen von Schlafmangel bewusst. Zu wenig Schlaf wird mit einem erhöhten Risiko von Herzerkrankungen, Anfälligkeit für Erkältungen und gesteigertem Diabetesrisiko in Verbindung gebracht.[6] Die meisten der wirklich interessanten Studien zum Nutzen des Schlafes kommen jedoch nicht aus dem medizinischen Bereich, sondern aus der Psychologie.

Schlafen Sie darüber

Robert Stickgold von der Harvard Medical School hat einen beträchtlichen Teil seiner Karriere mit der Erforschung des Schlafs verbracht. Eine der wichtigsten Erkenntnisse seiner Forschung der vergangenen Jahrzehnte ist, dass das Gehirn eine Menge Arbeit hinsichtlich des Formens von Erinnerungen leistet, während wir schlafen. Das schlafende Gehirn arbeitet hart, um die Informationen zu konsolidieren, die wir im Laufe des Tages verarbeitet haben. Laut Stickgold webt der Schlaf den Stoff unserer Erinnerungen, stärkt Assoziationen und schafft neue Verbindungen;[7] und zwar auf ziemlich kreative und nützliche Weise.

Betrachten Sie die folgende Liste von Wörtern und versuchen Sie, sich diese zu merken.

Krankenschwester
Krank
Medizin
Gesundheit
Krankenhaus
Zahnarzt
Arzt
Leiden
Patient
Büro
Stethoskop

Jetzt blättern Sie bitte um und beantworten die folgenden Fragen:

Trägheit

War »krank« auf der Liste? Und wie sieht es mit »Doktor« und »Krankenschwester« aus?

Die Antworten sind ja, nein, ja. Interessanterweise »erinnern« sich Personen bei dieser Aufgabe sehr oft irrtümlicherweise an das Wort »Doktor«.[8] (Blättern Sie ruhig zurück. Sie werden es nicht finden.)

Diese kleine Vorführung unterstreicht eine wichtige Eigenschaft des menschlichen Gedächtnisses. Bei dieser Aufgabe codiert das Gehirn das *Wesentliche* der Liste und neigt dazu, die Details zu vergessen. Aus Wörtern wie »krank«, »Stethoskop« und »Krankenhaus« leitet das Gehirn das offensichtliche medizinische Thema ab und entscheidet auf Grundlage dessen, was aller Wahrscheinlichkeit nach auf der Liste stand.[9]

Unser Gehirn ist sehr gut darin, das Wesentliche zu verarbeiten, wenn wir wach sind. Aber es stellt sich heraus, dass es dies vielleicht noch besser kann, während wir schlafen. Zusammen mit Jessica Payne von der Harvard University und einigen anderen Kollegen gab Stickgold Teilnehmern um neun Uhr abends eine Aufgabe ähnlich der oben beschriebenen und fragte morgens um neun, nach einer Nacht Schlaf, ihre Antworten ab. Anderen Teilnehmern wurden morgens um neun Wortlisten präsentiert, an die sie sich dann abends erinnern sollten, nachdem sie bereits zwölf Stunden wach waren. Stickgold und Payne fanden heraus, dass das Kerngedächtnis nach dem Schlafen deutlich besser funktionierte. Teilnehmer der Schlafgruppe »erinnerten« sich eher an das Wort »Doktor«, obwohl dieses gar nicht auf der Liste stand.

Obwohl dieses Ergebnis darauf hinweist, dass Schlaf zu einer *schlechteren* Gedächtnisleistung führt – in Form von »Erinnerungen« an Wörter, die gar nicht Bestandteil der Liste waren –, ist diese scheinbare Fehlanpassung im Alltag sehr nützlich. Wir werden im Laufe unseres Lebens mit so vielen detaillierten und nicht selten überflüssigen Informationen bombardiert, dass wir uns oft nicht an alle Einzelheiten erinnern müssen. Es ist oft viel effizienter, aus einer Reihe von Reizen eine zusammenfassende Bedeutung oder Kernaussage zu extrahieren, als mühsam alle Details zu speichern und zu verarbeiten.

Auch anderen Formen der Erinnerung tut Schlaf gut. Emotionale Erinnerungen und weitere Arten des deklarativen Gedächtnisses (d. h. des Gedächtnisses für Fakten und Ereignisse oder »Was«-Erinnerungen) werden ebenfalls durch eine gute Nachtruhe verfestigt.[10] Das prozedurale Gedächtnis – der Begriff, den wir verwenden, um unsere Erinnerungen an das *Wie* zu beschreiben – bekommt ebenfalls einen Schub.[11]

Aber es ist nicht nur die Gedächtnisleistung, die durch Schlaf angekurbelt wird. Einen der wirklichen Vorteile der kreativen »Webarbeit« des schlafenden Gehirns sehen wir in einer Studie von Ullrich Wagner, der an der Universität zu Lübeck tätig ist.[12]

Wagner gab den Teilnehmern eine Reihe von Rätseln bestehend aus Abfolgen von drei verschiedenen Zahlen. Zum Beispiel:

1 1 4 4 9 4 9 4 ...
— — — — — — — — ...

Die Teilnehmer mussten mithilfe der folgenden zwei Regeln eine zweite Zeile von Ziffern bilden:

1. Wenn zwei aufeinanderfolgende Ziffern identisch sind, antworten Sie mit derselben Zahl.
2. Wenn zwei aufeinanderfolgende Ziffern sich unterscheiden, antworten Sie mit der dritten Zahl.

Beginnend von links sind die ersten beiden Ziffern 1 und 1. Unter Anwendung der ersten Regel ist die Antwort also »1«. Diese »1« wird auf der ersten Position der zweiten Zeile eingetragen und unterscheidet sich von der nächsten Ziffer der ersten Zeile, »4«. Wendet man die zweite Regel an, so erhält man die nächste Antwort, die Zahl »9«. Und so weiter.

Unten sehen Sie die komplette Lösung.

1 1 4 4 9 4 9 4 ...
_1_ _9_ _1_ _4_ _4_ _1_ _9_ ...

Diese Art von Aufgabe mag mühsam erscheinen (und das ist sie auch), aber es gibt eine Abkürzung. Wenn Sie diese erkannt haben, können Sie die Aufgabe sehr viel schneller lösen. Sehen Sie wie? (Tipp: Suchen Sie nach einem Muster in der zweiten Zeile.)

Vielleicht haben Sie bemerkt, dass es in den zweiten bis siebten Ziffern der zweiten Zeile eine Spiegelung gibt (die letzten drei Ziffern – 4, 1, 9 – sind ein Spiegelbild der zweiten bis vierten Ziffern – 9, 1, 4). Wenn Sie dieses Muster erkennen, können Sie solche Aufgaben vervollständigen, ohne die Regeln anzuwenden.

Dies ist ein weiteres Einsichtsproblem, bei dem die Lösung einem plötzlich bei einem »Aha« einfällt.

Wagner gab den Teilnehmern seiner Studie etwas Zeit, um sich mit dieser Art von Aufgaben vertraut zu machen, und testete sie dann acht Stunden später mit ähnlichen Rätseln. Einige übten am Morgen und kamen am Abend für den Test erneut ins Labor. Andere übten am Abend und kamen am nächsten Morgen nach einer Nacht Schlaf zum Test. Welche Auswirkung hat der Schlaf auf die Lösung solcher Einsichtsaufgaben?

23 % der Teilnehmer, die zwischen Einweisung und Test wach

blieben, entdeckten den Kurzweg. Dieser Prozentsatz war für die Schlafgruppe mehr als doppelt so hoch: 59 % Prozent der Schläfer erkannten den Trick.

Warum ist das so? Wiederum liegt die Antwort in der Art, wie das schlafende Gehirn Informationen verarbeitet und strukturiert. Unser schlummerndes Gehirn extrahiert aus unseren Erinnerungen nicht nur das Wesentliche, sondern »verwebt« diese Erinnerungen und unsere Assoziationen auch zu interessanten und neuen Mustern. Und diese kreative Umstrukturierung unserer assoziativen Netzwerke führt dann zum oben beschriebenen Aha-Erlebnis.

Nun wäre es ziemlich lästig, wenn für jeden kleinen Geistesblitz erst einmal volle acht Stunden Schlaf nötig wären. Zum Glück beschränken sich die Vorteile des Schlafes nicht auf unsere ganznächtlichen schlafwandlerischen Anstrengungen. Kurze Schläfchen reichen aus.

Die Psychologin Sara Mednick von der University of California in San Diego ist Expertin für Nickerchen. In Zusammenarbeit mit Denise Cai und anderen Kollegen untersuchte sie den Einfluss von Nickerchen auf kreative Problemlösungsansätze.[13]

In einer ihrer Studien ließ Mednick die Teilnehmer einen Remote Associates Test (RAT) bearbeiten. Dabei handelt es sich um eine Wortassoziationsübung, bei der ein Wort gefunden werden muss, das eine Gruppe von drei anderen Wörtern miteinander in Verbindung setzt. Hier ist ein Beispiel:

Humor, Pech, Nacht

Fällt Ihnen ein Wort ein, das diese drei Wörter miteinander verbindet? Die Antwort ist »schwarz«.

Zusammen mit dem RAT legte Mednick den Teilnehmern auch eine Reihe von Analogierätseln vor. Diese umfassten Aufgaben wie:

Trägheit

Chips sind salzig, so wie Bonbons ——————— sind.

Die Antwort ist »süß«.

Mednick gab den Teilnehmern diese Aufgaben um 9 Uhr morgens. Um 13 Uhr kamen die Teilnehmer erneut ins Labor, wo einige von ihnen ein 90-minütiges Nickerchen machten, während der Rest einfach ruhig auf einem Stuhl saß und Musik hörte. Nach einer weiteren Unterbrechung ließ Mednick die Teilnehmer dann abermals zur Bearbeitung eines RAT ins Labor kommen.

Sie fand heraus, dass Schläfer, die die REM-Schlafphase (Rapid Eye Movement – die Phase des Schlafes, die oft mit lebhaften Träumen einhergeht) erreicht hatten, in der zweiten Sitzung etwa 40% mehr RAT-Aufgaben lösten als vor ihrem Nickerchen. Die Nicht-Schläfer zeigten keine solche Verbesserung. Wichtig ist auch, dass Schläfer, die die REM-Schlafphase während ihres Nickerchens nicht erreichten, ebenfalls keine Leistungssteigerung an den Tag legten.

Es gibt noch eine weitere Wendung. Ein wichtiger und beachtenswerter Punkt ist, dass einige der RAT-Rätsel, die den Teilnehmern am Ende des Tages vorgelegt wurden, die gleichen Lösungen hatten wie die Analogieaufgaben in der Sitzung am Morgen. Zum Beispiel ist die Antwort auf die RAT-Aufgabe »Plätzchen, Zucker, Liebchen« das Wort »süß«. Diese Antwort entspricht der Antwort der weiter oben beschriebenen Analogieaufgabe. Der REM-Schlaf brachte in der Tat nur in solchen Fällen einen Vorteil. Wenn die Teilnehmer mit völlig neuen RATs oder denselben RATs getestet wurden, an denen sie geübt hatten, verbesserte Schlaf die Leistung nicht.

Das legt nahe, dass REM-Schlaf nicht einfach das Gedächtnis im Allgemeinen verbessert, sondern speziell die Weise beeinflusst, in der zuvor angetroffene Informationen (d.h. Antworten auf die Analogieaufgaben) in die assoziativen Netzwerke des Gehirns eingebunden werden. Während der REM-Phase breitet sich die Aktivierung von den während des Tages angetroffenen Konzepten und Ideen über unsere assoziativen Netzwerke aus. Eine Analogieaufgabe primt uns zum Beispiel mit dem Wort »süß« und während wir schlafen, sendet das Gehirn Wellen der Aktivierung zu damit verbundenen Konzepten wie »Plätzchen«, »Zucker« und »Liebchen«. Wenn wir dann später die RAT-Aufgabe »Plätzchen«, »Zucker«, »Liebchen« lösen sollen, fällt es uns leichter, die Antwort zu finden, weil unser Gehirn während des REM-Schlafs bereits die entsprechenden Verknüpfungen mit »süß« gestärkt hat.

Von allen Schlafphänomenen hallen Träume im Alltag wohl am deutlichsten nach. Wir erleben weder unmittelbar die Formung des Kerngedächtnisses noch fühlen wir, wie die Aktivierung in den Netzwerken unseres Gehirns Wellen schlägt, aber wir erleben unsere Träume und erinnern uns an sie.

Was genau sind Träume? Und wozu sind sie gut? Dies sind schwierige Fragen, aber neuere Studien deuten darauf hin, dass Träume auf Erfahrungen beruhende Fenster mit Blick auf die Aktivitäten des Gehirns während des Schlafs sind.[14] Weiter oben habe ich gesagt, dass wir die Gedächtnisbildung und die sich ausbreitende Aktivierung nicht unmittelbar erleben – und das stimmt, aber vielleicht erleben wir beides aus *zweiter Hand*. Träume können uns eventuell eine bewusst zugängliche Reflexion der während des Schlafs im Gehirn stattfindenden Prozesse bieten.

Erin Wamsley von der Harvard Medical School und ihre Kollegen interessierten sich für die Auswirkungen von Schlaf auf die Fähigkeit zur Navigation in Labyrinthen.[15] Sie luden Teilnehmer in ihr Labor ein und übten mit ihnen eine virtuelle 3-D-Navigationsaufgabe. Nach dem Training durfte die Hälfte der Teilnehmer für 90 Minuten schlafen, während die andere Hälfte wach blieb, sich aber ausruhen durfte. Später am Tag wurde getestet, wie schnell die Teilnehmer sich jetzt im selben Labyrinth zurechtfanden.

Wieder sehen wir die Vorteile eines Nickerchens: Die Teilnehmer, die schlafen durften, erledigten die Labyrinthaufgabe schneller als jene, die wach geblieben waren.

Aber das ist noch gar nicht das Interessanteste. Wamsley weckte außerdem die Teilnehmer während ihres Nickerchens auf und fragte sie, was sie träumten. Nur wenige der Teilnehmer berichteten, von dem Labyrinth geträumt zu haben, aber diejenigen, deren Träume sich tatsächlich mit der Aufgabe beschäftigten, zeigten eine zehnfache Verbesserung gegenüber den Teilnehmern mit anderen Trauminhalten.

Es ist unwahrscheinlich, dass Träume selbst irgendwie eine Verbesserung *bedingen*. Es ist wohl eher so, dass sie die Gehirnprozesse *widerspiegeln*, die zu einer Leistungssteigerung führen. Träume leben die Prozesse der prozeduralen und deklarativen Gedächtniskonsolidierung sowie der kreativen Einsicht, mit denen sich das Gehirn während des Schlafs beschäftigt, in Bildern und anderen sinnlichen Phänomenen aus.

Es gibt noch zahlreiche Geheimnisse bezüglich der Funktionsweise des schlafenden Gehirns, von denen nicht wenige das Träumen zum Thema haben. Aber selbst diese vorläufige Bestandsaufnahme sollte Sie davon überzeugen, dass sogar der trägste Zustand viel Gutes für uns leistet.

Tagträumereien

Erinnern Sie sich an den Inhalt des vorherigen Absatzes? Ist schon in Ordnung, ich nehme es Ihnen nicht übel. Aller Wahrscheinlichkeit nach wandern Ihre Gedanken ohnehin für bis zu acht Minuten jeder Stunde, die Sie mit dem Lesen dieses Buches verbringen. Circa 13% der Zeit, die Menschen scheinbar aufs

Lesen verwenden, verbringen sie in Wahrheit gar nicht mit Lesen, sondern mit Tagträumen und abschweifenden Gedanken.[16] Im Vergleich zu anderen Tätigkeiten ist das Lesen aber nicht allzu stark von Tagträumen betroffen. Manche Schätzungen gehen davon aus, dass wir durchschnittlich ca. 30–40 % unserer Zeit mit Tagträumen verbringen.[17]

Es ist in Ordnung, zu träumen, während wir schlafen; daran können wir ohnehin nichts ändern. Aber zu träumen, während man wach ist, scheint von einer geistigen Schwäche, einem Mangel an Disziplin oder zumindest einem Mangel an Aufmerksamkeit zu zeugen. Für Anti-Trägheits-Moralisten, denen die Verteidigung von disziplinierter Produktivität über alles geht, sind umherschweifende Gedanken nichts anderes als eine Todsünde.

Und bis zu einem gewissen Punkt haben sie nicht ganz unrecht. Der wandernde Geist ist per Definition weniger konzentriert mit der jeweiligen Aufgabe beschäftigt (mit der Lektüre dieses Buches, zum Beispiel) und diese Losgelöstheit kann zu einer schlechteren aufgabenbezogenen Leistung führen (z. B. Schwierigkeiten, sich an den vorangegangenen Absatz zu erinnern). Aber wenn die Gedanken abschweifen, begeben sie sich oft auf Pfade, die interessanter und wichtiger sind als die Aufgaben, mit denen man sich aktuell beschäftigt.

Wenn wir tagträumen, löst sich unsere Aufmerksamkeit von der aktuellen Umgebung und richtet sich nach innen auf unsere Gefühle und Gedanken. Aber der wandernde Geist spaziert nicht einfach irgendeinen geistigen Pfad entlang, sondern macht sich auf in Richtung Gedanken und Gefühle, die uns in irgendeiner Weise wichtig sind: unsere Zukunftspläne, unsere alltäglichen Probleme, unsere Erinnerungen. Während wir *Krieg und Frieden* oder auch dieses Buch lesen, erwischen wir uns vielleicht dabei, wie wir einen Moment lang an einen geliebten Menschen oder eine bevorstehende Prüfung oder einen wichtigen Kunden denken.

Obwohl die detaillierte Auseinandersetzung mit solchen Themen zwanghaft und grüblerisch erscheinen mag, kann die fortwährende Beschäftigung mit den Dingen, die uns beschäftigen, sehr hilfreich sein.

In einer Studie fanden die Psychologin Deborah Greenwald von der Northeastern University und der Psychologe David Harder von der Tufts University heraus, dass die Inhalte der Tagträume die Arten von Bewältigungsstrategien widerspiegelten, die die Teilnehmer normalerweise einsetzten, um Probleme zu lösen.[18] Dies deutet darauf hin, dass der abschweifende Geist auf der Suche nach Möglichkeiten ist, um die Belastungen des Alltags zu bewältigen. Während Sie noch nicht genau wissen, wie Sie mit Ihren Beziehungsproblemen umgehen sollen, arbeitet Ihr wandernder Geist bereits an der Lösung. Die Sorgen des Alltags sind nicht die einzigen Probleme, bei denen uns schweifende Gedanken behilflich sein können. Dem Gehirn die Möglichkeit zu gönnen, in fauler Glückseligkeit dahinzuschlendern, kann auch unsere Leistung im Hinblick auf andere Aufgaben steigern.

Eines der interessantesten Dinge in Bezug auf diesen faulenzerhaft erscheinenden Zeitvertreib ist, dass er dieselben Hirnregionen umfasst, die aktiv sind, wenn Leute Einsichtsaufgaben lösen. Sie erinnern sich, dass diese Arten von Rätseln eine Lösung beinhalten, die einem Geistesblitz gleichkommt. Obwohl »Aha-Erlebnisse« scheinbar aus dem Nichts auftauchen, zeigt sich ein charakteristisches Muster neuronaler Aktivität, das ihnen vorausgeht. In der Zeit bis zur erfolgreichen Lösung eines Einsichtsproblems zeigt sich eine erhöhte Aktivierung in einer Vielzahl neuronaler Bereiche, einschließlich des posterioren cingulären Kortex, des anterioren cingulären Kortex und der medialen und superioren temporalen Gyri.[19] Die Einzelheiten dieser Hirnregionen spielen für unsere aktuellen Zwecke keine Rolle. Hier gilt es lediglich zu beachten, dass diese Bereiche unter anderem auch aktiviert werden, wenn wir unsere Gedanken schweifen lassen.

Tagträumereien

Noch interessanter ist, dass dies vielleicht der natürliche Zustand des Gehirns ist. Wenn der Geist wandert, werden die Bereiche des Gehirns aktiviert, die das sogenannte »Standardnetzwerk« bilden. Dieses Netzwerk ist ein Komplex von Hirnregionen, die üblicherweise aktiv sind, wenn wir ruhen. (Auch hier sind die Einzelheiten nicht von Belang, aber für diejenigen, die es interessiert, sei gesagt, dass das Standardnetzwerk den medialen präfrontalen Kortex, den posterioren cingulären Kortex/die Precuneus-Region und die temporoparietale Verbindung umfasst.)[20] Die Aktivierung dieser Ansammlung von Hirnregionen ist die »Standardeinstellung«, weil sie auftritt, wenn das Gehirn nicht mit externen Anforderungen beschäftigt ist. Man geht davon aus, dass sie die Verarbeitung interner Informationen, Gedanken und Erinnerungen widerspiegelt – der Dinge, die uns chronisch wichtig sind und auf die sich schweifende Gedanken oft konzentrieren. Diese Überlappung zwischen Tagträumereien und der Standardeinstellung des Gehirns ließ Forscher spekulieren, dass »das Wandern des Geistes eine psychologische Grundlinie darstellt, von der die Leute ausgehen, wenn die Aufmerksamkeit an anderer Stelle benötigt wird, und zu der sie zurückkehren, wenn ihre Aufgaben bewusste Kontrolle nicht mehr länger erforderlich machen«.[21]

Der wandernde Geist mag ein kreatives Genie sein, aber er ist ein zerstreutes Genie. Während wir uns bei der Lektüre von *Krieg und Frieden* kreative Lösungen für unsere Beziehungsprobleme erträumen, leidet unsere Erinnerung an die Verwandtschaftsbeziehungen in Tolstois komplexer genealogischer Matrix. Manchmal müssen wir uns konzentrieren, auch wenn die aktuelle Aufgabe todlangweilig ist. Hier daher ein Heilmittel für den wandernden Geist.

Jackie Andrade von der School of Psychology an der University of Plymouth stellte vielleicht nicht eine der bedeutendsten wissenschaftlichen Fragen des 21. Jahrhunderts, aber eine, die für unser Projekt hier durchaus relevant ist: Kann Kritzeln möglicherweise den Nachteilen der schweifenden Gedanken entgegenwirken? Das Design der Studie war denkbar einfach:

1. Bringen Sie Leute dazu, sich langweilige Audioaufnahmen anzuhören, die mit großer Wahrscheinlichkeit zu Tagträumereien verleiten: »Hallo! Hast du Samstag schon was vor? Ich gebe eine Geburtstagsparty und hatte gehofft, du könntest kommen. Es ist nicht mein Geburtstag, sondern der meiner Schwester Jane. Sie wird 21 ... Ihren Freund William habe ich auch eingeladen und eine ihrer alten Schulfreundinnen, Claire ... Ich kann nicht glauben, dass es schon so kalt ist ... Jenny von nebenan bringt eine Quiche mit und ich mache Knoblauchbrot ...« Sie verstehen schon.
2. Geben Sie der Hälfte der Teilnehmer die Anweisung, während der Aufgabe zu kritzeln (die andere Hälfte erhält keine derartige Anweisung).
3. Überraschen Sie die Teilnehmer nach Anhören der Aufgabe mit einem Gedächtnistest, bei dem sie in der Aufnahme erwähnte Namen und Orte abfragen.

Wir wissen, dass Tagträumereien die Leistung bei solchen Gedächtnisaufgaben verschlechtern können. Bietet die Kritzelei einen gewissen Schutz gegen diesen Effekt? Andrades Studie ergab, dass Kritzler sich an 29 % mehr Informationen erinnern als Nicht-Kritzler.

Warum genau kritzeln diesen Schutz bietet, ist nicht klar, aber hier ist ein kostenloser und dennoch ziemlich weiser Ratschlag: Kritzeln Sie was das Zeug hält, wenn Sie das nächste Mal an einem Montagmorgen in einer langen, schleppenden und todlangweiligen Besprechung sitzen (oder während Sie den Rest dieses Buches lesen).

Faule Köpfe

Einigen Berichten zufolge sind etwa zehntausend Stunden nötig, um Experte in einem bestimmten Bereich zu werden. Für den Faulenzer ist dies eine unwillkommene Nachricht. Die Zehntausend-Stunden-Regel (die sich bei circa 2,7 Stunden am Tag in die Zehn-Jahres-Regel übersetzen lässt) scheint sowohl auf Schach-Großmeister und Weltklasse-Geiger als auch auf die Beatles zuzutreffen.[23]

Das ist eindeutig nicht akzeptabel. Der Faulpelz möchte nicht zehntausend Stunden mit Üben verbringen. Aber trösten Sie sich. Die Aussage »je mehr, desto besser« trifft nicht immer zu. Wenn es um komplexe Entscheidungen geht, scheint der träge Geist des Faulenzers, der Geist, der die schweißtreibende Anstrengung des bewussten Denkens meidet, im Vorteil zu sein.

Psychologen wissen schon lange, dass ein Großteil unseres Denkens ohne große Anstrengung abläuft. Experimente zeigen, dass wir schon nach kürzester Zeit Eindrücke formen und Urteile fällen. Mehr noch, diese spontanen, mühelos gebildeten Eindrücke sind oft genauso richtig wie jene, die unter größerer Anstrengung gebildet wurden.

Nehmen Sie eine Studie von Nicholas Rule und Nalini Ambady von der Tufts University.[24] Sie zeigten den Teilnehmern einige Fotos von männlichen Gesichtern. Die Hauptmanipulation hier war die Präsentationszeit der Fotos: Einige der Teilnehmer konnten sich die Fotos in ihrem eigenen Tempo ansehen; andere sahen jedes Foto für die eher lange Zeit von 10 oder 6,5 Sekunden; und wieder andere sahen die Fotos für nur 100, 50 oder 33 Millisekunden.

Die Teilnehmer hatten die Aufgabe, zu beurteilen, ob der Mann auf dem jeweiligen Foto homo- oder heterosexuell ist. Die Stimuli waren aus Kontaktanzeigen ausgewählt worden, sodass den Forschern die sexuelle Orientierung der fotografierten

Männer bekannt war und sie auf dieser Grundlage die Treffsicherheit der Teilnehmer beurteilen konnten. Die Ergebnisse zeigten, dass die Teilnehmer in allen Zeitgruppen, mit Ausnahme der 33-Millisekunden-Gruppe (möglicherweise, weil das Intervall von 33 Millisekunden unter der Schwelle der subjektiven Wahrnehmung liegt), eine Erfolgsquote oberhalb der Zufallswahrscheinlichkeit hatten. Die Treffgenauigkeit der Teilnehmer war in der 50-Millisekunden-Gruppe genauso hoch wie in der Gruppe, in der die Teilnehmer zum Anschauen der Fotos 10 Sekunden Zeit hatten. Die zusätzliche Zeit brachte keine Vorteile.

Ein fehlender Vorteil ist eine Sache, aber unter bestimmten Umständen kann intensives, bewusstes Nachdenken sogar zu schlechteren Ergebnissen führen.

In einer Studie von Timothy Wilson und Jonathan Schooler, beide zu diesem Zeitpunkt an der University of Virginia tätig, wurden Teilnehmer für einen Geschmackstest ins Labor gebracht.[25] Bei ihrer Ankunft fanden sie fünf Marmeladen vor. Dabei handelte es sich natürlich nicht um x-beliebige Marmeladen. Wilson und Schooler hatten sie speziell anhand einer Reihe von Eigenschaften ausgewählt und sich für die fünf Erdbeermarmeladen entschieden, die eine Gruppe von Experten basierend auf Süße, Aroma und einem Haufen anderer Qualitäten auf Platz 1, 11, 24, 32 und 44 gewählt hatte.

Die Teilnehmer wurden gebeten, jede Marmelade zu kosten und dann den Geschmack zu bewerten. Nicht alle Teilnehmer taten dies in gleicher Weise. Die Hälfte der Teilnehmer wurde angewiesen, vor ihrer endgültigen Entscheidung zu analysieren, warum sie die jeweilige Marmelade so einschätzten. Diese Personen setzten sich bewusst mit den Gründen auseinander, weshalb sie die jeweilige Marmelade mochten oder nicht mochten. Nachdem sie die Marmeladen verkostet hatten, erhielten sie einen Fragebogen, in dem sie diese Bewertungsgrundlagen notieren konnten. Die anderen Teilnehmer erhielten nach dem Test einen Fragebogen, in dem sie stattdessen gebeten wurden, Gründe für die Wahl ihres Studienfaches anzugeben. Nach Abschluss der Fragebögen bewerteten alle Teilnehmer, wie gut ihnen jede Marmelade schmeckte.

Wenn bewusste Überlegungen und die genaue Analyse der Gründe die Entscheidungsfindung verbessern, wäre zu erwarten, dass sich mehr Übereinstimmungen zwischen den Expertenmeinungen und den Teilnehmern zeigen würden, die gebeten wurden, ihre Bewertungen zu rechtfertigen. Wilson und Schooler fanden genau das Gegenteil: Die Vorlieben der Teilnehmer, die über ihre Studienfächer nachgedacht hatten, entsprachen eher den Expertenratings. Diejenigen, die bewusst darüber nachdachten, warum sie die Marmeladen mochten, gaben suboptimale Präferenzbewertungen.

Der Grund für diesen Unterschied ist, dass das Bewusstsein Verzerrungen bei der Entscheidungsfindung unterliegt, die das träge, abgelenkte Bewusstsein (welches über das Studienfach nachdenkt) vermeidet. Wenn wir bewusst über eine Entscheidung nachdenken, legen wir oft zu viel Gewicht auf Eigenschaften, die leicht zugänglich, plausibel und einfach zu verbalisieren sind.[26] Dies kann zu Präferenzen und Entscheidungen führen, die weit von Perfektion entfernt sind. Nur weil wir einen Gedanken zur Verpackung oder zum Preis einer Erdbeermarmelade verbalisieren können, bedeutet das nicht, dass die Verpackung oder der Preis relevante Faktoren bei der Bestimmung unserer Vorlieben sind.

Das eigentliche Problem in Bezug auf bewusste Denkprozesse liegt darin, dass das Bewusstsein in seiner Fähigkeit begrenzt ist, Informationen zu verarbeiten. Unser Bewusstseinsstrom ist ein Rinnsal im Vergleich zum wogenden Fluss des Unbewussten. Nach der Theorie der unbewussten Gedanken, die von Ap Dijksterhuis, Professor für Psychologie an der Radboud Universität in den Niederlanden, entwickelt wurde, werden Informationen auf Grundlage unbewusster Gedanken optimaler verarbeitet, organisiert und gewichtet.[27]

Was genau sind unbewusste Gedanken? Die offizielle Version lautet wie folgt: »objektrelevante oder aufgabenrelevante kognitive oder affektive Denkprozesse, die auftreten, während die bewusste Aufmerksamkeit auf etwas anderes gerichtet ist.«[28] Das ist genau das, was sich bei den Teilnehmern in Wilsons und Schoolers Studie abspielte, die angewiesen wurden, über ihre Studienfächer nachzudenken. Obwohl sie wussten, dass sie später die Marmeladen bewerten würden, waren ihre bewussten Gedanken vorübergehend mit einer anderen Aufgabe beschäftigt, was es ihren unbewussten Gedanken ermöglichte, die marmeladenbezogenen Informationen frei von den Verzerrungen des bewussten Denkens zu verarbeiten.

Das Ganze hat natürlich Grenzen. Wenn die Verarbeitungsbeschränkungen des bewussten Denkens überwunden werden können, lenken intensives, bewusstes Nachdenken und unbewusste Gedanken die Entscheidungsprozesse in etwa gleich gut.[29] Trotzdem gibt es immer mehr Hinweise darauf, dass unangestrengte, träge, unbewusste Gedanken oft zu besseren Entscheidungen führen; nicht nur im Hinblick auf Marmelade, sondern unter anderem auch bei Studienfächern, Autos, Wohnungen und Gemälden.[30]

Faule Heilige

Marmelade und Autos, Gemälde und Wohnungen – interessante Effekte, aber, so könnte man argumentieren, kaum ausreichend, um das träge Denken in den Stand der Tugend zu erheben. Nun, wie wäre es damit: Unbewusste Gedanken machen uns vielleicht sogar moralischer.

Faule Heilige

Jaap Ham, Kees van den Bos und Evert Van Doorn, alle zum Zeitpunkt der Studie an der Universität Utrecht, präsentierten ihren Teilnehmern Informationen zu vier Bewerbungsverfahren.[31] Eine der Beschreibungen bezog sich auf ein faires Verfahren, eine auf ein unfaires und die anderen beiden betrafen Verfahren von mittelmäßiger Fairness.

Nachdem sie alle Informationen zu den Verfahren gelesen hatten, wurden die Teilnehmer gebeten, diese nach Fairness zu sortieren. Allerdings führten nicht alle Teilnehmer die Aufgabe sofort aus. Wie in den meisten Studien zu unbewussten Gedanken war die Hauptmanipulation das, was die Personen zwischen dem Lesen und der Beurteilung der Informationen taten. Einige wurden gebeten, die Bewerbungsverfahren sofort zu bewerten, während andere angewiesen wurden, für circa drei Minuten bewusst über die Gerechtigkeit oder Ungerechtigkeit dieser Verfahren nachzudenken. Eine dritte Gruppe erhielt die Information, dass man sie nach der Durchführung einer anderen Aufgabe bitten würde, die Gerechtigkeit der Bewerbungsverfahren zu bewerten. Diese Teilnehmer erfüllten eine Ablenkungsaufgabe, die *2-Zurück-Aufgabe* (bei der ihnen auf einem Computerbildschirm ein anhaltender Strom von einstelligen Zahlen präsentiert wurde und man sie fragte, ob die aktuelle Zahl jeweils der vorletzten Zahl entsprach oder nicht entsprach). Mit dieser Aufgabe beschäftigten sie sich für drei Minuten und gaben dann ihre Gerechtigkeitsurteile ab.

Man sollte annehmen, dass bewusste Gedanken einen besseren Anhaltspunkt für Moralurteile bieten als unbewusste. Wir schwanken vielleicht bei unseren Entscheidungen im Hinblick auf Marmelade, Autos oder Gemälde, aber sicher können wir auf den ersten Blick richtig und falsch unterscheiden. Wenn dem so wäre, würde man erwarten, dass jene Teilnehmer, die Zeit hatten, sich bewusst Gedanken über die Fairness der Bewerbungsverfahren zu machen, mit ihren Urteilen die größte Treffsicherheit bewiesen.

Ham und seine Kollegen fanden jedoch heraus, dass die Treffsicherheit in der unbewussten Gruppe höher war als in der unmittelbaren und der bewussten Gruppe (die beiden letzteren unterschieden sich im Hinblick auf die Treffsicherheit nicht). Für die Autoren deutete dies auf eine Art unbewusste Moral hin, die sowohl das abwägende moralische Denken als auch die schnelle moralische Intuition übertrifft.

Wieder mag dies an der unterschiedlichen Art liegen, wie Informationen vom Bewusstsein und Unterbewusstsein gewichtet werden. Gerechtigkeitsurteile sind oft komplex und beinhalten viele Informationen, die in geeigneter Weise in die Entscheidung einfließen müssen. Sofortige Urteile geben uns nicht genug Zeit, alle relevanten Informationen angemessen zu gewichten, und bewusste Urteile sind Opfer verzerrter Gewichtung. Wie bei Urteilen hinsichtlich Marmelade, Autos und Gemälden, gewichtet das Unbewusste moralisch relevante Informationen in geeigneter Weise und relativ frei von Verzerrungen und führt so zu besseren Entscheidungen.

Das Konzept der Langsamkeit

Grau, faltig, gebrechlich.

Wenn Sie jetzt aufstehen und den Flur entlang in Ihre Küche gehen würden, wären Sie langsamer, als wenn Sie diese Wörter nicht gelesen hätten. »Grau«, »faltig« und »gebrechlich« – all diese Wörter sind Teil des Stereotyps der Senioren. Welche anderen stereotypen Begriffe fallen Ihnen ein? »Lila Haartönung«, »Stricken«?

Als John Bargh, zur damaligen Zeit Sozialpsychologe an der New York University, und seine Kollegen Mark Chen und Lara Burrows den Teilnehmern unter anderem diese Wörter als Teil durcheinandergewürfelter Sätze präsentierten, passierte etwas ganz Erstaunliches.[32] Nachdem die Teilnehmer die Sätze, in denen stereotype Wörter vorkamen, entschlüsselt hatten, wurde ihnen mitgeteilt, die Studie sei vorbei und sie könnten gehen. Tatsächlich aber war die Studie noch nicht ganz abgeschlossen. Die Versuchsleiter stoppten heimlich die Zeit, die die Teilnehmer benötigten, um vom Versuchsraum zu einem nahe gelegenen Aufzug zu gehen. Das Ergebnis wurde zu einem der interessantesten sozialpsychologischen Funde der letzten Jahrzehnte, denn Bargh fand heraus, dass die Teilnehmer, die den Klischees über die älteren Mitbürger ausgesetzt gewesen waren, deutlich länger für ihren Weg zum Aufzug brauchten als die Mitglieder der Kontrollgruppe, die Sätze mit neutralen Wörtern entwirrt hatten.

Dieser Effekt ist ein weiteres Beispiel für Priming. Wenn Menschen Wörtern wie »grau« und »faltig« ausgesetzt werden, breitet sich die Aktivierung von diesen auf andere, damit verwandte Konzepte aus, die ebenfalls Teil des Stereotyps älterer Menschen sind.

In Barghs Studie primte das Klischee der Senioren das Konzept »langsam«, welches sich auf das Verhalten übertrug und so die Teilnehmer langsamer werden ließ.

Der bloße Gedanke an Langsamkeit, selbst unabsichtlich, kann die Art beeinflussen, wie wir handeln. Ein Gang den Flur entlang ist eher neutral zu werten, aber ein solches Priming kann auch sehr positive Folgen haben.

In einer Studie, die Barghs Arbeit auf das Autofahren anwendete, primten Rob Gray und Russell Branaghan von der Arizona State University ihre Teilnehmer mit dem Stereotyp der Senioren und setzten sie dann in einen Fahrsimulator.[33] Was Gray und Branaghan auffiel, war, dass die mit dem Stereotyp geprimten Fahrer vorsichtiger »fuhren« als die nicht geprimten. (Des Weiteren fanden sie heraus, dass das Teenager-Stereotyp, geprimt mit Wörtern wie »Schüler« und »Verabredung«, Teilnehmer schneller fahren ließ.)

Das Erstaunlichste an diesen Studien ist die unbewusste Wirkung der Primes. Die Teilnehmer sind sich des Primings mit dem Konzept »langsam« nicht bewusst, aber dennoch übt es einen erheblichen Einfluss auf ihr Verhalten aus und macht sie in diesem Fall zu besseren Autofahrern.

Langsam und stetig

Im Jahr 1999 unterzeichneten vier italienische Städte ein Abkommen, alles ein bisschen leichter zu nehmen, zu entschleunigen und sich Zeit für die schönen Dinge des Lebens zu nehmen. Diese Initiative rief eine Bewegung ins Leben: »Cittaslow« (»langsame Stadt« auf Deutsch), welche seither ironischerweise, wenn nicht sogar kontraproduktiverweise, stark an Fahrt gewonnen hat. Mehr und mehr Städte und Gemeinden auf der ganzen Welt entscheiden sich, ihr Tempo zu drosseln, und machen sich viele der 55 Punkte des Cittaslow-Manifests zu eigen. Von Verkehrs- und Lärmreduktion hin zum Ausbau von Fußgängerzonen und Grünflächen, Städte wie Katoomba in Australien, Ludlow in Großbritannien und Sonoma in den USA haben hart für die begehrte Cittaslow-Zertifizierung und die damit einhergehende Verlangsamung des Alltagstempos gekämpft.

Natürlich sind einige Orte ohnehin langsamer als andere und brauchen keine Cittaslow-Aktivisten, die die Tugenden der Faulheit predigen. Der Psychologe Robert Levine von der California State University und seine Studenten verbrachten sehr viel Zeit mit dem Studium des Lebenstempos auf der ganzen Welt. Im Laufe der Jahre hat Levine Daten aus Städten in über 30 Ländern gesammelt und diese nach ihrer jeweiligen Geschwindigkeit sortiert.[34] Natürlich ist das Messen der Geschwindigkeit eines Landes keine einfache Aufgabe, aber Levine entschied sich schließlich für drei Indikatoren: Gehgeschwindigkeit (die Geschwindigkeit, mit der Fußgänger eine Strecke von 18 Metern zurücklegten), Arbeitstempo (die Geschwindigkeit, mit der Postmitarbeiter den Verkaufsvorgang für eine Briefmarke abwickelten) und die Genauigkeit öffentlicher Uhren, deren Messung dazu diente, die allgemeine Beschäftigung eines Landes mit der Zeit zu beurteilen.

Welches Land ist das schnellste? Es ist in der Tat die Schweiz. Es ist nicht überraschend, dass die Schweiz die präzisesten Uhren hat. Und auch bei den anderen Maßgrößen liegt sie ganz vorne. Danach kommen Irland, Deutschland und Japan. Italien ist an fünfter Stelle (Cittaslow tat also gut daran, im eigenen Land zu starten). Diese Top-Fünf stehen im Einklang mit einer anderen Studie Levines, die darauf hindeutet, dass die Menschen in großen, industrialisierten Städten mit lebhafter Konjunktur und kühlem Klima schneller unterwegs sind.[35] Am Ende der Liste finden wir trägere, langsamere Länder: Syrien, El Salvador, Brasilien, Indonesien und, als langsamstes von allen, Mexiko.

Vielleicht sind manche Länder anfälliger für Trägheit als andere, aber ist das wirklich von Bedeutung? Implizit in Langsamkeitsbewegungen aller Art, von langsamen Städten über langsamen Sex hin zu langsamem Lernen, ist die Vorstellung, dass die Reduktion des Lebenstempos etwas Gutes ist; dass eine Verlangsamung zu mehr Freude und Gesundheit und unzähligen anderen Wohltaten führt. Ist dem tatsächlich so? Sind langsame Städte wirklich besser dran als schnelle? Das scheint in der Tat der Fall zu sein.

Als Levine seine Aufmerksamkeit statt auf verschiedene Länder auf verschiedene Städte in den Vereinigten Staaten richtete, fand er heraus, dass die Bewohner amerikanischer Städte mit schnelleren Geh-, Sprech- und Arbeitstempos ein höheres Risiko für koronare Herzerkrankungen haben.[36]

Doch es ist eine andere Studie Levines, die einen der klarsten Einblicke in die Tugenden der Trägheit bietet. Im Jahr 2008 stellte Levine zusammen mit Stephen Reysen und Ellen Ganz, die beide zu diesem Zeitpunkt ebenfalls an der California State University tätig waren, folgende Frage: Hat das Lebenstempo in Städten einen Einfluss auf die Hilfsbereitschaft?[37] Um diese Frage zu beantworten, machten die Forscher Folgendes:

Zunächst maßen sie das Lebenstempo in 24 US-Städten. Diese Städte wurden aus dem stereotyp schwerfälligen Süden (z. B. Louisville, Nashville, Dallas), dem Westen und Mittleren Westen und dem hektischen Nordosten (z. B. New York City, Boston) ausgewählt. In jeder dieser Städte stoppten die Forscher die Gehgeschwindigkeit von Fußgängern über eine Strecke von circa 18 Metern. (Fürs Protokoll: New York steht nicht ganz oben auf der Liste der schnellsten Städte der USA. Wir finden es lediglich an 7. Stelle, wobei die Leute dort durchschnittlich 13,1 Sekunden brauchten, um die 18 Meter zurückzulegen. San Francisco ist mit 12,44 Sekunden am schnellsten.)[38]

Anschließend maßen sie die Hilfsbereitschaft in diesen Städten mit Hilfe dreier verschiedener, aber gleichermaßen cleverer Techniken:

1. Der fallengelassene Stift: Der Versuchsleiter ließ im direkten Blickfeld des jeweiligen Teilnehmers »versehentlich« seinen Stift fallen, während er auf besagten Teilnehmer zuging. Ein zweiter Versuchsleiter, der etwa 6–9 Meter hinter dem ersten lief, zeichnete auf, ob der Teilnehmer sich hilfsbereit verhielt. Der Teilnehmer wurde als hilfsbereit bewertet, wenn er den Stift aufhob und zurückgab oder dem ersten Versuchsleiter zurief, dass dieser den Stift hatte fallen lassen.
2. Das verletzte Bein: Hier näherte sich der Versuchsleiter, der eine Beinschiene trug und stark hinkte, auf dem

Bürgersteig einer Versuchsperson und ließ »versehentlich« einen Stapel Zeitschriften fallen. Die Person wurde für hilfsbereit befunden, wenn sie Hilfe anbot oder dem angeblich verletzten Mann tatsächlich half, die Zeitschriften aufzuheben.
3. Wechselgeld: Der Versuchsleiter ging direkt auf eine Versuchsperson zu, hielt dabei eine Münze in der Hand und fragte höflich nach Wechselgeld. Wenn die Teilnehmer ihre Taschen nach Münzen durchsuchten, galten sie als hilfsbereit.

Hat die Gehgeschwindigkeit in diesen Fällen einen Einfluss auf die Hilfsbereitschaft? Ganz gewiss. Egal ob beim Aufheben von Stiften oder Zeitschriften oder bei der Suche nach Wechselgeld – die Menschen in langsameren Städten helfen öfter.

Wie jedes Korrelationsdesign ist auch diese Studie offen für verschiedene Interpretationen und lässt die Frage der Kausalität unbeantwortet. Wir können nicht sagen, ob das langsame Gehen die Hilfsbereitschaft steigert, ob hilfsbereite Menschen zum Trödeln neigen oder ob irgendeine dritte Variable dafür sorgt, dass die Leute sowohl helfen als auch langsam gehen.

Um den kausalen Zusammenhang zu klären, ist ein weiteres Experiment notwendig. Zum Glück findet sich dieses in Form eines sehr eleganten Klassikers der Sozialpsychologie, einer Studie, die heute weithin als Studie vom »barmherzigen Samariter« bekannt ist.[39]

Das Gleichnis vom barmherzigen Samariter wurde bereits im Wollust-Kapitel erwähnt. Für diejenigen, die sich nicht erinnern:

Ein Mann wird verprügelt und halb tot auf der Straße von Jerusalem nach Jericho zurückgelassen. Während er am Straßenrand liegt, kommen ein Priester und ein Levit (ebenfalls ein religiöser Funktionär) vorbei, die ihm aber keine

Hilfe leisten. Ein vorbeikommender Samaritaner jedoch hilft ihm, verbindet die Wunden des Mannes und bringt ihn zu einer Herberge.

John Darley und Daniel Batson, beide zu diesem Zeitpunkt an der Princeton University, erkannten die offensichtliche Moral der Geschichte – dass der religiöse Glaube alleine noch keinen guten Menschen hervorbringt –, aber ihnen fiel noch etwas anderes, weniger Offensichtliches, auf. Sie argumentierten, Samariter seien einem entspannteren Zeitplan gefolgt als die hochrangigen Priester und Leviten, weil sie recht weit unten auf der sozialen Leiter standen. Mit ihren Worten: »Man kann sich vorstellen, wie der Priester und der Levit, beides bedeutende Persönlichkeiten des öffentlichen Lebens, mit kleinen schwarzen Büchlein voll mit Terminen und Besprechungen dahineilen und verstohlen auf ihre Sonnenuhren blicken. Im Gegensatz dazu erwarteten wahrscheinlich viel weniger, und vor allem weniger wichtige Menschen den Samariter zu einem bestimmten Zeitpunkt an einem bestimmten Ort, weshalb man erwarten könnte, dass dieser weniger in Eile war als der Priester und der Levit.«[40] Anders gesagt scheint es, als hätten Samariter damals schon ihre ganz eigene Cittaslow-Bewegung gehabt.

Das ist ein interessanter Gedanke, aber wie kann man diesen untermauern? Wie alle guten Psychologen entschieden sich Darley und Batson dafür, diese Idee zu testen. Dazu führten sie auf dem Campus eine Studie zum Gleichnis des barmherzigen Samariters durch.

Sie rekrutierten Seminaristen zur Teilnahme an einer Studie, angeblich zum Thema religiöse Erziehung. In einer ersten Testsitzung maßen sie Aspekte der religiösen Überzeugungen dieser Studenten: Ist Religion für Sie eine Suche nach Sinn? Ist sie ein Mittel zum Zweck? Und so weiter. In einer zweiten Sitzung stellten die Versuchsleiter das Gleichnis nach. Als die Studenten sich zu dieser zweiten Sitzung meldeten, wurde ihnen gesagt, sie müssten einen kurzen Vortrag von drei bis fünf Minuten Länge halten. Die Hälfte der Studenten sollte sich in diesem Vortrag mit Berufen beschäftigen, für die Seminaristen geeignet wären; die andere Hälfte sollte über das Gleichnis des barmherzigen Samariters sprechen, von dem eine Kopie zur Verfügung gestellt wurde.

Danach folgte die Hauptmanipulation.

Den Studenten wurde mitgeteilt, das Gebäude, in dem sie sich befanden, biete nicht ausreichend Platz und sie hätten sich daher in einem nahegelegenen Gebäude zu melden, um ihre Vorträge zu halten. Ein Drittel wurde angewiesen, sich zu beeilen: Sie seien zu spät dran und sollten so schnell wie möglich hinüberlaufen. Ein weiteres Drittel erhielt den Hinweis, man erwarte sie jeden Moment. Diese Teilnehmer waren, den Versuchsleitern zufolge, in »mittlerer Eile«. Dem letzten Drittel wurde der Eindruck vermittelt, sie hätten alle Zeit der Welt.

Draußen auf der Straße fanden die Teilnehmer einen in einem Hauseingang zusammengebrochenen Mann vor, der laut Darley und Batson »ein wenig zwielichtig aussehen sollte – schlecht angezogen, möglicherweise hilfsbedürftig, aber möglicherweise auch betrunken oder sogar potenziell gefährlich«.[41]

Wie samariterhaft verhielten sich diese Studenten? Leisteten sie Hilfe? Insgesamt boten nur 40 % der Studenten (alle Seminaristen, nicht zu vergessen) in irgendeiner Form Hilfe an. Für uns von größerem Interesse ist allerdings der Unterschied in der Hilfsbereitschaft der verschiedenen Gruppen. Von den Studenten, denen der Eindruck vermittelt wurde, sie seien spät dran und sie sollten sich beeilen, halfen nur 10 %. In der Gruppe, die genügend Zeit hatte, boten ermutigende 63 % Hilfestellung. (Das Ergebnis der mittleren Gruppe lag zwischen den beiden anderen: Hier halfen 45 % der Teilnehmer.)

Verlangsamung bringt den Altruisten in uns zum Vorschein. Aber warum? Es ist unwahrscheinlich, dass Trägheit durch irgendeine Hexerei unsere moralische Substanz neu webt oder eine bisher ungeahnte moralische Erkenntnis enthüllt und uns zu ungewöhnlich fürsorglichen, selbstlosen Menschen macht. Denkbar ist eher, dass ein langsameres Tempo, die Befreiung unseres inneren Faulpelzes und weniger Beschäftigung mit unseren eigenen Anliegen es uns ermöglichen, uns ein wenig mehr den Bedürfnissen anderer zu widmen.

Durch die Verlangsamung überwinden wir das, was der Sozialpsychologe Stanley Milgram als »psychologische Reizüberflutung« bezeichnete.[42] In modernen, industrialisierten Gesellschaften und besonders in deren großen Städten werden wir mit sensorischen Informationen aller Art bombardiert. In dem Bemühen, damit zurechtzukommen, verdrängen wir alles, was nicht für unsere aktuellen Ziele relevant ist. Schnelle Menschen sind also nicht weniger moralisch, sondern tragen lediglich Scheuklappen, die alles ausblenden, was sie potenziell von ihren aktuellen Interessen ablenken könnte.[43]

Das Cittaslow-Manifest ist mächtige 55 Punkte dick. Dennoch deuten die in diesem Kapitel beschriebenen Arbeiten darauf hin, dass wir das Manifest ruhig noch ein wenig ausweiten sollten. Folgendes könnten wir hinzufügen: mehr Schläfchen, Nickerchen und Tagträume; weniger angestrengtes, bewusstes Nachdenken; und langsameres Gehen. Wie die anderen Sünden hat auch die Trägheit ihre Nachteile. Geben Sie ihr zu oft nach, werden Sie Schwierigkeiten haben, Ihre täglichen Aufgaben zu schaffen. Frönen Sie ihr aber in angemessener Weise, werden Sie schlauer und vielleicht sogar ein wenig tugendhafter sein.

KAPITEL 5

Zorn

Die positive negative Emotion

Als ich noch ein Kind war, ungefähr fünf Jahre alt, schlug ich ein Mädchen. Ich glaube, ihr Name war Suzie und sie könnte Chinesin gewesen sein. Ich kann mich nicht mehr wirklich erinnern. Woran ich mich erinnere, ist, dass sie ziemlich nervig war, und so schlug ich sie. Ich bin mir nicht sicher, ob ich wusste, dass ich als Junge keine Mädchen schlagen sollte, aber es war eine instinktive Reaktion. Ich konnte gar nicht anders. Mein Arm war eine körperliche Verlängerung der Frustration und Wut*, die ich verspürte. Die Reaktion war natürlich, einfach und völlig von ihrer irritierenden, spottenden Stimme getrieben. Zumindest versuche ich, die Situation so vor mir selbst zu rechtfertigen. Ich war wütend und wurde handgreiflich.

Anekdoten wie diese, die implizieren, dass Wut immer auch Gewalt bedeutet, sind der Grund für den schlechten Ruf dieser Sünde. Es ist entschuldbar, wenn Sie denken, Wut und Gewalt seien dasselbe. In historischen Darstellungen der Sünde wird diese Verbindung sehr eng und wörtlich gezeichnet. Mittelalter-

---

* Anmerkung der Übersetzerin: Zorn und Wut werden in diesem Kapitel synonym verwendet.

liche Zeichnungen, die Zorn abbilden (oder *ira*, wie er damals lateinisch hieß), zeigen in der Regel schwertschwingende Wahnsinnige. In Boschs Gemälde *Die sieben Todsünden und die vier letzten Dinge* trägt der wütende Mann ebenfalls ein Schwert (obwohl der Angriff hier einem Mönch mit einem Tisch auf dem Kopf zu gelten scheint und ich mir der Bedeutung dieser Szene daher nicht sicher bin). Auch in der zeitgenössischen Kultur sind Zorn und Gewalt ein und dasselbe: In David Finchers *Sieben* ist Zorn Mord.

Aber sie sind nicht dasselbe. Zum einen sind sie aus definitorischen Gründen nicht gleich. Aus fachlicher Sicht ist Gewalt die Ausübung körperlicher Kraft, um Personen oder Eigentum Verletzungen oder Schaden zuzufügen. Zumindest behauptet dies das Lexikon.[1] Zorn ist etwas anderes.

Für Psychologen ist Zorn zunächst einmal eine Emotion. Wenn wir Psychologen über Emotionen sprechen, denken wir an eine komplexe Mischung aus physiologischen (Herzfrequenz und Hormonwerte), erfahrungsbezogenen (subjektive Gefühle und Empfindungen), verhaltensbezogenen (Kampf oder Flucht) und kognitiven (Überzeugungen und Denkweisen) Faktoren. Der Zorn hat seine ganz eigene Konstellation dieser Komponenten. Er geht einher mit dem Gefühl der Pulsbeschleunigung, einer allgemeinen Spannung des Körpers und einer Verengung des Gesichtsfeldes.[2] Zusätzlich finden wir eine tatsächliche Erhöhung der Herzfrequenz, muskuläre Veränderungen (mehr Stirnrunzeln und weniger Lächeln) und steigenden Blutdruck.[3] Nichts davon führt zwangsläufig zu Gewalt.

Man könnte versucht sein zu argumentieren, dass Zorn und Gewalt, obwohl eigentlich nicht synonym, dennoch eng miteinander verbunden sind. Wut kann, zum Beispiel, zu Gewalt *führen*. Das mag manchmal der Fall sein, aber nicht sehr oft. In der Tat deutet eine Schätzung darauf hin, dass auf Zorn nur in 10 % der Fälle auch Gewalt folgt. Eine andere Schätzung beziffert diese Verbindung mit nur 2 %.[4] Somit ist Zorn weder eine notwendige noch eine hinreichende Ursache für gewalttätiges Verhalten. Schlagen Sie sich also zu Beginn dieses Kapitels die Gewalt aus dem Kopf. Ich beschäftige mich hier nicht mit Schlagen oder Treten oder Töten. Ich rede über das Gefühl, das Sie verspüren, wenn Ihnen ein rücksichtsloser Fahrer die Vorfahrt nimmt oder wenn Ihr Kind Sie ohne Unterlass wegen eines weiteren Kekses vor dem Abendessen nervt. Für unsere Zwecke ist es wichtig zu erkennen, dass Sie zornig sein können, ohne die Notwendigkeit zu verspüren, dem Fahrer, Ihrem Kind oder irgendwem sonst den Hals umzudrehen.

Annäherung an den Zorn

Nachdem wir die Gewalt aus der Gleichung entfernt haben, stellt sich der Zorn schon weit weniger bedrohlich dar. Natürlich bleiben immer noch Zähneknirschen und Stirnrunzeln, aber lassen Sie sich davon nicht täuschen. Tief im Kern sieht der Zorn einer positiven Emotion viel ähnlicher als einer negativen.

Viele Psychologen ordnen Zorn immer noch den negativen Emotionen zu. Wie im Falle von Angst, Traurigkeit und Verachtung glauben die Leute, dass der Zorn etwas Ungehöriges hat. Das liegt vor allem daran, dass er oft von unangenehmen Ereignissen ausgelöst wird. Selbstverständlich hat die Emotion einige Nachteile: Personen, die zu Zorn neigen, bekommen eher einen Herzinfarkt und andere Herz-Kreislauf-Probleme und haben auch ein höheres Risiko für Ängste, Alkoholmissbrauch und riskantes Fahrverhalten.[5]

Doch trotz dieser kleinen Ärgernisse beginnen Wutforscher zu fragen, ob der Zorn tatsächlich ein negatives Gefühl ist.

Nehmen Sie die folgende Studie von Mario Mikulincer von der Bar-Ilan-Universität in Israel.[6] Die Teilnehmer kommen ins

Labor und ihnen werden verschiedene Aufgaben vorgelegt. Dabei sollen sie jeweils die Regel finden, welche die Basis einer Reihe von Mustern bildet. Das tun sie eine Weile lang, aber keiner scheint wirklich erfolgreich zu sein. Nicht ein einziger Teilnehmer schafft es, die versteckte Regel zu finden. Dies ist nicht verwunderlich, da Mikulincer in dieser Studie unlösbare Rätsel verwendete. Es gab gar keine Regel zu entdecken. Er tat dies, weil er nicht an der Leistung der Teilnehmer interessiert war, sondern an ihren Reaktionen auf ihr Scheitern.

Die Teilnehmer begannen die Aufgabe mit dem Ziel vor Augen, die Regel aufzudecken, aber alle wurden vom Erreichen ihres Ziels abgehalten. Wie reagierten die Teilnehmer? Einige zeigten Niedergeschlagenheit und Traurigkeit ob ihres Versagens. Andere hingegen wurden wütend. Als Mikulincer seinen Teilnehmern dann eine zweite Aufgabe stellte, diesmal eine mit Lösung, schnitten die wütenden Personen besser ab. Sie ließen nicht locker und diese Hartnäckigkeit zahlte sich aus.

Mikulincers Studie unterstreicht zwei Punkte, die notwendig sind, um diese Sünde zu verstehen. Zunächst zeigt sie, dass Zorn oft ausgelöst wird, wenn etwas uns vom Erreichen unserer Ziele abhält. Wir verspüren Wut, wenn der Automat in der Lobby unser letztes Geld schluckt oder zunächst so tut, als würde er den Marsriegel ausspucken, diesen dann aber doch nicht hergibt.

Der zweite Punkt, den Mikulincers Studie unterstreicht, ist, dass Zorn ein *Motivator* ist und uns dazu antreibt, etwas weiter zu versuchen und dranzubleiben. Es ist diese Sünde, die uns dazu bringt, den Automaten zu rütteln, bis dieser seinen eisernen Griff um den Marsriegel schließlich doch noch mit einem befriedigenden Klacken löst. (Entweder das oder – und hier haben wir einen weiteren Nachteil dieser Emotion – der Automat fällt auf uns drauf und fügt uns ernsthafte Verletzungen zu oder tötet uns sogar, so wie zahlreiche Menschen jedes Jahr.[7]) Zorn ist sowohl ein Maßstab für unseren Fortschritt hin zu einem Ziel, als auch eine Kraft, die uns im Falle von Hindernissen weiter auf unser Ziel hinarbeiten lässt.

Mir erscheint das alles sehr zweckmäßig für eine Sünde. Und genau diese Zweckmäßigkeit bringt Emotionsforscher dazu, unsere Einstufung des Zorns als negative Gefühlsregung zu überdenken.

Die Verbindung des Zorns mit den positiven Emotionen wird deutlicher, wenn wir uns das Gehirn unter dem Einfluss von Wut anschauen. Für Charles Carver von der University of Miami und Eddie Harmon-Jones von der Texas A&M University ist eines der bestimmenden Merkmale des Zorns die Tatsache, dass er mit der sogenannten »Annäherungsmotivation« einhergeht.[8]

Emotionen, wie auch andere psychische Parameter (z. B. Ziele), können allgemein entweder als Annäherung oder als Vermeidung klassifiziert werden. Annäherungszustände orientieren uns in Richtung Interaktion mit der Umwelt. Sie sorgen dafür, dass wir uns auf Belohnungen und Anreize konzentrieren, und treiben uns an, nach diesen zu streben. Im Gegensatz dazu sorgen Vermeidungszustände, wie Angst oder Ekel, für eine Distanzierung von bestimmten Aspekten der Umgebung (z. B. Spinnen oder Schadstoffe). Das System der Vermeidungsmotivation konzentriert sich auf die Entfernung von Bedrohungen oder die Abwendung von Strafen.

Jede dieser motivationalen Orientierungen hat ein individuelles Hirnaktivitätsmuster. Und es scheint, als sei das Muster des wütenden Gehirns dem Aktivitätsmuster im Falle der Annäherungsmotivation sehr ähnlich. Wenn Sie sich das Gehirn im Falle einer Annäherungsmotivation anschauen, sehen Sie ein einheitliches Aktivierungsmuster in den linken vorderen Regionen des Kortex; wenn Sie ein wütendes Gehirn betrachten, sehen Sie in etwa das Gleiche.[9]

Noch interessanter als die Tatsache, dass Wut Annäherungstendenzen motiviert, ist, dass die Menschen erkennen, dass sie als Motivator dient und dies zu ihrem Vorteil nutzen.

Es wird oft angenommen, dass die Emotionsregulation sich auf die Steigerung positiver und die Reduktion negativer Emotionen konzentriert und dass die Leute nur daran interessiert sind, sich gut zu fühlen. Dies muss aber nicht immer der Fall sein. Wenn Sie zu einer Beerdigung gehen, ist es zum Beispiel nicht angebracht, dümmlich zu grinsen oder über die Grabrede zu lachen, sondern eher strategisch die Traurigkeit hoch- und die Fröhlichkeit herunterzuregulieren. Sie tun dies, weil Trauer besser zu einer Beerdigung passt, auch wenn Traurigkeit deutlich weniger angenehm ist als Freude.

Ähnliches gilt für Ärger. Maya Tamir und Christopher Mitchell vom Boston College sowie ihr Kollege James Gross von der Stanford University fragten ihre Teilnehmer, welche Art von Musik sie hören wollten, bevor sie ein Computerspiel spielten.[10] Das Computerspiel war *Soldier of Fortune*, ein Ego-Shooter, in dem der Spieler durch eine virtuelle Welt läuft und Leute erschießt. Die Teilnehmer hatten die Wahl zwischen eher neutraler, zorniger und aufregender (aber nicht besonders wuterregender) Musik. Dies sind nicht unbedingt offensichtliche Genres, aber Tamir testete die Lieder vorab, um sicherzustellen, dass sie die gewollten Gefühle induzierten. Die Teilnehmer durften in jedes Musikstück reinhören, bevor sie bewerteten, wie gerne sie es anhören wollten.

Tamir und ihre Kollegen fanden heraus, dass die Teilnehmer vor dem Spielen von *Soldier of Fortune* die zornige Musik bevorzugten. Konfrontiert mit einer Aufgabe, in der Wut nützlich sein und das Erschießen von Feinden erleichtern kann, entschieden sich die Teilnehmer für einen »Wutschub«. Und das ist noch nicht alles; die zornige Musik verbesserte tatsächlich die Leistung, was nicht nur darauf hindeutet, dass die Menschen ihre Wut strategisch regulieren, sondern auch, dass diese Regulierung sich auszahlt.

Natürlich ist die Wut nicht immer eine nützliche Emotion. In Kontexten, in denen es nicht hilfreich ist zu wetteifern (zum Beispiel bei *Diner Dash*, einem Restaurantspiel, in dem Gäste bedient anstatt getötet werden müssen), wird Zorn nicht nur nicht hochreguliert, sondern wäre in diesem Fall sogar nachteilig. Wütende Kellner sind schlechte Kellner.

Natürlich ist dies ziemlich offensichtlich. Wir alle wissen, dass Wut manchmal störend ist, zum Beispiel im Dienstleistungsgewerbe oder wenn ein Verkaufsautomat unerwartet ins Wanken gerät. Aber der Punkt ist, dass eine strategische Verstärkung der Wut unter den richtigen Umständen unsere Leistung steigern kann.

Zornige Gemüter

Zorn beeinflusst unser Verhalten, weil er die Art und Weise verändert, wie wir denken. Ironischerweise ist es gerade diese Tatsache, die frühe Kritiker der Wut dazu brachte, diese Sünde zu dämonisieren. Sie waren der Meinung, die Fähigkeit des Zorns, die Wahrnehmung zu verzerren und den Verstand durcheinanderzubringen, sei der Kern des Problems. Bei genauerem Hinsehen wird jedoch deutlich, dass die Wut uns genau aufgrund dieser verzerrten Wahrnehmung so gute Dienste leistet.

Alle Emotionen signalisieren, was zu einem bestimmten Zeitpunkt in unserer unmittelbaren Umgebung wichtig ist. Angst signalisiert Bedrohung und sorgt dafür, dass wir unsere Aufmerksamkeit selektiv auf bedrohliche Reize wie Schlangen und Spinnen richten und mit unserem Handeln der Gefahr entgegenwirken können. Zorn fokussiert ebenfalls selektiv unsere Aufmerksamkeit, aber auf andere Art und Weise.

Brett Ford vom Boston College brachte Teilnehmer in sein Labor und induzierte Emotionen in ähnlicher Weise wie Maya Tamir in ihrer Studie zum Verhältnis von Wut und Leistung.[11] Einige Teilnehmer hörten wuterregende Musik und schrieben über eine Erfahrung in der Vergangenheit, bei der sie ebenfalls dieses Gefühl verspürt hatten. Bei einigen anderen Teilnehmern wurde Angst ausgelöst; bei wieder anderen Aufregung; und eine letzte Gruppe hörte neutrale Musik und schrieb über ein nichtemotionales Ereignis in der Vergangenheit. Nachdem die Emotionen derart manipuliert worden waren, wurden die Teilnehmer an ein Blickverfolgungssystem angeschlossen. Eine Messung dessen, worauf sich die Augen beim Abtasten eines Bildes oder Textes konzentrieren, erlaubt Rückschlüsse darauf, welche Aspekte der Umwelt die Aufmerksamkeit der Menschen auf sich ziehen.

Während sie an das Blickverfolgungssystem angeschlossen waren, wurden Fords Teilnehmern Bildpaare gezeigt. Manche dieser Bilder zeigten bedrohliche Informationen wie messerschwingende Personen. Andere enthielten lohnende Informationen wie Personen beim Sex. Andere waren in ihrer Art neutral. Es gab verschiedene Kombinationen von Bildern (z.B. Bedrohung – Belohnung, Bedrohung – neutral, Belohung – neutral usw.). Nach der Präsentation jedes Bildpaares wurde eine Frage zu einem Detail eines der Bilder gestellt, z.B.: »Haben Sie einen Schlüssel gesehen?«

Ford interessierte sich aber gar nicht für die Antworten auf diese Fragen. Vielmehr ging es ihm darum, worauf wütende Menschen während der Bildbetrachtung ihre Aufmerksamkeit richteten. Würden zornige Teilnehmer sich eher auf Bedrohung oder Belohnung konzentrieren? Auf Messer oder Sex?

Es gab zwei Möglichkeiten. Weil Wut im Allgemeinen als negative Emotion angesehen wird und weil negative Emotionen unsere Aufmerksamkeit normalerweise auf negative Umgebungsreize lenken, wäre denkbar, dass zornige Teilnehmer sich selektiv auf die negativen, bedrohlichen Bilder konzentrieren. Aber erinnern wir uns daran, dass Zorn auch eine Annäherungsemotion ist. und Annäherungszustände gehen mit einer Tendenz zu belohnenden Informationen einher.

Was genau macht die Wut? Als Ford untersuchte, worauf die Teilnehmer die meiste Zeit schauten, fand er eine klare Ausrichtung auf belohnende Reize. Die erotischen Paare schienen für die zornigen Teilnehmer am interessantesten zu sein, nicht die Messer. Im Vergleich dazu tendierten die ängstlichen Teilnehmer wie erwartet zu den bedrohlichen Darstellungen. Neutrale Teilnehmer zeigten keinerlei einseitige Neigung.

Der Mönch Johannes Cassianus fürchtete, die Wut könnte uns blind machen.[12] Sie macht uns allerdings weniger blind, als dass sie uns eine bestimmte Art von Scheuklappen anlegt, die unsere Wahrnehmungssysteme auf das fokussieren, was in unserer Umwelt jeweils relevant ist. Wenn wir zornig sind, konzentrieren wir uns auf Belohnungen. Und es ist dieser Fokus, der zumindest teilweise erklärt, warum wir im Angesicht von Widrigkeiten bestehen. Wenn wir während der Verfolgung eines Ziels auf ein Hindernis stoßen, lenkt der Zorn unsere Aufmerksamkeit auf die Belohnungen, die uns erwarten, wenn wir unser Ziel erreichen, und fördert so unsere Beharrlichkeit.

Solche Wahrnehmungsverschiebungen üben großen Einfluss aus, verblassen aber gegen die umfassenderen kognitiven Veränderungen, die der Zorn hervorruft.

Betrachten Sie folgende Fragen: Wie wahrscheinlich ist es, dass Sie im Laufe Ihres Lebens die folgenden Dinge erleben?

1. Mitteilung guter medizinischer Ergebnisse im Alter von 60 Jahren
2. Schwere Turbulenzen in einem Flugzeug
3. Heirat mit einer wohlhabenden Person
4. Zahnfleischprobleme

Zorn

Ich kenne die tatsächlichen Statistiken nicht, aber ich weiß, dass Ihre Antworten von Ihrer derzeitigen Gefühlslage abhängen.

Seit geraumer Zeit ist bekannt, dass unsere aktuellen Gefühle unsere Art zu denken und uns zu verhalten beeinflussen. Wenn Sie zum Beispiel an einem sonnigen Tag gefragt werden, wie zufrieden Sie mit Ihrem Leben sind, wird Ihre Antwort positiver sein, als an einem regnerischen Tag.[13] Die positive, durch den Sonnenschein induzierte Stimmung macht es wahrscheinlicher, dass wir uns auf die guten Dinge in unserem Leben konzentrieren.

Die vier oben genannten Fragen konzentrieren sich jedoch eher auf unsere Risikowahrnehmung als auf das allgemeine Wohlbefinden. Wie also beeinflusst Zorn unsere Risikoeinschätzung? Um diese Frage zu beantworten, rekrutierten die Psychologen Jennifer Lerner von der Harvard University und Dacher Keltner von der University of California in Berkeley einige Studenten für eine Studie, die angeblich zum Thema Fantasie und Informationsverarbeitung durchgeführt wurde.[14] Im Labor erhielt jeder Teilnehmer eine von zwei Anweisungen. Einige wurden gebeten, drei bis fünf Situationen anzugeben, die ihnen große Angst bereiteten, und dann daraus diejenige zu wählen, die für sie am schlimmsten war. Danach sollten sie dieses Ereignis derart lebendig und detailliert beschreiben, dass bereits die schiere Lektüre ihrer Beschreibung geeignet wäre, einer anderen Person Angst einzuflößen. Der Rest der Teilnehmer erhielt dieselben Anweisungen, nur dass bei ihnen »Angst« durch »Wut« ersetzt wurde. Obwohl es bei diesen Schreibaufgaben scheinbar um Fantasie geht, wurden sie entwickelt, um Gefühle von Angst und Wut auszulösen.

Nachdem die Aufgabe abgeschlossen war, erhielten die Teilnehmer eine Liste von Ereignissen, ähnlich der obengenannten, und wurden gebeten, die Wahrscheinlichkeit zu beurteilen, mit der sie jedes der Ereignisse irgendwann erleben würden. Aus den Antworten auf die Fragen berechneten Lerner und Keltner einen Wert der »optimistischen Risikowahrnehmung«. Bei der Auswertung der Ergebnisse fanden sie etwas sehr Interessantes. Die Emotion, die die Teilnehmer zum Zeitpunkt der Beantwortung fühlten, beeinflusste ganz wesentlich ihre Risikowahrnehmung: Zornige Menschen waren optimistischer in Bezug auf ihre Zukunft als ängstliche.

Warum ist das so? Lerner und Keltner maßen noch etwas anderes, das uns vielleicht einen Anhaltspunkt geben kann. Sie fragten die Teilnehmer nicht nur, wie *wahrscheinlich* die Ereignisse waren, sondern auch wie *kontrollierbar*. Bei der Betrachtung der Antworten auf diese Frage fanden sie heraus, dass zornige Menschen zukünftige Ereignisse für kontrollierbarer hielten als ängstliche Menschen. Die Forscher zeigten auch, dass, statistisch gesehen, das Gefühl von mehr Kontrolle verantwortlich für den größeren Optimismus war.

Diese mentalen Verschiebungen sind wahrscheinlich der Grund für die Leistungsvorteile, die dem Zorn zuzuschreiben sind. Auch wenn unsere Bewegungsbahn in Richtung Ziel vorübergehend blockiert ist, treibt die Wut uns dazu an durchzuhalten, indem sie sicherstellt, dass wir uns auf potenzielle Belohnungen konzentrieren, statt über unser Versagen zu sinnieren. Wenn man dieses Gefühl verspürt, verengt sich die Wahrnehmung und richtet sich auf Belohnungen und wir verspüren ein stärkeres Gefühl der Kontrolle und größeren Optimismus, was uns glauben lässt, dass wir diese Belohnungen auch tatsächlich erreichen können.

Schön weit aufmachen und »Grrrr« sagen

Die Menschen haben die erstaunliche Fähigkeit, die seltsamsten Dinge zu glauben: Manche glauben zum Beispiel, ein Huhn an den Schulterblättern zu halten und dabei den Kopf zu schütteln würde die eigenen Sünden auf das Huhn übertragen. Andere sind der Auffassung, ein intergalaktischer Kriegsherr habe vor etwa 75 Millionen Jahren außerirdische Geschöpfe in Raumschiffen zusammengepfercht, sei mit ihnen zur Erde geflogen und habe sie in Vulkanen abgesetzt.

Das Einzige, das vielleicht noch erstaunlicher ist als die Absurdität unserer Überzeugungen, ist ihre Hartnäckigkeit. Wenn sie sich einmal in unserem Gehirn festgesetzt haben, sind sie bekanntermaßen nur schwer zu ändern.

Das liegt hauptsächlich an dem, was Psychologen »Bestätigungstendenz« nennen. Diese ist genau das, wonach sie klingt; eine Tendenz, nach Bestätigung für das zu suchen, was wir ohnehin schon glauben. Beispiele dafür können Sie überall finden. Die Bestätigungstendenz ist der Grund, warum Republikaner Fox News* und die Demokraten die Daily Show** anschauen. Sie ist auch verantwortlich dafür, dass erste Eindrücke so schwer abzuschütteln sind – wir suchen ständig nach Informationen, die sie untermauern, und ignorieren alles, was sie entkräftet.

Nun könnte man annehmen, Zorn, mit all seiner Selbstgerechtigkeit und seinem Selbstvertrauen, eigne sich hervorragend zur Herbeiführung von Hartnäckigkeit und beständigen Überzeugungen, aber es gibt noch eine andere Möglichkeit.

---

* Anmerkung der Übersetzerin: Fox News ist ein konservativer amerikanischer Nachrichtensender.
** Anmerkung der Übersetzerin: Bei der Daily Show handelt es sich um eine US-amerikanische Nachrichtensatire.

Schön weit aufmachen und »Grrrr« sagen

Obwohl Wut nicht zwangsläufig zu Gewalt führt, geht sie mit einer allgemeinen Verhaltensverschiebung in Richtung Konfrontation einher. Diese muss natürlich nicht körperlicher Natur sein, sondern kann sich auch als Gemütszustand äußern. Jemand, der wütend ist, ist zum Beispiel vielleicht eher geneigt, die Ansichten und Meinungen anderer anzuzweifeln.

Diese Möglichkeit wurde von Maia Young, von der University of California in Los Angeles in einer Reihe von Studien untersucht.[15] In einer davon wurden die Teilnehmer gebeten, ihre Meinung zur Auswirkung von Freisprecheinrichtungen auf die Fahrsicherheit mitzuteilen. Reduzieren Freisprechgeräte die Häufigkeit von Verkehrsunfällen? Ja oder nein? Als Nächstes wurden ihnen acht Aussagen gezeigt. Diese Aussagen waren Zusammenfassungen längerer Artikel zur Freisprechdebatte, die angeblich aus verschiedenen Medien zusammengetragen worden waren. Die Teilnehmer sollten diese acht Zusammenfassungen lesen, von denen vier eindeutig für und vier eindeutig gegen Freisprecheinrichtungen argumentierten, und dann bis zu fünf Artikel auswählen, die sie gerne in ihrer Gesamtheit lesen wollten.

Die Hauptmanipulation hier bestand in dem, was die Teilnehmer vor dieser Aufgabe machten. Einige wurden gebeten, so konkret wie möglich einen Zeitpunkt in ihrem Leben zu beschreiben, an dem sie besonders zornig gewesen waren. Andere wurden aufgefordert, über die Ereignisse des letzten Tages zu schreiben. Letztere Teilnehmer gehörten zur Kontrollgruppe.

Die Kontrollpersonen zeigten die typische Tendenz zugunsten der Bestätigung von Informationen: Sie wählten Artikel, die ihre ursprüngliche Position zu diesem Thema untermauerten. Wütende Teilnehmer zeigten jedoch das umgekehrte Muster: Sie neigten eher dazu, sich für Artikel zu entscheiden, die ihre ursprüngliche Meinung entkräfteten.

In einer anderen Studie Youngs wurde ein ähnlicher Effekt auf politische Einstellungen gefunden.[16] Als sie im Vorfeld der US-Präsidentschaftswahl 2008 zornige Teilnehmer bat, Lesematerial auszuwählen, das entweder Obama oder McCain unterstützte, zeigten diese keinerlei Bestätigungstendenz: Sie waren genauso geneigt, einen Artikel zu lesen, der ihren bevorzugten Kandidaten unterstützte, wie einen Bericht, der sich für den Gegenkandidaten aussprach.

Das Interessante an dieser Vorliebe für entkräftende Informationen ist, dass diese die zornige Person zum Nachdenken anregen kann und sie damit empfänglicher für Überzeugungen anderer und Einstellungsänderungen macht. Als Young ihre Teilnehmer nach dem Lesen der fünf Abschnitte bat, erneut ihre Meinung zu Freisprecheinrichtungen kundzutun, fand sie heraus, dass zornige Personen ihre Einstellungen tatsächlich eher als die Mitglieder der Kontrollgruppe in Richtung der Aussagen veränderten, die ihre ursprüngliche Meinung entkräfteten.

Ein möglicher Grund für eine solche Einstellungsänderung mag sein, dass zornige Menschen Informationen analytischer und mit größerem Aufwand bewerten. Sie *suchen* nicht nur nach Informationen, die eventuell ihre eigene Meinung widerlegen, sondern *verarbeiten* diese Informationen auch präziser. Ergänzend zu dieser Interpretation zeigt die Arbeit von Wesley Moons und Diane Mackie, beide von der University of California in Santa Barbara, dass wütende Menschen feinfühliger für die Qualität eines Arguments sind und sich nur in Fällen überzeugen lassen, in denen die gegenteilige Information einem hohen Standard genügt.[17]

Und hier ein Hinweis für diejenigen, die andere bekehren oder überzeugen wollen: Verärgern Sie Ihr Publikum – das regt es zum Nachdenken an.

Gerechter Zorn

Einer der interessantesten Aspekte der Arbeit als Sozialpsychologe ist, dass ich mir im Namen der Wissenschaft erlauben kann, ahnungslosen Teilnehmern Geschichten wie diese aufzutischen:

> Ein Mann geht einmal die Woche in den Supermarkt und kauft ein totes Huhn. Bevor er es kocht, hat der Mann Sex mit dem Huhn. Dann kocht und isst er es.

> Bruder und Schwester küssen sich gerne auf den Mund. Wenn niemand in der Nähe ist, suchen sie sich ein geheimes Versteck und küssen einander leidenschaftlich.

Diese Szenarien werden zur Untersuchung moralischer Urteile verwendet. Sie sind Beispiele für normative Verstöße, d.h. Verhaltensweisen, die bestimmte Normen oder Regeln übertreten. Einige Leute halten Nekrophilie mit Tieren und Inzest für moralisch verwerflich. Ich gehöre nicht dazu und wenn Sie ein Liberaler aus einem sogenannten WEIRD-Land sind (ein Akronym für Western, Educated, Industrialized, Rich und Democratic)*, dann stehen die Chancen gut, dass Sie diese Auffassung ebenfalls nicht teilen.[18] Sie stehen vielleicht selber nicht auf Sex mit Hühnern oder auf Knutschen mit Ihrer Schwester und eventuell finden Sie diese Dinge sogar ein wenig abstoßend, aber Sie würden niemanden verurteilen, der sie ausprobiert.

Übertretungen wie diese gehören zu dem, was Jonathan Haidt, Psychologe an der University of Virginia, die »moralische Domäne der Reinheit« nennt.[19] Sie können unsere Vorstellung

---

* Anmerkung der Übersetzerin: westlich, gebildet, industriell, wohlhabend und demokratisch.

von dem verletzen, was heilig und rein ist, und ein Gefühl von spiritueller Schändung erzeugen. Reinheit ist jedoch nur eine von fünf Domänen des moralischen Universums. Haidt zufolge basieren die anderen vier auf Schaden, Fairness, Gruppenloyalität und sozialer Hierarchie.

Unterschiedliche Kulturen werten jeden dieser Bereiche anders. In WEIRD-Ländern, wie den Vereinigten Staaten, Australien und Deutschland, gelten nur die Schadens- und die Fairnessdomäne als moralisch relevant (Ausnahmen in diesen Ländern bilden politisch Konservative, die dazu neigen, alle fünf zu moralisieren).[20] In Nicht-WEIRD-Kulturen sind alle fünf Bereiche moralisch geladen.[21]

Aus diesem Grund würden wohl die meisten Leser dieses Buches moralischen Anstoß an den folgenden Verstößen (Beispiele für die Schadensdomäne) nehmen:

> Eine Person mischt Cyanid in einen Joghurtbehälter im Supermarkt.
> Jemand stiehlt die Geldbörse einer blinden Frau.

Aber die meisten Menschen finden ein solches Verhalten nicht nur moralisch verwerflich, sondern es macht sie auch wütend. Und diese Wut ist verantwortlich für die moralische Verurteilung. Laut Haidt werden unsere moralischen Urteile weitgehend von unseren Gefühlen und Intuitionen getrieben. Und wenn es um die Verletzung von Rechten und Gerechtigkeit geht, besonders in Fällen, in denen ein Schaden entsteht, ist es die Wut, die uns antreibt.[22]

Wut hat sich zu einem emotionalen Maß für Ungerechtigkeit entwickelt. Wenn wir sehen, wie die Rechte anderer mit Füßen getreten werden oder jemand zu Schaden kommt, werden wir wütend. Zorn und Schaden sind so eng miteinander verflochten, dass das Erleben von Zorn selbst dazu führen kann, dass wir

Gerechter Zorn

Schaden sehen, wo gar keiner ist. Roberto Gutierrez und Roger Giner-Sorolla von der University of Kent präsentierten Teilnehmern folgendes Szenario[23]:

> Ein Mann ist Mitglied in einem Nekrophilie-Club, der einen Weg gefunden hat, das Verlangen nach Sex mit Leichen zu befriedigen. Jedes Mitglied spendet dem Club nach dem Tod seinen Körper, damit die anderen Mitglieder Sex mit der Leiche haben können. Der Mann schläft mit einer toten Frau, die dem Club ihren Körper hinterlassen hat. Sie hatte keine überlebenden Familienmitglieder. Der Mann und alle anderen Mitglieder des Clubs verwenden ausreichenden Schutz, sodass kein Krankheitsrisiko besteht. Nachdem sie fertig sind, äschern sie, den letzten Anweisungen der Frau folgend, ihren Körper ein.

Diejenigen, die angesichts dieser Tat Wut verspürten, neigten eher zu der Meinung, jemand sei zu Schaden gekommen. Wer genau ist mir ein Rätsel. Die Verbindung zwischen Zorn und Schaden ist so tief verwurzelt, dass sie unsere Wahrnehmung verzerrt und uns in relativ harmlosen Situationen Schaden unterstellen lässt.

Was also ist der Nutzen all dieser moralischen Empörung? Klar werden wir wütend, wenn die Rechte einer Person verletzt werden oder wenn jemand ein bisschen Cyanid in einen Joghurt mischt, aber was ist die Aufgabe dieser Emotion? Als Reaktion auf eine Zielblockade löst Zorn Beharrlichkeit aus. Was aber verursacht sie im moralischen Bereich? Nun, sie löst eine andere Art von Annäherungshandlung aus.

Stellen Sie sich Folgendes vor:

> Sie kommen in ein Labor und Ihnen wird mitgeteilt, dass Sie ein Spiel spielen werden, ein sogenanntes »Proposer-Respon-

der«*-Verhandlungsspiel. In diesem Spiel müssen zwei Personen, der Proposer (Ihr Partner) und der Responder (Sie), sich einigen, wie sie 10 Euro aufteilen möchten. Der Proposer beginnt mit einem Angebot an Sie, welches Sie entweder annehmen oder ablehnen können. Wenn Sie annehmen, behalten Sie den angebotenen Betrag und der Proposer erhält den Rest. Wenn Sie ablehnen, gehen sie beide leer aus.

Dieses Spiel wird als »Ultimatumspiel« bezeichnet und wird verwendet, um Fairness und Eigeninteresse im Labor zu untersuchen. Stellen Sie sich vor, Ihr Partner bietet Ihnen 4 Euro. Würden Sie diesen Betrag akzeptieren? Wie steht es mit einem Angebot über 2 Euro? Würden Sie vollkommen rational handeln (und mit rational meine ich hier eine Einstellung, die Sie ausschließlich an der Maximierung Ihres eigenen Gewinns interessiert sein lässt), sollten Sie jede Offerte des Proposers akzeptieren, das null Euro übersteigt. Vom rein rationalen Standpunkt aus ist auch ein Angebot von 2 Euro akzeptabel (der Proposer behält die restlichen 8 Euro), weil 2 Euro besser sind als nichts. (Genau genommen gilt dasselbe für 1 Cent.)

Aber die meisten Menschen verhalten sich nicht so. Als Joydeep Srivastava, Professor für Marketing an der University of Maryland, und seine Kollegen eine Gruppe von Teilnehmern baten, als Responder in einem Ultimatumspiel zu fungieren, fanden sie das gleiche Ergebnis wie viele andere Studien: Menschen verhalten sich ganz und gar nicht rational.[24] Srivastava teilte seine Teilnehmer in zwei Gruppen auf. Beide Gruppen glaubten, sie spielten mit einem echten Partner, einem echten Proposer. Tatsächlich aber waren die Vorschläge von den Versuchsleitern manipuliert. Den Teilnehmern einer Gruppe wurden

---

* Anmerkung der Übersetzerin: Proposer heißt so viel wie »Vorschlagender«, Responder bedeutet »Antwortender«.

jeweils 2 Dollar angeboten, denen der anderen Gruppe 4 Dollar. Von denjenigen, denen faire 4 Dollar angeboten wurden, akzeptierten circa 80 %. Von den Teilnehmern, denen die weniger fairen 2 Dollar angeboten wurden, akzeptierten nur etwa 44 %. Mehr als die Hälfte dieser Teilnehmer lehnte ab und bestrafte damit den Proposer für sein unfaires Verhalten.

Das Interessante an Srivastavas Studie ist, dass sie die Rolle des Zorns berücksichtigte. Wie man erwarten würde, betrachteten die Personen in der 2-Dollar-Gruppe das Angebot als wesentlich weniger fair als die Personen in der 4-Dollar-Gruppe. Außerdem waren die 2-Dollar-Teilnehmer wesentlich wütender über das Angebot. Als die Forscher die statistischen Tests zur Rolle der Wut bei den Entscheidungen, die Angebote anzunehmen oder abzulehnen, durchführten, fanden sie heraus, dass es die Wut war, die manche Teilnehmer dazu antrieb, die unfairen Angebote abzulehnen. Ungerechtigkeit löst Gefühle der Empörung und Entrüstung aus und sorgt dafür, dass der Verursacher bestraft wird, auch wenn dies für den Bestrafenden ebenfalls seinen Preis hat (in diesem Fall 2 Dollar).

Im moralischen Bereich, ähnlich wie im Leistungsbereich, ist Zorn sowohl eine Messgröße als auch ein Auslöser. Er ist ein auf Erfahrung beruhendes Signal, dass jemandes Rechte verletzt werden oder dass der Gerechtigkeit nicht Genüge getan wird. Außerdem veranlasst er Handlungen, die die wahrgenommene Ungerechtigkeit wiedergutmachen sollen. Je mehr Wut wir verspüren, desto strenger soll die Strafe sein. Die Aufgabe moralischen Zorns ist es, bestimmte Verhaltensnormen aufrechtzuerhalten, nämlich jene, die die Rechte anderer schützen.

Der Ausdruck von Zorn

Bisher haben wir uns dem Zorn von innen gewidmet. Wir haben untersucht, welche Auswirkungen das *Gefühl* der Wut auf unser Verhalten hat. Aber wir können die Wut auch von außen betrachten. Was passiert, wenn wir Wut zum *Ausdruck* bringen?

Anfang 1999, gerade als der US-Senat Bill Clintons Schuld im Monica-Lewinsky-Skandal diskutierte, brachte Larissa Tiedens von der Stanford University zwei Gruppen von Studenten in ihr Labor, um eine Studie durchzuführen, die dem Pressebüro der Demokratischen Partei von großem Nutzen hätte sein können.[25] Eine Gruppe sah einen 47 Sekunden langen Ausschnitt aus Clintons Aussage vor dem Geschworenengericht, die einen wütenden, wild gestikulierenden Clinton zeigte, der geradewegs in die Kamera starrte und das Verhalten der Anwälte der Gegenseite anprangerte. Die andere Gruppe sah einen 45 Sekunden dauernden Ausschnitt, der einen niedergeschlageneren, kleinlauteren Clinton mit hängendem Kopf und abgewandtem Blick zeigte, während er die Unangemessenheit seiner Beziehung mit Monica Lewinsky erörterte.

Nachdem sie diese Videos gesehen hatten, bewerteten die Teilnehmer ihre Zustimmung zu verschiedenen Aussagen in Bezug auf den Clinton-Skandal, wie z. B. »Clinton sollte aus dem Amt entfernt werden«, »Der Senat sollte Clinton für schuldig erklären«, »Clinton sollte empfindlichst für sein Verhalten bestraft werden«. Diejenigen, die den zornigen Clinton gesehen hatten, sprachen sich eher dafür aus, dass Clinton im Amt bleiben und nachsichtig behandelt werden sollte.

Warum ist das so? In einer anderen Studie fand Tiedens heraus, dass der Ausdruck von Wut die Wahrnehmung von Kompetenz steigerte.[26] Wir sehen zornige Menschen als dominant, stark und hartnäckig. Das alles sind Eigenschaften, die einem Präsidenten gut zu Gesicht stehen, könnte man argumentieren.

Clinton so wütend und damit dominant zu sehen, animierte die Teilnehmer dazu, ihn weiterhin in dem Amt zu belassen, zu dem diese Eigenschaften so gut passten.

Das ist alles schön und gut für Clinton, aber was ist mit dem Rest von uns; mit denjenigen, die weder ehemalige noch amtierende Präsidenten der Vereinigten Staaten sind? Eine Möglichkeit ist, dass der Ausdruck von Wut nur denen einen Vorteil verschafft, die ohnehin bereits eine Machtposition besetzen. In einer weiteren Studie zeigte Tiedens ihren Teilnehmern erneut jeweils einen von zwei Videoclips, aber dieses Mal war darin eine ganz normale Person bei einem Einstellungsgespräch zu sehen.[27] Die Person in diesen Videos, ein Mann, sprach über verschiedene Dinge, einschließlich einer schwierigen Zeit an seinem früheren Arbeitsplatz, als er und ein Kollege einen wichtigen Kunden verloren hatten. Die zwei Videos waren identisch, abgesehen von der Emotion, die der Mann in Bezug auf den Verlust des Kunden zum Ausdruck brachte: In einem Video reagierte er mit Wut, im anderen mit Trauer.

Nachdem sie das Gespräch gesehen hatten, beantworteten die Teilnehmer verschiedene Fragen, einschließlich der, wie viel Gehalt dem Bewerber gezahlt werden sollte. Die Ergebnisse zeigen, dass der Ausdruck von Zorn sich – ganz wörtlich – auszahlt: Die Personen, die den wütenden Bewerber gesehen hatten, schlugen ein Gehalt von 53 700 Dollar vor; die anderen ein Gehalt von 41 330 Dollar. Das macht einen Wutbonus von etwas über 12 000 Dollar.

Was für Clinton gilt, gilt also auch für uns, richtig? Nicht ganz. Sieben Jahre nach Clintons Aussage vor dem Geschworenengericht war Hillary diejenige, die Schlagzeilen machte, und Sozialpsychologen hatten eine weitere Idee für eine von den Clintons inspirierte Studie. Nachdem Frau Clinton das Verhalten der Republikanischen Partei im Kongress kritisierte, konterte Ken Mehlman, Vorsitzender des Republikanischen Nationalkomitees, sofort mit Kritik an ihrem zornigen Auftreten.[28] In einem Kommentar zu diesem Vorfall schrieb Maureen Dowd, die Kolumnistin der *New York Times*, Folgendes:

> Sie schreiben Hillary Clinton die Rolle der wütenden Frau zu, ein weibliches Monster, das Vorstellungen von Medea, den Furien, Harpyien in sich vereint ... Dieser Schachzug legt Hillary Handschellen an: Wenn sie sich nicht deutlich gegen Präsident Bush ausspricht, ist sie ängstlich und mädchenhaft. Tut sie es, ist sie eine Hexe und ein zänkisches Weib.[29]

Das heißt, wenn Bill wütend ist, zeigt er damit Präsidentenqualitäten und ist unanfechtbar, aber wenn Hillary sich ärgert, ist sie eine Hexe?

Um die Idee zu testen, dass der Ausdruck von Wut für Frauen nach hinten losgehen kann, replizierten Victoria Brescoll von der Yale University und Eric Uhlmann von der Northwestern University Tiedens' Studie mit weiblichen und männlichen Bewerbern.[30] Wieder erhielten die zornigen Männer einen Gehaltsbonus: 37 807 Dollar verglichen mit 30 033 Dollar für die niedergeschlagenen Bewerber. Frauen jedoch wurden für ihre Wut mit einem Abzug von circa 5500 Dollar bestraft. Die vorgeschlagenen Gehälter beliefen sich hier auf 23 464 Dollar für die wütenden und 28 970 Dollar für die traurigen Frauen.

Warum zahlen Frauen eine Strafe für ihren Zorn? Dies liegt an der Art, wie die Emotion interpretiert wird. Von Männern wird Wut erwartet, gilt als normale Reaktion und wird als von externen Reizen ausgelöst verstanden: Der Drucker ist kaputt oder meine Frau hat mich betrogen, also bin ich sauer. Wut gilt als angemessene Reaktion auf Umgebungsfaktoren.

An Frauen jedoch, die als das fürsorgliche, sanftere und gütigere Geschlecht gelten, erscheint Wut als etwas Ungewöhnliches und wird bei ihnen daher eher auf interne, dispositionelle Ursachen zurückgeführt. Zornige Frauen werden als genau diese gesehen: als von Natur aus zornige Frauen. Es gibt aber auch gute Nachrichten für wütende Frauen: Wird ihr Zorn nicht auf ihre Person, sondern auf umweltbedingte Auslöser zurückgeführt, verschwindet der Nachteil der weiblichen Wut.

Zornige Verhandlungen

Ich hasse es, mit Telefongesellschaften zu kommunizieren, und tue dies auch nicht oft, aber wenn doch, ist es immer eine frustrierende Erfahrung. Das Ganze beginnt damit, dass Sie eine Nummer wählen und mit Lara oder Sarah oder irgendeiner anderen automatisierten und immer weiblichen Sprachaufnahme verbunden werden, die Sie mit einer Reihe möglicher Gründe für Ihren Anruf erfreut. »Rechnungsanfrage?«, »Adressänderung?« – Sie antworten mit einem Ja oder Nein und die Spracherkennungssoftware, die diese wahnsinnig komplizierten Antworten entschlüsseln soll, versagt. »Nein.« »Sagten Sie ja? Zur Bestätigung drücken Sie bitte die 1.« Sie werden immer frustrierter, versuchen aber, gelassen zu bleiben. Einige Runden dieses absurden Hin und Hers lassen Sie über sich ergehen, bis Sie schließlich entweder aufgeben oder Lara beschließt, Sie mit einer realen Person zu verbinden.

Ich habe mich immer gefragt, warum Telefongesellschaften darauf bestehen, ihre Kunden auf diese Weise zu verärgern. Aber aus Kundensicht kann diese lebensnahe Induktion von Wut sogar von Vorteil sein, besonders wenn wir versuchen, zu verhandeln.

In einer Studie von Gerben van Kleef, Carsten De Dreu und Antony Manstead von der Universität Amsterdam nahmen die Teilnehmer die Rolle eines Mobiltelefonverkäufers ein und wurden gebeten, mit einem Käufer über Preis, Garantiezeit und Vertragslaufzeit einer Lieferung von Handys zu verhandeln.[31] Ihnen wurde mitgeteilt, die Verhandlungen würden computergestützt erfolgen und sie würden ihre Angebote in Dialogfelder eingeben. Die Angebote und Kommentare ihres Verhandlungspartners, dem Käufer, würden sie in ähnlichen Boxen auf dem Bildschirm sehen können. Ihr Ziel war es, das bestmögliche Geschäft abzuschließen. Tatsächlich aber verhandelten die Teilnehmer nicht mit einem echten Käufer, sondern mit einem Computer, der so programmiert war, dass er im Verlauf von sechs Verhandlungsrunden eine voreingestellte Reihe von Angeboten machte. Die Details dieses Verhandlungsmusters sind ein wenig kompliziert und für unsere Zwecke nicht wirklich relevant. Wichtig ist, dass die Teilnehmer (d. h. die Verkäufer) zu der Annahme verleitet wurden, der »Käufer« (d. h. der Computer) fühle sich in Bezug auf den Fortschritt der Verhandlungen glücklich, wütend oder neutral.

Im Laufe der Verhandlungen, bei denen Angebote und Gegenangebote in den Dialogfeldern erschienen, gab es gelegentliche Kommentare vom Käufer. In einer Versuchsbedingung schien der Käufer eher ruhig und machte angenehme und emotional neutrale Kommentare wie: »Ich denke, ich werde 115 Euro für die Handys bieten, mit sechs Monaten Garantie und einem 7-Monats-Vertrag.« In einer anderen Versuchsbedingung vermittelte der Käufer den Eindruck, er freue sich über die Verhandlungen: »Bisher läuft es ja sehr gut; ich denke, ich werde 115 Euro ...« In der dritten Versuchsbedingung gab der Käufer zu verstehen, er sei überhaupt nicht zufrieden: »Ich werde 115 Euro für die Handys bieten, mit sechs Monaten Garantie und einem 7-Monats-Vertrag, aber diese Verhandlung kotzt mich an.«

Die Forscher waren daran interessiert, wie die emotionalen Reaktionen der Käufer die durch den Verkäufer gestellten Forderungen beeinflussen würden. Würde Wut das Feuer anfachen, die Wut des Verkäufers schüren und das Konkurrenzdenken während

Zornige Verhandlungen

der Verhandlungen steigern? Oder würden zornige Käufer die Verkäufer abschrecken? Letzteres war der Fall: Verkäufer, die mit einem zornigen Käufer konfrontiert waren, stellten weniger Forderungen und waren eher zu Zugeständnissen bereit, als diejenigen mit zufriedenen oder neutralen Verhandlungspartnern.

Der Grund dafür ist, dass der Ausdruck von Zorn dem Gegenüber Kompetenz, Ehrgeiz und Beharrlichkeit signalisiert; alles Faktoren, die darauf hindeuten, dass ein Verhandlungspartner weiß, was er tut, und sich als harter Gegner herausstellen könnte.[32]

Aber es gibt ein paar wichtige Warnungen im Hinblick auf Wut als Verhandlungstaktik:

1. Wenden Sie diese Methode nicht bei jemandem in einer Machtposition an. Die Resultate sind nicht annähernd so gut, wenn Sie die Wut bei einem Verhandlungspartner anwenden, der Ihnen statusmäßig überlegen ist.[33]
2. In Asien sollten Sie auf diese Methode ebenfalls verzichten. Unterschiedliche Kulturen folgen unterschiedlichen Regeln – sogenannten emotionalen Darstellungsregeln –, die bestimmen, wann und wie Gefühle angemessen zum Ausdruck gebracht werden können. Während es in Deutschland und anderen westlichen Kulturen in Ordnung ist, Zorn zu äußern, ist dies in vielen östlichen Kulturen nicht üblich. In Ländern wie Japan, wo man hohen Wert auf soziale Harmonie und Interdependenz legt, ist es nicht angebracht, Wut zu zeigen. Wenn asiatische Verhandlungspartner sich mit einem wütenden Käufer oder Verkäufer konfrontiert sehen, ist es möglich, dass sie nicht nachgeben, sondern zurückschlagen.[34]

Wütende Paare

Zorn mag uns in einem Verhandlungskontext nützlich sein, in dem wir versuchen, unseren eigenen Gewinn auf Kosten anderer zu maximieren, aber welche Auswirkungen hat er auf eine ganz andere Art von Verhandlungssituation – die romantische Beziehung? Diese Frage ist wichtig, da ein Großteil unserer Wut sich auf Personen richtet, die wir mögen oder lieben.[35] Etwa die Hälfte aller Wutausbrüche ereignet sich zu Hause.[36]

Nach herkömmlicher Auffassung wirkt Wut zerstörerisch auf Beziehungen, aber die Statistik spricht eine andere Sprache. In einer Studie von Howard Kassinove von der Hofstra University und seinen Kollegen berichteten mehr als die Hälfte (55 %) der 750 Teilnehmer von positiven Ergebnissen, als man sie zu vor Kurzem stattgefundenen Wutsituationen in engen Beziehungen befragte.[37]

Am wichtigsten für den Erfolg von Wut in Beziehungen scheint zu sein, wie sie erlebt und zum Ausdruck gebracht wird. In einer anderen Studie von Kassinove und seinen Kollegen Raymond Tafrate und Louis Dundin von der Central Connecticut State University berichteten Personen, die während einer Wutsituation dysfunktionale Denkmuster (z. B. Dinge wie übertriebene Forderungen und Schuldzuweisungen) an den Tag legten, von weniger erfreulichen Resultaten.[38] Diese Denkmuster gehen mit einer Reihe von weiteren dysfunktionalen Verhaltensweisen wie Schreien und Kreischen einher, die der Situation überhaupt nicht zuträglich sind. Diejenigen aber, deren Wut nicht von derartigen Gedanken und Verhaltensweisen begleitet wurde, berichteten doppelt so häufig von langfristig positiven Ergebnissen.

Es kommt einfach darauf an, wie der Zorn zum Ausdruck gebracht wird. Wenn der Fokus auf einer ruhigen Diskussion der Gründe für die Wut liegt, ist das Ergebnis oft sehr gut. Solch eine konstruktive Reaktion beinhaltet das Erkennen der eigenen

Fehler. Erinnern Sie sich daran, dass obwohl wütende Menschen oft als irrational und selbstgerecht gelten, sie meist sehr aufgeschlossen sind und eher als nicht-wütende Personen dazu neigen, nach Beweisen zu suchen, die ihre derzeitigen Überzeugungen widerlegen. Wahrscheinlich leistet dieser Mechanismus einen Beitrag zum Erfolg von engen Beziehungen.

In ihrer Abhandlung aus dem Jahr 1993 beschreibt sich die Schriftstellerin Mary Gordon im Griff der Wut:

> Ich rastete völlig aus. Ich verlor mich selbst. Ich sprang auf die Motorhaube des Autos. Ich schlug auf die Windschutzscheibe. Ich sagte meiner Mutter und meinen Kinder, dass ich sie niemals irgendwohin fahren würde, und dass keiner von ihnen bis zur Stunde ihres Todes – die, wie ich sagte, hoffentlich bald kommen würde – jemals auch nur einen einzigen Freund unter meinem Dach haben würde.[39]

Wir haben in diesem Kapitel gesehen, dass diese gewaltsame Bearbeitung der Windschutzscheibe keine zwangsläufige Folge des Zorns ist. Ganz und gar nicht. Vielmehr ist die Denkweise, die mit diesem Gefühl einhergeht, eine zweckmäßige Reaktion auf Herausforderungen in unserer Umgebung. Sei es eine Zielblockade oder Ungerechtigkeit, Wut fördert adaptive Verhaltensstrategien: Beharrlichkeit, Optimismus, Kontrolle, Bestrafung.

KAPITEL 6

Neid

Wie Sie glücklicher, klüger und kreativer werden, wenn Sie anderer Menschen Hab und Gut begehren

In Ovids *Metamorphosen* lebt die Göttin des Neides in einer Hütte, isst Schlangen, hat schwarze Zähne und sondert Gallenflüssigkeit aus Körperöffnungen ab, die hier besser unerwähnt bleiben sollten. Es ist also kein Wunder, dass Neid einen schlechten Ruf hat, aber wenn diese Sünde im täglichen Gebrauch Erwähnung findet, entspricht die Vorstellung der Leute selten der korrupten, galletropfenden Art von Neid, die Ovid beschrieb.

Eine der einflussreichsten psychologischen Definitionen dieser Sünde stammt aus der Arbeit von W. Gerrod Parrott von der Georgetown University und Richard Smith von der University of Kentucky: »Neid tritt auf, wenn einer Person die überragende Eigenschaft, Leistung oder Habe einer anderen Person fehlt und erstere diese entweder begehrt oder sich wünscht, sie würde der anderen Person ebenfalls abgehen.«[1] Und während andere Psychologen ein wenig kreativer waren und den Neid auf das kindliche Verlangen nach Penissen und Brüsten zurückführten, ist es die eher banale, nicht-körperteilbezogene Beschreibung von Parrott und Smith, die sich in der modernen Mainstream-Psychologie durchgesetzt hat.

An dieser Definition können wir deutlich erkennen, dass Neid zwei Bedeutungen hat. Im ersten Fall mangelt es dem Neider an etwas, was ein anderer hat und das er haben will. Ein Mann in einem Ferrari 599 GTB hält neben Ihnen an einer Ampel und Sie denken: »Oh, schönes Auto. So eines will ich auch.« Daran ist nichts besonders Tückisches. Im zweiten Fall fehlt dem Neider erneut etwas, was ein anderer sein Eigen nennt, aber diesmal wünscht er sich, der andere hätte es ebenfalls nicht: »Oh, schönes Auto. Wäre es nicht toll, wenn ihm ein Sattelschlepper direkt hintendrauf fahren würde?« Die erste Art ist das, was die Psychologen gutartigen Neid nennen; die zweite, weniger angenehme Art, ein naher Verwandter der Missgunst, nennen wir bösartigen Neid. Es wird Sie wahrscheinlich nicht überraschen, dass ich mich in diesem Kapitel auf die gutartige Variante konzentriere.

Es gilt noch einen weiteren begrifflichen Punkt zu klären: »Neid« und »Eifersucht« werden oft synonym verwendet, sind aber für Psychologen nicht dasselbe. Neid beinhaltet, dass jemand etwas – eine bestimmte Eigenschaft oder einen Gegenstand – haben will, was eine andere Person besitzt. Hierbei handelt es sich um eine Zwei-Personen-Angelegenheit: den Neider und die beneidete Person (plus das Objekt oder das Attribut der Begierde). Mit anderen Worten: Sie, der Mann im Ferrari und der Ferrari selbst. Zur Eifersucht gehören hingegen immer drei. Ich bin eifersüchtig auf jemanden, wenn dieser droht, mir eine andere Person wegzunehmen. Ich bin eifersüchtig auf den Ferrari-Typ, wenn er sich an meine Freundin heranmacht. Hier sind drei Personen beteiligt: ich, der Ferrari-Fahrer und meine Freundin. Eifersucht ist nicht Thema dieses Kapitels.

Für Sozialpsychologen dreht sich der Neid ganz um das, was wir »soziale Vergleiche« nennen. Im Jahr 1954 veröffentlichte der Sozialpsychologe Leon Festinger eine aufwendige, aber dennoch elegant einfache Theorie zu diesem allgegenwärtigen psychologischen Prozess.² Das Aufwendige an dieser klassischen Studie sind die neun Hypothesen, acht Schlussfolgerungen und acht Ableitungen. Das elegant Einfache ist Folgendes: Wenn Menschen sich bezüglich ihrer eigenen Fähigkeiten oder Einstellungen unsicher sind, vergleichen sie sich mit anderen. Wir alle stellen ständig solche Vergleiche an. Ist sie attraktiver als ich? Größer? Kleiner? Dicker? Schlauer? Wohlhabender? Klüger? Vieles von dem, was wir wissen, denken, glauben und schätzen, wissen, denken, glauben und schätzen wir aufgrund von Vergleichen mit anderen Menschen.

Logischerweise können soziale Vergleiche in drei Richtungen erfolgen: aufwärts, abwärts und seitwärts. Neid ist natürlich immer ein Aufwärtsvergleich; man vergleicht sich mit denen, die bessergestellt sind. In seinem berühmten Essay zur Sünde schrieb Francis Bacon, Krüppel, Eunuchen, alte Männer und Bastarde seien neidisch.³ Das mag zwar stimmen, aber sie sind nicht die Einzigen. Es stellt sich heraus, dass der für den Neid so zentrale Aufwärtsvergleich sehr weit verbreitet ist. Tatsächlich ist er ein so zentraler Teil unseres Lebens, dass wir ihn oft spontan bemühen, ohne das eigentlich zu wollen.⁴ Er mag weit verbreitet sein, aber wozu genau ist dieser neidgetriebene Vergleich mit Bessergestellten gut?

Ein gutes Gefühl

Wir alle kennen folgende Volksweisheit: Es gibt immer jemanden, dem es schlechter geht. Und obwohl diese Aussage im Prinzip auf alle von uns – einen Einzigen ausgenommen – zutrifft, stellt sich die Vermutung, man müsse abwärts vergleichen, um sich besser zu fühlen, nicht immer als wahr heraus. In vielen Fällen ist der Aufwärtsvergleich besser geeignet, um unsere Stimmung zu heben.

Ein gutes Gefühl

Der Beginn eines Studiums ist eine ziemlich stressige Erfahrung. Man ist dem Erstsemesterdruck ausgesetzt, muss sich auf einen komplexen Zeitplan und das Leben im Wohnheim einstellen und so weiter. Stellen Sie sich vor, Sie hätten das erste Jahr etwa zur Hälfte hinter sich gebracht und fänden heraus, dass Sie einen neuen Mitbewohner bekommen. Stellen Sie sich weiter vor, dass, auch wenn es unwahrscheinlich klingen mag, Sie die Wahl hätten zwischen Monika und Gaby. Monika kommt sehr gut mit dem Studentenleben zurecht: Sie hat sich schnell an ihr Leben weit weg von zu Hause gewöhnt, hat viele neue Freunde gewonnen und bekommt sehr gute Noten. Gaby hingegen verkraftet die Umstellung weniger gut: Sie hat Heimweh, ihr fällt es schwer, Freunde zu finden, und in den Kursen läuft es nicht so gut. Welche Mitbewohnerin wäre die bessere Wahl? Die beneidenswerte Monika oder die bedauernswerte Gaby?

Lisa Aspinwall und Shelley Taylor, damals beide an der University of California in Los Angeles, führten eine Studie zu einer ähnlichen Frage durch.[5] Sie luden Studenten in ihr Labor ein und setzten sie ebenfalls einer Monika und einer Gaby aus, einer erfolgreichen und einer erfolglosen Vergleichsperson. Als diese Forscher später die Stimmung der Teilnehmer maßen, fanden sie heraus, dass diejenigen, die mit einem erfolgreichen Monika-Typ konfrontiert wurden, sich besser fühlten als diejenigen, die einen Abwärtsvergleich mit einem weniger erfolgreichen Vergleichsziel anstellten. Bei einer Vertiefung ihrer Analyse fanden Aspinwall und Taylor, dass solch eine Stimmungssteigerung einhergeht mit Gefühlen der Hoffnung. Die beneidenswerte, erfolgreiche Studentin zeigt dem Rest von uns, dass man es schaffen kann; dass auch wir gute Noten bekommen und Freunde finden können. Und dieses Gefühl der Hoffnung sorgt dafür, dass wir uns besser fühlen.

Es gibt einen noch einfacheren Mechanismus, wie ein neidischer Aufwärtsvergleich unser Selbstwertgefühl steigert: Wenn wir uns mit anderen vergleichen, die bessergestellt sind als wir, sehen wir uns im Ergebnis als ihnen ähnlicher und damit in einem positiveren Licht.

Der klassische Beweis dafür stammt aus einer Studie von Ladd Wheeler von der Macquarie University in Sydney.[6] In einem Verfahren, das heute als Rangreihen-Paradigma bekannt ist, gab Wheeler seinen Teilnehmern zunächst eine einfache Aufgabe. Als echter Sozialpsychologe gab er ihnen dann eine falsche Bewertung. Er vergab Punkte für die Aufgabe, teilte den Probanden ihren fiktiven Rang mit und machte deutlich, sie hätten durchschnittlich abgeschnitten und fielen irgendwo in die Mitte der Verteilung. Danach gab er den Teilnehmern eine nach Rang geordnete Liste von Personen, die die gleiche Aufgabe gelöst hatten. Als Nächstes erklärte er den Teilnehmern, sie könnten sich die Punktzahl einer beliebigen Person anschauen.

Wheeler interessierte, mit wem sich die Teilnehmer vergleichen würden. Sie hatten die Möglichkeit, jemanden auf einer besseren oder einer schlechteren Position zu wählen. Er fand heraus, dass 87% der Personen sich mit jemandem vergleichen wollten, der besser abgeschnitten hatte. Der Aufwärtsvergleich war die Norm.

Aber der wirklich interessante Teil dieser Studie war der, der als Nächstes kam. Als Wheeler die Teilnehmer fragte, wie ähnlich sie der von ihnen gewählten Person seien, entdeckte er, dass diejenigen, die aufwärts verglichen hatten, die wechselseitige Ähnlichkeit tendenziell als sehr groß einschätzten. Wheeler zufolge versuchten diese neidischen Teilnehmer zu bestätigen, dass sie fast genauso gut waren wie die sehr guten Versuchspersonen. Die Teilnehmer, die keine Aufwärtsvergleiche anstellten, hatten ihre Unterlegenheit akzeptiert und glaubten, den ihnen Unterlegenen ähnlich zu sein.

Eine Studie von Penelope Lockwood und Ziva Kunda, beide damals an der University of Waterloo in Kanada, macht dies noch deutlicher.[7] Weibliche Lehramtsstudenten der University of Waterloo wurden für eine Studie zu »den Auswirkungen journalistischer Stile auf soziale Wahrnehmung« rekrutiert. Einige von ihnen lasen einen gefälschten Zeitungsartikel, der eine Lehrerin beschrieb, die kürzlich eine Auszeichnung für herausragende Leistungen bekommen hatte. Diese fiktive Lehrerin arbeitete an einer innerstädtischen Highschool, hatte sich schwierigen Herausforderungen mit viel Enthusiasmus gestellt und motivierte geschickt ihre Schüler. Sie wurde als »eine der talentiertesten, kreativsten und innovativsten Lehrerinnen« beschrieben, mit denen der Schulleiter jemals gearbeitet hatte – ohne Frage eine Zielscheibe für Neider.

Nach der Lektüre dieses Artikels beantworteten die zukünftigen Lehrer einige Fragen über sich selbst, angeblich um sicherzustellen, dass ihre Persönlichkeitsmerkmale nicht ihre Wahrnehmung des Artikels verzerren würden. Sie bewerteten sich unter anderem im Hinblick auf Intelligenz, Können und Kompetenz. Die Forscher interessierte nicht wirklich, wie diese Einschätzungen die Wahrnehmung des Artikels beeinflussen könnten, sondern welchen Einfluss das Lesen des Artikels auf die Bewertungen haben würde. Verbesserte der Vergleich mit einer erfolgreichen anderen Person in irgendeiner Weise das Selbstbild der zukünftigen Lehrer und sorgte dafür, dass diese sich als talentierter und kreativer sahen und damit als der Lehrerin im Artikel ähnlich? Auf jeden Fall. Studenten, die sich mit dieser inspirierenden Lehrerin verglichen, bewerteten sich selbst als schlauer, fachkundiger und weniger inkompetent als Studenten, die keinen solchen Vergleich anstellten. Dieser Aufwärtsvergleich veränderte im wahrsten Sinne des Wortes die Einschätzungen der eigenen Persönlichkeitsmerkmale dieser Studenten.

Der Neid stärkt unsere Hoffnung und schafft ein positives Selbstbild. Und es gibt noch eine weitere Art und Weise, auf die er dafür sorgt, dass wir uns besser fühlen.

Betrachten Sie die folgenden Wahlmöglichkeiten. Sie können entweder: (1) am kommenden Wochenende in einem feinen Restaurant zu Abend essen und dann an den beiden darauf folgenden Wochenenden zu Hause oder (2) dieses Wochenende zu Hause essen, am Wochenende darauf ein feines Restaurant besuchen und am dritten Wochenende wieder zu Hause essen.

Welche Option würden Sie wählen? Wenn Sie wie 84 % der Bevölkerung entscheiden, würden Sie wahrscheinlich Möglichkeit 2 wählen; die *zu Hause-Restaurant-zu Hause*-Option. Warum?[8]

Wenn Ökonomen über den Wert von Dingen – Güter oder Erfahrungen – sprechen, beziehen sie sich auf den »Nutzen«. Das ist einfach eine andere Art, das Maß an Zufriedenheit oder Glück zu beschreiben, das man aus etwas zieht. Wenn Sie an die zwei oben genannten Möglichkeiten denken, scheinen diese auf den ersten Blick den gleichen Nutzen zu bieten, da beide Optionen ein Abendessen in einem feinen Restaurant und zwei Abendessen zu Hause beinhalten.

Warum wählen dann so viele Menschen die zweite Möglichkeit? Das liegt daran, dass Möglichkeit 2 einen Nutzen bietet, der der ersten Möglichkeit fehlt. Beide haben den gleichen *Verbrauchsnutzen* – beide beinhalten die gleichen Erfahrungen, die beim Verzehr für das gleiche Maß an Befriedigung sorgen sollten. Schiebt man aber das teure Abendessen eine Woche hinaus (wie das in Option 2 der Fall ist), dann kommt Vorfreude auf diese Erfahrung hinzu. Möglichkeit 2 bietet also zusätzlich einen *Erwartungsnutzen*, Möglichkeit 1 nicht. Somit hat Option 2 einen größeren Gesamtnutzen.

Eine ähnliche Vorliebe für den Aufschub geschätzter Erfahrungen finden wir in einer Studie des Verhaltensökonomen George Loewenstein von der Carnegie Mellon University.[9] Als Loewenstein Studenten fragte, wie viel sie für einen Kuss von ihrem Lieblingsschauspieler zahlen würden, fand er heraus, dass die Studenten für einen Kuss in drei Tagen mehr zahlen würden als für einen sofortigen Kuss. Obwohl der Verbrauchsnutzen für den sofortigen und den verzögerten Kuss gleich wäre, sorgt der Erwartungsnutzen des verzögerten Kusses selbst für Vergnügen und erhöht somit den Betrag, den man zu zahlen bereit ist.

Neid ist von Natur aus von Erwartungsnutzen durchdrungen. Eines der zentralen Merkmale dieser Emotion ist ein Gefühl des Verlangens, ein Gefühl von »wenn ich doch nur hätte, was sie hat«.[10] Der Neider simuliert, wie das Leben aussehen würde, wenn er das begehrte Objekt oder Attribut hätte und diese Simulation selbst bringt ihm Freude.

Selig sind die Neider, denn sie werden intelligenter und kreativer sein

Ich möchte, dass Sie sich eine Minute Zeit nehmen und sich so viele Einsatzmöglichkeiten für einen Ziegel ausdenken wie möglich. Nicht die alltäglichen, langweiligen Verwendungszwecke (Hausbau, Fenster einschmeißen), sondern schräge, ungewöhnliche, kreative Einsatzmöglichkeiten.

Psychologen stellen Fragen wie diese – über Ziegel und andere Dinge –, um die Kreativität ihrer Probanden zu messen. Wir nennen solche Aufgaben »alternative uses task«*. Je origineller und raffinierter die angegebenen Verwendungsmöglichkeiten, desto kreativer die Person. (Die beste Verwendung für einen Ziegelstein, die mir jemals untergekommen ist, war als »Sargattrappe bei einer Barbiebeerdigung«, obwohl den Ziegel »meiner Schwester an den Kopf werfen« gleich an zweiter Stelle folgt.)

---

* Anmerkung der Übersetzerin: Test der Kreativität basierend auf der Nennung alternativer Verwendungsmöglichkeiten.

Was hat das alles mit Neid zu tun? Nun, Neid kann Sie tatsächlich kreativer machen. In einer Studie von Camille Johnson von der Stanford University und Diederik Stapel von der Universiteit van Tilburg kamen Studenten ins Labor, um an einem Test zur »integrativen Orientierungsintelligenz« teilzunehmen.[11] Zumindest hat man das den ahnungslosen Testpersonen erzählt. In Wirklichkeit interessierten sich die Forscher für die Auswirkungen sozialer Vergleichsprozesse auf die Kreativität. Als die Teilnehmer im Labor ankamen, lasen einige zunächst eine Beschreibung eines erfolgreichen Gleichaltrigen, der routinemäßig zu den besten 5 % seines Jahrgangs zählte, beliebt war und eine Menge Freunde hatte. Diese Person diente als Vergleichsziel – für die Meisten ein offensichtlich beneidenswertes Vergleichsziel. Die Teilnehmer einer anderen Bedingung, der Kontrollgruppe, lasen einen langweiligen Artikel über den Universitätscampus. Als Nächstes bearbeiteten die Teilnehmer die Ziegelstein-Aufgabe. Die neidischen, aufwärtsvergleichenden Teilnehmer waren kreativer, ließen sich mehr Verwendungsmöglichkeiten einfallen als die Kontrollgruppe und bewiesen damit wieder einmal, dass Neid nicht bloß ein galletriefendes, schwarzzähniges Monster ist.

Nicht nur, dass man sich selbst bei einem Vergleich mit einer beneideten anderen Person als talentierter *bewertet*, man *wird* auch talentierter. Aber solche Verhaltensauswirkungen beschränken sich nicht allein auf die Kreativität.

Hart Blanton von der University of Albany und einige seiner Kollegen untersuchten die Auswirkungen sozialer Vergleiche in einem wahren Hexenkessel von Neid: dem Klassenzimmer.[12] Diese Forscher beobachteten ein Jahr lang circa 900 Schulkinder und achteten dabei besonders auf deren Noten: Wie gut waren sie in Biologie, Französisch, Mathe? Außerdem interessierten sie sich für die Art und Weise, wie Schüler sich mit anderen verglichen. Man könnte annehmen, Kinder würden jede Gelegenheit für einen Abwärtsvergleich nutzen, um so ihr schulisches Selbstbild

Selig sind die Neider

zu verbessern. Aber das ist nicht das, was Blantons Studie ergab. Der typische Schüler verglich aufwärts. Genau wie bei Erwachsenen ist bei Schulkindern der neidische Vergleich die Norm. Interessant ist auch der Effekt, den solche Aufwärtsvergleiche auf die Noten der Schüler hatten. Im Laufe des Jahres zeigte sich eine deutliche Verbesserung. Derlei Auswirkungen finden sich nicht nur im Klassenzimmer. Ähnliche Leistungsvorteile zeigen sich im Labor, wenn Probanden schwierige Reaktionszeitaufgaben mit überlegenen Partnern bearbeiten oder wenn eine kompetente Versuchsleiterin (statt einer inkompetenten) weiblichen Teilnehmern Matheaufgaben stellt.[13]

Wie funktioniert der soziale Vergleich in diesen Fällen. Es gibt einige mögliche Gründe, warum Neid uns schlauer und kreativer macht.

Erstens kann ein Vergleich Informationen dazu liefern, wie eine Aufgabe zu erfüllen ist. Wenn Sie das Glück haben, eine erfahrene Person beobachten zu können, lernen Sie aus der Beobachtung und steigern so schließlich Ihre eigene Leistung.

Zweitens kann Neid Ihre Erwartungen im Hinblick auf das ändern, was möglich ist. Mit anderen Worten, Neid kann die Wahrnehmung der Erfolgswahrscheinlichkeit beeinflussen. Wirtschaftsstudenten, die einen Artikel über einen erfolgreichen Wirtschaftsabsolventen gelesen hatten, prognostizierten zum Beispiel höhere Gehälter für sich selbst als solche, denen man einen Artikel über einen erfolglosen Studenten vorgelegt hatte.[14] Die Darstellung dieses erfolgreichen Vorbilds ließ die Studenten hoffen, dass sie ähnlichen finanziellen Erfolg erzielen könnten.

Drittens ist es möglich, dass der Neid gegenüber einem Vorbild ganz einfach Ihre allgemeine Motivation steigert, erfolgreich zu sein.

Ich hoffe, Sie beginnen zu erkennen, dass Neid keineswegs mit Galle, Schlangen und schwarzen Zähnen daherkommt. Allerdings ist er auch kein narrensicheres Mittel zur Selbstverbesserung. Unter bestimmten Umständen kann das mit dem Neid fürchterlich schiefgehen. Um die Tücken schlechten Neids zu vermeiden, muss man vorsichtig abwägen, auf wen und was man neidisch ist.

Wer ist schon neidisch auf einen Buchhalter?

Es spielt eine große Rolle, mit wem wir uns vergleichen. Typischerweise beneiden Menschen diejenigen, die *etwas* bessergestellt sind, als sie selbst; aber man kann sich nicht einfach irgendeine erfolgreichere Person für den Vergleich aussuchen und hoffen, dass es einen Vorteil bringt, diese zu beneiden. Das Idol muss einem *ähnlich* sein. Ein Faktor, der die Ähnlichkeit bestimmt, ist die soziale Kategorie, zu der ein Vergleichsziel gehört.

Erinnern Sie sich an die Studie von Penelope Lockwood und Ziva Kunda, in der sich angehende Lehrer als intelligenter und fachkundiger beurteilten, nachdem sie sich mit einem inspirierenden Vorbild verglichen hatten? Diese Forscher brachten eine andere Gruppe von Lehramtsstudenten dazu, sich statt mit einer erfolgreichen Lehrerin mit einer erfolgreichen Buchhalterin zu vergleichen.[15] Die Teilnehmer lasen einen Artikel, der die Leistungen einer ehrgeizigen Buchhalterin beschrieb, die sich zu einer der jüngsten Teilhaberinnen der Firma aller Zeiten hochgearbeitet hatte und von ihrem Chef als außergewöhnliche und innovative Persönlichkeit beschrieben wurde. Als die Teilnehmer gebeten wurden, ihre eigene Kompetenz und Intelligenz zu beurteilen, stellte sich heraus, dass dieser Aufwärtsvergleich keinerlei Auswirkungen hatte. Damit ein Aufwärtsvergleich funktioniert, muss die Vergleichskategorie stimmen.

Aber auch das ist nicht immer ausreichend. Lehrer sollten Lehrer beneiden und Buchhalter sollten Buchhalter beneiden, aber

Neidisch auf einen Buchhalter?

nicht jeder x-beliebige Lehrer oder Buchhalter ist für solch einen Vergleich geeignet. Sobald Sie die richtige soziale Kategorie gefunden haben, müssen Sie das richtige Vorbild wählen. Lehrer müssen sich den richtigen Lehrer zum Beneiden ausgucken.

Was macht das richtige Vorbild aus? Ein wichtiger Faktor ist, dass diese Person Eigenschaften, Erfolge oder Habseligkeiten vorweist, die *erreichbar* sind.

In einer anderen Studie von Lockwood und Kunda wurde angehenden Wirtschaftswissenschaftlern ein gefälschter Zeitungsartikel über eine hervorragende Studentin im vierten Studienjahr namens Jennifer Walker vorgelegt.[16] Diese hatte hervorragende Zeugnisse und brillierte bei außerschulischen Aktivitäten, Sport, gemeinnütziger Arbeit und so weiter. Und genau wie in Lockwoods und Kundas Lehrer-/Buchhalterstudie bewerteten die Teilnehmer sich selbst nach dem Lesen dieser Studie in Bezug auf eine Reihe von Eigenschaften, die Einfluss auf den beruflichen Erfolg haben. Es gab jedoch einen Haken: Einige der Studenten, die der Geschichte dieses mathematischen Superstars ausgesetzt waren, waren im *ersten Studienjahr*, während andere bereits im *vierten Jahr* studierten. Die Erstjahresstudenten hatten noch Zeit, sich Ruhm als Buchhalter zu erarbeiten, zumindest theoretisch. Wenn sie sich auf ihr Studium konzentrieren und hart genug arbeiten würden, könnten sie die nächste Jennifer Walker werden. Für die Studenten im vierten Jahr, die bereits Jennifers Karrierestufe erreicht hatten, waren solche Erfolge jedoch unerreichbar. Diese Studenten hatten keine Zeit mehr, in Jennifer Walkers Fußstapfen zu treten. Als Lockwood und Kunda die Ergebnisse analysierten, fanden sie heraus, dass dieser Unterschied in der Erreichbarkeit von Zielen große Auswirkungen auf die Selbsteinschätzungen hatte: Erstjahresstudenten, für die ähnliche Erfolge immer noch erreichbar waren, wurden durch Jennifers Errungenschaften beflügelt, während dies bei Studenten im vierten Jahr nicht der Fall war.

Die Moral der Geschichte ist einfach: Wenn Sie das nächste Mal in der Stimmung sind, Ihr Selbstwertgefühl zu steigern, beneiden Sie jemanden mit Eigenschaften, die für Sie erreichbar sind.

Genau das Richtige

Neid auf die falsche Person ist ein Problem; ein anderes ist, die falschen Dinge zu begehren. Vielleicht begehren Sie die Frau Ihres Nachbarn oder seinen kürzlichen Lottogewinn und versuchen nun ebenfalls, eine Frau zu finden oder im Lotto zu gewinnen. Doch selbst, wenn Sie das bekommen, was Sie wollen, besteht die Gefahr, dass Sie nicht wirklich zufrieden sind. Aber keine Sorge; damit stehen Sie nicht alleine da. Die meisten von uns sind nämlich notorisch schlecht darin, vorherzusagen, was uns glücklich macht.

Es gibt eine Reihe von Gründen, warum Menschen mit ihren Glückseinschätzungen generell falsch liegen. Ein zentrales Problem ist, dass sie dazu neigen, die Langlebigkeit ihrer positiven Emotionen zu überschätzen. Wenn wir die emotionale Zukunft vorhersagen, konzentrieren wir uns auf wichtige Ereignisse oder Gegenstände und lassen alle anderen Faktoren unberücksichtigt, die unser Glück beeinflussen könnten.

Stellen Sie sich vor, Ihre Lieblingsmannschaft gewänne ein wichtiges Spiel. Wie glücklich wären Sie am Tag nach diesem Sieg? Als Timothy Wilson von der University of Virginia Studenten genau diese Frage stellte, fand er eine klare Tendenz zur falschen Prognose: Die Teilnehmer dachten, ein Sieg würde länger anhaltende Glücksgefühle auslösen, als es tatsächlich der Fall war.[17] Der Grund dafür ist die Neigung der Menschen, sich auf das Ereignis selbst (den sportlichen Sieg) zu konzentrieren, und dabei nicht zu berücksichtigen, dass sie in den darauf folgenden Tagen Alltagstätigkeiten wie Seminarbesuchen, Abwasch und einer Vielzahl weiterer banaler Aktivitäten nachgehen würden, die sie von ihrem Glück ablenken und dieses somit abschwächen würden.

Die Menschen versäumen einfach, zu erkennen, dass sie sich im Laufe der Zeit an alles gewöhnen, was ihnen passiert. Ihre Fußballmannschaft gewinnt und für eine Weile sind Sie glücklich, aber Sie gewöhnen sich an das Gefühl. Sie gewinnen im Lotto und Sie gewöhnen sich daran.[18] Sie heiraten und auch an diesen Zustand gewöhnen Sie sich.[19]

Sie sollten also Vorsicht walten lassen, wenn Sie Ihre Nachbarn um ihre Ehen und Lotteriegewinne beneiden, da diese Dinge Sie wahrscheinlich lange nicht so glücklich machen würden, wie Sie denken. Ich behaupte nicht, dass Geldgewinne und eine Hochzeit nicht zunächst einen Ansturm von Gefühlen auslösen. Natürlich tun sie das. Der Punkt ist, sich vor Augen zu halten, dass dieses Glück oft mit der Zeit verblasst.

Die gute Nachricht ist, dass es einige Faktoren gibt, die den Gewöhnungsprozess verlangsamen. Wir gewöhnen uns schneller an Dinge, wenn diese beständig, berechenbar und gewiss sind. Im Umkehrschluss findet die Gewöhnung langsamer statt und die Glücksgefühle halten länger an, wenn die Ereignisse, denen wir begegnen, unbeständig, variabel und ungewiss sind.

In einer raffinierten Studie luden Jaime Kurtz von der University of Virginia sowie Timothy Wilson und der Sozialpsychologe Daniel Gilbert von der Harvard University Teilnehmer ins Labor ein, um ein Experiment zur Wirksamkeit von Webseitendesigns durchzuführen.[20] Zu Beginn der Sitzung erhielten die Teilnehmer die Information, einer von fünf würde etwas gewinnen. Dann gab man ihnen eine Liste von Preisen: eine Kamera, Pralinen, eine Tasse und so weiter. Danach wurden sie gebeten, ihre beiden bevorzugten Gewinne zu wählen. Als Nächstes spielten die Teilnehmer ein virtuelles, roulettähnliches Spiel, das darüber entscheiden sollte, wer zu den glücklichen Gewinnern gehören würde. (Obwohl die Teilnehmer glaubten, sie hätten nur eine Gewinnchance von eins zu fünf, war das Spiel so manipuliert, dass jeder gewann.)

Dann folgte die Hauptmanipulation. Manche Teilnehmer spielten sofort ein weiteres Spiel, um zu bestimmen, welchen ihrer zwei bevorzugten Preise sie erhalten würden. Wieder drehten sie an einem virtuellen Roulette-Rad, welches nach dem Zufallsprinzip auf einem der beiden ausgewählten Preise landete. Den anderen Teilnehmern wurde gesagt, sie würden erst am Ende des Experiments herausfinden, welchen Preis sie gewonnen hatten.

Die Forscher wollten herausfinden, wie die Glücksniveaus der Teilnehmer sich in Abhängigkeit dieser Manipulation im Laufe der Zeit ändern würden. Was wir hier haben, ist eine Manipulation der Gewissheit. Diejenigen, die sofort erfuhren, was sie gewonnen hatten, waren sich ihres Gewinns sicher. Diejenigen, die bis zum Ende des Experiments warten mussten, blieben im Ungewissen. Wie erwartet, waren alle Teilnehmer ziemlich glücklich, als sie erfuhren, dass sie etwas gewinnen würden. Das Interessante jedoch war, dass jene Teilnehmer, die bis zum Ende der Studie warten mussten, um herauszufinden, was genau sie gewonnen hatten, und sich daher in einem Zustand der Ungewissheit befanden, länger anhaltende Glücksgefühle verspürten als jene, die sofort erfuhren, welchen Gewinn sie erhalten würden.

Ungewisse Ereignisse produzieren dauerhaftes Glück, weil sie schwieriger zu »veralltäglichen« sind.[21] Wenn Personen eine positive oder negative emotionale Erfahrung machen, versuchen sie, den Sinn dieser Erfahrung zu finden und sie als »normal« einzuordnen. Im Ergebnis wird die emotionale Wirkung des Ereignisses gedämpft. Wilson nennt dies das »pleasure paradox«*:

---

* Anmerkung der Übersetzerin: »Pleasure paradox« kann grob mit Genussparadoxon übersetzt werden. Man findet es in der Literatur auch unter dem Begriff Paradoxon des Hedonismus.

Genau das Richtige

Menschen versuchen positive Ereignisse zu erklären und zu verstehen, um sie zu kontrollieren und ihre Berechenbarkeit zu steigern, aber damit dämpfen sie genau die Freude, die sie zu maximieren versuchen.[22] Daher das Paradoxon.

Ungewissheit ist also wichtig, wenn es um den Gewöhnungsprozess geht; ebenso Variabilität.

Ich mag Wein. Ich habe einen Freund mit einem sehr beeindruckenden Weinkeller und ich bin ziemlich neidisch auf ihn. Sagen wir, dieser Neid motiviert mich dazu, mir eine eigene Weinsammlung anzulegen. Welcher Strategie sollte ich dabei folgen? Nehmen wir an, ich habe 500 Euro zur Verfügung. Ich kann sieben Flaschen zu je 44 Euro und drei Flaschen besseren Weines zu je 64 Euro kaufen, oder ich kann drei Flaschen 36-Euro-Wein und sieben Flaschen 56-Euro-Wein erwerben. (Ich könnte natürlich auch noch andere Dinge tun, aber ich versuche ja nur, eine Idee rüberzubringen.) Welches ist die bessere Investition? Welche zehn Weine würden mir den größten Genuss bringen?

Auf den ersten Blick könnte die zweite Möglichkeit besser scheinen. In diesem Falle konsumiere ich öfter einen Wein von höherer Qualität und greife nur hin und wieder auf den billigeren für 36 Euro zurück. Der gelegentliche billigere Wein erinnert mich daran, wie gut der teurere Wein für 56 Euro schmeckt, und sorgt dafür, dass ich diesen noch mehr schätze. Genau das zeigt uns auch die psychologische Forschung: Menschen sind glücklicher in Situationen, in denen sie regelmäßig Alternativen von hohem Wert und gelegentlich Alternativen von niedrigem Wert begegnen.[23]

Allerdings gibt es dabei eine wichtige Einschränkung. Wenn ich mich an den teuren Wein *gewöhne*, könnte die zweite Alternative in der Tat die schlechtere sein. Wenn ich den teuren 56-Euro-Wein als *Norm* ansehe und den preiswerteren 36-Euro-Wein als Ausnahme, werden zwar meine Erwartungen durch den teuren Wein erfüllt, aber er bringt mir nicht allzu viel Genuss.

Wenn ich jedoch den billigeren Wein trinke, werden meine Erwartungen nicht erfüllt und ich verspüre Unzufriedenheit. Wenn ich also die regelmäßigere Erfahrung als Norm ansehe, ist die erste Alternative die bessere. Hier ist die Norm die billigere 44-Euro-Flasche. Wenn ich diese trinke, werden meine Erwartungen erfüllt. Die teurere 64-Euro-Flasche ist die Ausnahme, die meine Erwartungen übertrifft und für mehr Genuss sorgt.[24]

Der Punkt von alledem ist, dass Sie ganz genau überlegen sollten, was Sie sich wünschen. Wir sind nicht sehr gut darin, vorherzusagen, was uns glücklich macht, und so ändern die Objekte des Neides unser Leben vielleicht nicht in der Weise, wie wir es erwarten. Es gibt Wege, dies zu vermeiden. Sorgen Sie für ein wenig Ungewissheit und ein geeignetes Maß an Varianz, nachdem Sie die Objekte des Neides für sich erworben haben, und Sie sind auf bestem Wege, das Beste aus ihnen herauszuholen.

Die Umgebungstemperatur ist die beste Freundin einer jeden Frau

Was ist der Unterschied zwischen Badewasser und einem Diamanten? Nein, das ist keine Fangfrage. Es gibt natürlich einige offensichtliche Unterschiede: Badewasser ist, nun ja, eben Badewasser, und ein Diamant ist das nicht. Aber es gibt eine sehr wichtige Unterscheidung, die wir würdigen müssen, wenn wir richtig neiden wollen. Und es ist genau dieser Unterschied, mit dem Christopher Hsee, Verhaltensökonom an der University of Chicago, sehr vertraut ist.

In einer Studie, die er zusammen mit Yang Yang, Naihe Li und Luxi Shen durchführte, rekrutierte Hsee 136 Studentinnen an einer Universität in China.[25] Als diese Studentinnen im Labor ankamen, wurden sie ohne ihr Wissen jeweils einer von zwei Gruppen zugeordnet: einer »armen« Gruppe und einer »reichen« Gruppe. Abhängig von ihrer Gruppe wurden den Teilnehmerinnen verschiedenpreisige Artikel zum Vergleich vorgelegt. In der armen Gruppe wurde jeder Person ein anderes »armes« Mitglied der Gruppe als Partner zugewiesen und jedes Paar erhielt zwei Diamanten: Eine der Personen bekam einen 3 mm großen Diamanten, die andere einen Diamanten mit 4,4 mm Durchmesser. Dann wurden sie aufgefordert, ihre Diamanten miteinander zu vergleichen und, während sie ihren Diamanten in der Hand hielten, anzugeben, wie glücklich sie sich beim Tragen eines Rings mit einem Stein dieser Größe fühlen würden. Der Ablauf in der reichen Gruppe war der gleiche, aber die beiden Diamanten waren größer: 5,8 mm und 7,2 mm.

Als Hsee und seine Kollegen die Glückseinschätzungen untersuchten, fanden sie heraus, dass nur die *relative* Diamantengröße von Bedeutung war. Innerhalb jeder Gruppe war die Person mit dem größeren Diamanten glücklicher. Die Teilnehmerinnen konnten *innerhalb* der Gruppen ihre Diamanten miteinander vergleichen und machten ihr Glücksempfinden von ihrer relativen Stellung innerhalb der jeweiligen Gruppe abhängig. *Zwischen* der armen und der reichen Gruppe gab es keinen Unterschied in der durchschnittlichen Zufriedenheit. Obwohl die Personen in der reichen Gruppe größere Diamanten hatten, waren sie nicht glücklicher als die Mitglieder der armen Gruppe. Im Falle von Diamanten, so scheint es, hängt das Glück vom Vergleich und nicht von der absoluten Größe ab.

Diese »armen« und »reichen« Teilnehmerinnen wurden zu einem weiteren Vergleich aufgefordert: diesmal nicht zwischen Diamanten, sondern zwischen Wasserflaschen. Ähnlich wie bei der Diamantbedingung wurden Teilnehmerinnenpaaren in der armen und reichen Gruppe zwei Flaschen Wasser gegeben. In der armen Gruppe erhielt eine Teilnehmerin eine Flasche mit 12 °C kaltem Wasser und die andere eine mit 22 °C warmem Wasser. Paare in der reichen Gruppe bekamen Wasserflaschen mit Temperaturen von 32 °C und 42 °C. Jede Teilnehmerin wurde dann ermutigt, ihre Flasche mit der ihrer Partnerin zu vergleichen und zu bewerten, wie glücklich es sie machen würde, wenn sie ein Bad nähme, das dieselbe Temperatur hätte wie das Wasser in ihrer Flasche.

Hier zeigte sich ein ganz anderes Glücksmuster. Anders als im Falle der Diamanten prognostizierten die Personen in der reichen Gruppe (diejenigen mit 32 °C und 42 °C warmem Wasser) größere Glücksgefühle als die der armen Gruppe. Als Hsee die Glücksbewertungen der Gruppen analysierte, fand er einen linearen Anstieg in Abhängigkeit von der Temperatur: 42 °C riefen größere Glücksgefühle hervor als 32 °C, 32 °C größere als 22 °C und 22 °C größere als 12 °C. Das legt nahe, dass die durch die Temperatur verursachte Freude nicht relativ, sondern absolut ist. Da die Teilnehmerinnen nicht die Möglichkeit hatten, zwischen den Gruppen zu vergleichen, können die Unterschiede nicht auf einem solchen Vergleich basieren.

Nun untersuchte diese Studie prognostiziertes Glück und nicht etwa tatsächliches. Um dieser Unzulänglichkeit Abhilfe zu schaffen, führte Hsee eine Feldstudie durch, für die 6951 Personen in 31 größeren Städten auf dem chinesischen Festland für eine telefonische Befragung kontaktiert wurden.[26] Die Forscher stellten jeder Person eine Reihe von Fragen, von denen vier hier relevant sind:

1. Wie glücklich fühlen Sie sich, wenn Sie an die aktuelle Temperatur Ihres Zimmers denken?
2. Wie glücklich fühlen Sie sich, wenn Sie an Ihren Schmuck (einschließlich Uhren) denken?
3. Wie hoch ist die aktuelle Zimmertemperatur?
4. Wie viel ist Ihr Schmuck wert?

Sie können sich diese Studie als ausgedehntere Version des Diamanten- und Badewasserexperiments vorstellen. Die Diamanten wurden durch Schmuck ersetzt, die Wassertemperatur durch die Raumtemperatur. Als Hsee die Ergebnisse analysierte, fand er ein einheitliches Muster. Das schmuckbasierte Glück hing genauso wie das diamantenbasierte Glück vom jeweiligen Vergleich ab. *Innerhalb* der Städte waren diejenigen mit wertvollerem Schmuck glücklicher. Im Vergleich zwischen den Städten machte der Schmuckwert keinen Unterschied: Die Städte mit höheren durchschnittlichen Schmuckwerten waren nicht glücklicher.

Das Ergebnismuster im Hinblick auf die Temperatur stellte sich erneut auffallend anders dar. Zwar waren innerhalb der jeweiligen Stadt diejenigen in wärmeren Räumen glücklicher, aber dieser Unterschied zeigte sich auch im Vergleich zwischen den Städten: Städte mit höheren durchschnittlichen Raumtemperaturen hatten glücklichere Bürger.

Der wesentliche Unterschied zwischen Badewasser und Diamanten (und zwischen Raumtemperatur und Schmuck) ist also der Unterschied zwischen absolutem und relativem Glück. Die Raumtemperatur steigert das absolute und nicht das relative Glücksgefühl. Das liegt daran, dass die Freude an einem warmen Bad unabhängig davon ist, was andere machen oder fühlen. Wenn uns warm ist, sind wir glücklich und unser Glück wird nicht dadurch gemindert, dass dem Mann am Ende der Straße ebenfalls warm ist. Vergleiche haben keinen Einfluss auf die Temperatur. Das sollte auch für andere Dinge gelten, für deren Bewertung wir angeborene, physiologische Maßstäbe haben wie zum Beispiel Schlaf. Ich merke, wenn ich müde bin, und muss mich nicht mit irgendjemand anderem vergleichen, um das herauszufinden. Wenn ich ausreichend Schlaf bekomme, bin ich glücklich. Wenn mein Nachbar mehr Stunden schläft als ich, macht mich das kein bisschen glücklicher.

Für Diamantgröße und Schmuckwert haben wir jedoch keine internen Skalen. Die Freude, die wir an einem 3 mm großen Diamanten haben, hängt davon ab, wie groß die Diamanten der Leute um uns herum sind. Hat jemand einen größeren Diamanten, sind wir weniger glücklich.

In Bezug auf Neid können wir aus diesen Erkenntnissen zwei grundlegende Lehren ableiten. Erstens ist es in der Regel eine gute Idee, andere um ihre Raumtemperatur und ähnliche Dinge zu beneiden. Wenn Ihr Neid Sie dazu antreibt, sich diese ebenfalls zu beschaffen, können Sie sich Glücksgefühle sichern, die unabhängig davon sind, was die Menschen in Ihrer Umgebung tun.

Natürlich besteht das Leben aus mehr als nur Schlaf und Temperatur. Wir werden unsere Mitmenschen zwangsläufig um ihre Autos, Häuser und alle möglichen anderen Dinge beneiden, deren Wert wir nur durch Vergleiche beurteilen können. Allerdings ist Neid in diesem Fall keine gute Idee, da uns Häuser und Autos nur dann glücklich machen, wenn sie größer sind als die unserer Nachbarn. Der zweite Punkt, den es zu beachten gilt, ist also folgender: Wenn Sie andere schon um Güter beneiden müssen, die das *relative* Glück beeinflussen, stellen Sie sicher, dass Sie abwärts vergleichen, sobald Sie solche Besitztümer zu fassen bekommen. Unser nagelneuer Ford macht uns nur dann glücklich, wenn wir ihn mit dem weniger neuen Buick unseres Nachbarn vergleichen. Vergleichen wir ihn hingegen mit dem Ferrari gegenüber, werden wir wenig Freude an unserem Kauf haben.

Es gibt durchaus einige Tricks, die uns das richtige Neiden erleichtern. Nicht zuletzt gehört dazu, die richtigen Personen und Objekte auszuwählen. Sorgen Sie außerdem für ein wenig Abwechslung und Ungewissheit, sind Sie auf dem besten Wege, sich nicht nur besser zu fühlen, sondern vielleicht sogar ein wenig schlauer und kreativer zu werden. Liegen Sie jedoch mit Ihrer Wahl daneben – die falschen Leute, der falsche Krempel, die falsche Art der Abwechslung und allzu gewisse Ergebnisse –, könnten Sie am Ende Ovids galletriefendem Neidmonster mehr ähneln, als Ihnen lieb ist.

KAPITEL 7

Hochmut

... kommt vor dem Aufstieg

Stolz* findet sich ganz oben auf der Liste der sieben Todsünden; eine Ehre, die vollkommen unverdient ist, denn er ist die langweiligste von ihnen. Er ist nicht sexy wie die Lust, gewaltsam wie die Wut oder unverhohlen exzessiv wie Habgier und Völlerei. Die Hochmütigen sind weder gefährlich noch sehr interessant. Sie sind, wenn überhaupt, einfach nur lästig. Warum also ist diese Sünde die Nummer eins auf der Liste?

Vernünftigerweise war das nicht immer so. Der Stolz hat eine recht abenteuerliche Entwicklung zur Todsünde hinter sich. Er umfasste nämlich ehemals zwei Sünden (Stolz und Hochmut),

---

* Anmerkung der Übersetzerin: Die katholische Kirche bezeichnet heute den Stolz als erste Sünde und nicht – wie in älteren Texten – den Hochmut. Da der Autor im englischen Original fast durchgehend den vielschichtigen Begriff »pride« (mit sowohl negativen als auch positiven Konnotationen) verwendet, wurde für dieses Kapitel auch im Deutschen der mit negativen wie positiven Definitionen behaftete Begriff Stolz gewählt. Dieser wird im weiteren Verlauf unterteilt in »authentischen Stolz« und »anmaßenden Stolz«, was im deutschen Sprachgebrauch in etwa der Unterscheidung zwischen (berechtigtem) »Stolz« und »Hochmut« entspricht.

aber obwohl beide sich auf den Lasterlisten früher Schriftsteller fanden, führten sie diese niemals an. Stolz und Hochmut standen auf der Liste des Mönches Evagrius Ponticus aus dem vierten Jahrhundert an sechster und siebter Stelle und schafften es damit geradeso überhaupt in die Aufzählung. Aber 590 n. Chr. bezeichnete Papst Gregor den Stolz als die Sünde, von der alle anderen Laster ihre Schlechtigkeit ableiten, und hob ihn damit in einen völlig anderen Stand. In der Tat fand Gregor den Stolz zu heimtückisch, um ihn mit anderen Todsünden in einen Topf zu werfen, und so strich er ihn von der Liste und taufte ihn die Wurzel allen Übels und die Königin der Sünde. Der Hochmut, eng verwandt mit dem Stolz, stieg auf Platz eins. Nach einer Weile war irgendjemand dieser Verwirrung müde (der Unterschied zwischen Stolz und Hochmut war niemals völlig klar), vereinte die beiden einfach zu Stolz und setzte ihn ganz oben auf die Liste.[1]

Im Mittelpunkt dieser *allgemeinen* Verwirrung – schlimmste Sünde oder einfach nur eine Todsünde?; eine Sünde oder zwei? – steht eine *spezifischere* Verwirrung bezüglich der Definitionen. Wenn die Menschen an Stolz denken, haben sie in der Regel eine von zwei Bedeutungen im Sinn. Und es ist dieser Unterschied zwischen den zwei Bedeutungen, der ausschlaggebend ist für den Status des Stolzes als Sünde.

Wie ähnlich sind sich die Bedeutungen dieser Wörter?

Großspurig und arrogant?
Selbstsicher und siegreich?
Überheblich und erfolgreich?

Jessica Tracy, Psychologin an der University of British Columbia, und Richard Robins von der University of California in Davis stellten einer Gruppe von Studenten im Hinblick auf die oben genannten Wortpaare und viele andere genau diese Frage.[2] Die Paare – zu denen auch Wörter wie »selbstbewusst«, »egotistisch«,

»eingebildet« und »hochnäsig« gehörten – wurden aus vorherigen Studien der beiden ausgewählt, weil sie eine gewisse Assoziation mit »Stolz« haben. Als die Ähnlichkeitsbewertungen vorlagen, führten die Forscher einige statistische Analysen durch, um die verborgene Denkstruktur der Menschen in Bezug auf den Stolz aufzudecken. Es zeigten sich zwei Cluster.

In einem finden wir:

siegreich
erreichen
selbstsicher
Gewinner

Und im anderen:

arrogant
hochnäsig
egotistisch
überheblich

Die erste Art des Stolzes ist geprägt von Leistung und Erfolg und wird von Tracy und Robins *authentischer Stolz* genannt. Die zweite Art, mit all ihrer Selbstüberschätzung und Arroganz, bezeichnen sie als *anmaßenden Stolz*.

Nun ist diese Unterscheidung nicht besonders neu – Aristoteles sprach in seiner *Nikomachischen Ethik* über etwas ganz Ähnliches –, aber Tracy und Robins Ausführungen waren die erste systematische, wissenschaftliche Untersuchung dieses Themas.[3] Und das ist wichtig. Die Definitionen, die Philosophen und Psychologen oft verwenden, stimmen nicht mit den Definitionen überein, die alle anderen verwenden. (Denken Sie zum Beispiel an Schuld und Scham oder Neid und Eifersucht – alles Konzepte, die von Laien oft synonym verwendet, von Psychologen aber deutlich unterschieden werden.) Für Stolz fand sich allerdings eine Übereinstimmung.

Noch interessanter ist, dass diese zwei Arten des Stolzes vorhersehbare und verschiedene Ursachen haben. Betrachten Sie Folgendes:

> Wie würden Sie sich fühlen, wenn Sie vor kurzem eine wichtige Prüfung gehabt und fleißig dafür gelernt hätten? Gerade haben Sie herausgefunden, dass Sie ein sehr gutes Ergebnis erzielt haben.

Und wie würden Sie sich im folgenden Fall fühlen?

> Sie waren schon immer talentiert. Vor kurzem hatten Sie eine wichtige Prüfung und haben sich nicht die Mühe gemacht, dafür zu lernen. Dennoch erschien der Test sehr einfach. Gerade haben Sie herausgefunden, dass Sie ein sehr gutes Ergebnis erzielt haben.

Wenn Sie den Teilnehmern einer anderen Studie von Tracy und Robins ähneln, würden Sie im ersten Fall authentischen Stolz und im zweiten anmaßenden Stolz verspüren.[4] Warum? Die verschiedenen Arten des Stolzes basieren darauf, dass Ereignisse unterschiedlich bewertet und erklärt werden. Interessanterweise ist nicht die *Art* von Ereignissen entscheidend; es spielt keine Rolle, ob es sich um Noten, sportliche Leistungen, persönliche Errungenschaften oder Beziehungserfolge handelt. Was zählt ist, wie Sie solche Erfolge erklären. Beide Arten von Stolz basieren darauf, dass wir ein positives Ereignis als zentral für unsere Ziele und Identität erachten und, was ganz wichtig ist, als durch unser Selbst verursacht. Der Unterschied ist folgender: Wenn ein wichtiger Erfolg Anstrengung und harter Arbeit zugeschrieben wird, ist authentischer Stolz die Folge; der Stolz ist proportional und ehrlich verdient. Wenn der Erfolg auf stabilere und globalere Ursachen wie Können oder Talent zurückgeführt wird, resultiert daraus oft anmaßender Stolz.

So viel zum Ursprung der beiden Arten von Stolz. Dieses Buch beschäftigt sich jedoch weniger mit den Ursachen der Todsünden als mit ihren Auswirkungen. Was bringt uns authentischer Stolz? Und was die Hybris? Und sind diese Inkarnationen dieser Königin aller Sünden gut oder schlecht?

Stolz auf harte Arbeit

Im Jahr 1993 wurde Gore Vidal gebeten, für eine Sammlung kurzer literarischer Essays zu den Todsünden einen Aufsatz über den Stolz zu schreiben. Vidal war eine gute Wahl. Der Autor Martin Amis sagte einmal: »Wenn es einen Schlüssel zu Gore Vidals öffentlicher Person gibt, hat dieser etwas mit seiner gewaltigen Unbescheidenheit zu tun, mit dem unterhaltsamen Hochmut seiner Selbstliebe.«[5] Als er sich hinsetzte, um den Aufsatz zu verfassen, verwirrte die Vorstellung von Stolz als Sünde Vidal jedoch. Die Tugenden des Stolzes waren für Vidal so offenkundig, dass er den Aufsatz wie folgt begann: »Ist Stolz überhaupt eine Sünde?«[6]

Im Einklang mit Vidal können wir einige der offensichtlichen Vorteile des Stolzes einräumen (hierbei geht es um die gute Art, den authentischen Stolz). Er geht einher mit den guten Seiten einer Persönlichkeit: Authentisch stolze Menschen sind extrovertierter, verträglicher, emotional stabiler, gewissenhaft und offen für neue Erfahrungen. Und die Liste geht weiter: weniger Depressionen, Soziophobien, Ängste und Aggressionen, größere Beziehungszufriedenheit und mehr soziale Unterstützung.[7] Stolze Menschen haben auch ein besseres Selbstwertgefühl, das wiederum selber viel Positives zu bieten hat (höheres Glücksempfinden, zum Beispiel).[8]

Dies ist zwar eine beeindruckende Liste, aber auch eine ziemlich offensichtliche. Es überrascht Sie wahrscheinlich nicht, dass Menschen, die sich wegen einer bestimmten Leistung gut fühlen, sich auch ganz allgemein besser fühlen (z. B. in Bezug auf ihr Selbst) und glücklicher, weniger depressiv usw. sind. Statt also über die offensichtlichen Aspekte nachzudenken, möchte ich mich auf einige der weniger offenkundigen Tugenden des Stolzes konzentrieren; einige der Faktoren, die Ihnen vielleicht nicht einfallen und die vielleicht auch Vidal nicht in den Sinn gekommen sind.

Per Definition folgt Stolz auf den Erfolg. Sie schneiden bei einer Prüfung gut ab und sind stolz; Sie schließen einen Vertrag mit einem wichtigen Kunden und sind stolz. Harte Arbeit, Anstrengung und Leistung kommen zuerst, Stolz erst später. Aber ist hin und wieder auch das Gegenteil der Fall? Ist Stolz jemals verantwortlich für den Erfolg?

Obwohl ich bisher nichts dergleichen gesagt habe, haben Sie vielleicht dennoch den Eindruck gewonnen, dass Stolz eine Emotion ist. Und wenn wir Sozialpsychologen herausfinden wollen, wie Emotionen funktionieren, laden wir Leute ins Labor ein, manipulieren ihre Gefühle, lehnen uns zurück und beobachten, was passiert. Es gibt viele Möglichkeiten, Emotionen im Labor hervorzurufen: Man kann die Teilnehmer bitten, sich an ein emotionales Erlebnis zu erinnern, eine traurige oder lustige Geschichte zu lesen, einen furchterregenden Filmausschnitt anzuschauen oder sogar einen bestimmten emotionalen Gesichtsausdruck nachzuempfinden. Und wie so viele gute experimentelle Manipulationen in der Sozialpsychologie beinhaltet die Emotionsinduktion ebenfalls für gewöhnlich kleine Lügen.

Auch Lisa Williams, Psychologin an der University of New South Wales, und David DeSteno von der Northeastern University bedienten sich in einer aktuellen Studie dieser Art von

Stolz auf harte Arbeit

Lügen.⁹ Die Teilnehmer kamen ins Labor und ihnen wurde mitgeteilt, sie würden einige visuelle Wahrnehmungsaufgaben und mentale Rotationsaufgaben bearbeiten. (So weit stimmte noch alles.) Die erste Übung war eine Punktschätzaufgabe. Das ist genau das, wonach es klingt: Sie sehen eine Reihe bunter Punkte und schätzen, wie viele rote Punkte es gibt. Die Teilnehmer machten dies zehnmal.

Nach der Punktaufgabe wurde den Teilnehmern weisgemacht, der Versuchsleiter müsse sich zur Berechnung der Punktzahlen zurückziehen. Ein wenig später brachte der Versuchsleiter einigen Teilnehmern folgende Neuigkeiten: »Sie haben 124 von 147 Punkten erzielt und gehören damit zu den besten 6%. Sehr gut gemacht! Das ist eine der höchsten Punktzahlen, die wir bisher gesehen haben!« Dieser Teil der Geschichte war eine Lüge. Nichts an dieser positiven Resonanz war wahr. Es handelte sich dabei um die Stolzmanipulation. Die Teilnehmer hatten in Wahrheit gar nicht gut abgeschnitten; sie gehörten nur zu einer zufällig auswählten Gruppe, die der Stolzbedingung zugewiesen worden war. Um die Manipulation noch glaubwürdiger zu machen, zog die Versuchsleiterin beim Überbringen der Ergebnisse eine kleine Show ab, wirkte sichtlich beeindruckt von den meisterhaften Punktschätzungsfähigkeiten des Teilnehmers, lächelte und gestikulierte und brachte ihre Bewunderung mit jedem ihrer Worte zum Ausdruck.

Die anderen Teilnehmer bekamen von alledem nichts mit: Sie erhielten weder eine Rückmeldung zu ihrer Leistung im Test, noch lächelte oder gestikulierte die Versuchsleiterin freudig.

Als Nächstes kam die mentale Rotationsübung: eine langwierige und mühsame Aufgabe, bei der Teilnehmer beurteilen, ob zwei 3-D-Formen sich entsprechen, wobei eine Figur eine gedrehte Version der anderen ist. Diese Übung misst die visuellräumliche Kognition, aber das war nicht das, was Williams und DeSteno interessierte. Für sie war nur von Belang, wie lange die

Teilnehmer sich mit dieser banalen Aktivität beschäftigen würden. Den Teilnehmern wurde gesagt, sie hätten für die Aufgabe unbegrenzt Zeit und es bestände keinerlei Verpflichtung, diese vollständig abzuschließen.

Die entscheidende Frage war folgende: Sind die Mitglieder der Stolzgruppe hartnäckiger als die der Kontrollgruppe? Wir wissen, dass Stolz oft eine Folge harter Arbeit ist, aber kann er diese auch auslösen?

Die Antwort lautet ja.

Stolze Teilnehmer verbrachten etwa sieben Minuten mit der Aufgabe. Kontrollpersonen, bei denen nicht durch Lächeln und Gesten Stolz induziert wurde, ertrugen die Arbeit an der Aufgabe nur fünf Minuten lang.

Nun mag Ihnen diese Manipulation von Emotionen im Labor ziemlich gekünstelt erscheinen, und es ist in der Tat so, dass den Laborkontexten, in denen wir die Studien durchführen, oft die Komplexität der sogenannten »realen Welt« fehlt. Aber keine Sorge, wir finden das gleiche Ergebnis im realen Kontext niederländischer Versicherungsgesellschaften.

Willem Verbeke von der Erasmus Universität in Rotterdam forderte eine Gruppe von Versicherungsvertretern auf, sich vorzustellen, sie hätten sehr gute Arbeit geleistet, seien von ihren Vorgesetzten und Kollegen gelobt worden und ihre Erfolge hätten sogar im Firmen-Newsletter Erwähnung gefunden.[10] Als diese Personen später zu ihren Arbeitsgewohnheiten befragt wurden, legten diejenigen, die stolzer auf ihren eingebildeten Erfolg waren, adaptiveres Verkaufsverhalten an den Tag und gaben an, härter zu arbeiten.

Stolz macht uns also innerhalb und außerhalb des Labors beharrlicher. Aber warum?

Wir erinnern uns, dass Emotionen komplex und vielschichtig sind – eine reiche Mischung physiologischer, kognitiver, erfahrungs- und verhaltensbezogener Aspekte. Die kognitive Komponente entpuppt sich als besonders wichtig für das Verständnis der Funktionsweise des Stolzes. Einfach ausgedrückt verändert Stolz unser Verhalten, weil er Einfluss auf unser Denken nimmt.

Mary Herrald und Joe Tomaka von der University of Texas in El Paso brachten Teilnehmer für eine soziale Interaktionsaufgabe in ihr Psychophysiologielabor.[11] Diese beinhaltete eine Unterhaltung mit einem Versuchsleiter über ihre Meinungen zu Universitätsthemen (z. B. »Bevorzugen Sie Kurse mit mehr oder weniger Teilnehmern und warum?«). Während der Bearbeitung der Aufgabe erfuhren einige Personen eine Stolzmanipulation. Wie in Williams und DeStenos Studie wurde dazu falsches Feedback eingesetzt: »Sie schlagen sich viel besser als die anderen Studenten«, und: »Sie machen das hervorragend; Sie haben viele interessante Punkte angesprochen.«

Die Teilnehmer wurden während der gesamten Dauer auf Video aufgezeichnet. Sobald die Studie beendet war, ließen die Versuchsleiter unabhängige Personen die Videoaufnahmen kodieren, um zu sehen, wie gut die Teilnehmer die Aufgabe erfüllt hatten. Es ist nicht überraschend, dass die stolzen Teilnehmer, genau wie in Williams und DeStenos Studie, bessere Leistungen zeigten als die Kontrollpersonen (die während der Aufgabe keinerlei Lob erhielten). Wieder verbesserte Stolz die Leistung. Aber warum?

Zur Beantwortung dieser Frage gingen Herrald und Tomaka noch einen Schritt weiter. Um herauszufinden, *warum* die stolzen Teilnehmer bessere Leistungen zeigten, fragten sie diese direkt nach Erfüllung der Aufgabe nach ihren Gedanken. Die Probanden bewerteten den Grad ihrer Zustimmung zu den folgenden Aussagen: »Ich bin dafür verantwortlich, dass die Dinge gut laufen«, »Ich bin sehr zufrieden mit dem, was ich leiste« und »Meine Handlungen sorgen dafür, dass alles gut verläuft«. Diese Aussagen messen Gefühle von Kontrolle; genauer gesagt, den Umfang, in dem der Erfolg ein Produkt des eigenen Handelns ist. Und genau wie von den Forschern vermutet, stimmten die stolzen Teilnehmer diesen Aussagen mehr zu als die Mitglieder der Kontrollgruppe. Stolz veränderte die Art und Weise, wie die Teilnehmer über die Situation dachten. Die Stolzen glaubten, ihr eigenes Handeln habe den Erfolg herbeigeführt, und diese Gefühle der Wirksamkeit und Kontrolle verbesserten ihre Leistung.

Diese Ergebnisse deuten auf die sich selbst verstärkende Natur des Stolzes hin. Erfolge führen zu Stolz; dieser verändert unser Denken, steigert unser Selbstvertrauen und gibt uns das Gefühl größerer Kontrolle. Dies wiederum macht uns beharrlich und lässt damit unsere Chancen steigen, neue Erfolge zu erzielen und aufs Neue Stolz zu empfinden. Die Emotion speist sich aus sich selbst, indem sie kognitive und verhaltensbezogene Veränderungen unterstützt, die die Wahrscheinlichkeit zukünftiger Erfolge steigern.

Stolz und Führungsverhalten

Stolz und Führungsverhalten; Henne und Ei. Sind es die stolzen Menschen, die führen und dabei dank ihres Selbstvertrauens, das ihre Erfolge ihnen gebracht haben, die Karriereleiter hochsteigen? Oder werden die Anführer später auf der Basis ihrer Erfolge stolz? Wahrscheinlich ist es ein bisschen von beidem, aber der einzige Weg, das herauszufinden, führt zurück ins Labor.

Betrachten wir ein anderes Experiment von Lisa Williams und David DeSteno.[12]

Sie und ein anderer Teilnehmer kommen in ein Labor, wo Sie von einem Versuchsleiter und einem dritten Teilnehmer erwartet werden. Ihnen dreien wird mitgeteilt, es handele sich um eine Studie zum Sehvermögen und zur räumlichen Vorstellungskraft, in deren Verlauf eine Reihe von Aufgaben bearbeitet werden soll, bei denen Sie in Gedanken bestimmte Objekte drehen, bla bla bla (ja genau, die alte Leier).

Der Versuchsleiter führt Sie drei dann in unterschiedliche Räume, wo ein Sehtest durchgeführt wird, dessen Ergebnisse dazu dienen, einige der anderen Aufgaben zu kalibrieren.

Danach finden Sie sich alle wieder in einem zentralen Raum ein und setzen sich an einen großen Tisch. Auf dem Tisch liegt ein Würfel, ähnlich einem Rubik's Cube*, den der Versuchsleiter in einen langen Stab mit kleinen, abstehenden Würfeln verwandelt. Die Aufgabe lautet: Versuchen Sie als Team in sechs Minuten dem Stab wieder die Form eines Würfels zu geben. Es handelt sich dabei um eine mentale Rotationsaufgabe.

So stellte sich das Experiment für die Teilnehmer dar, aber wie Sie vielleicht bereits ahnen, war nicht alles an dieser Studie so, wie es schien.

Erstens gab es nur zwei echte Teilnehmer: Sie und die Person, die mit Ihnen im Labor ankam. Die Person, die bereits im Labor wartete, war ein Verbündeter der Versuchsleiter und sollte die Anzahl der Teilnehmer bei der Bearbeitung der Gruppenaufgabe erhöhen.

Zweitens, und das ist wenig überraschend, hatte der Sehtest nichts mit der Kalibrierung anderer Aufgaben zu tun. Es handelte sich dabei lediglich um die Stolzmanipulation. Genau wie in Williams und DeStenos Studie zu Stolz und Beharrlichkeit, wurde einigen Teilnehmern gesagt, sie seien besser als 94 % aller Teilnehmer, während andere, die Kontrollpersonen, keinerlei Rückmeldung erhielten.

Diesmal interessierten sich Williams und DeSteno dafür, wie stolze Teilnehmer sich während der Gruppenaufgabe verhalten würden. Sie filmten die Sitzungen und kodierten später die Län-

---

* Anmerkung der Übersetzerin: In Deutschland auch unter dem Namen »Zauberwürfel« bekannt.

ge der Zeit, die jede Person mit dem Versuch verbrachte, die Aufgabe zu lösen. Der Verbündete war vorher instruiert worden, circa eine Minute mit dem Puzzle zu spielen. Somit blieben fünf Minuten, die zwischen den stolzen Teilnehmern und ihren Partnern (bei denen keine Emotionsinduktion vorgenommen wurde) aufgeteilt werden konnten. Legte die stolze Henne das Führungsei? Nahmen die stolzen Personen eine Führungsrolle ein?

Ja. Teilnehmer in der Stolzbedingung verbrachten etwa eine Minute länger mit dem Puzzle als die Kontrollteilnehmer.

(Aus methodologischer Sicht ist es wichtig, sicherzustellen, dass diese Effekte tatsächlich auf Gefühlen von *Stolz* basieren und nicht nur auf positiver Stimmung. Gutes Abschneiden bei einem Test kann Stolz hervorrufen, sorgt in der Regel aber auch für gute Laune. Um den Stolz für diese Effekte verantwortlich machen zu können, mussten Williams and DeSteno prüfen, ob allgemeine Glücksgefühle als Verursacher in Frage kamen. Dabei wurde deutlich, dass hier tatsächlich Stolz am Werk war.)

Das passt wunderbar zu den Beharrlichkeitsstudien. Stolz löst Gefühle des Selbstvertrauens und der Kontrolle aus, die Anstrengung und sogar Erfolg fördern. Diese positive Einstellung bringt Menschen dazu, die Führung bei Gruppenaktivitäten zu übernehmen.

Aber werden sie auch gemocht?

Das ist alles schön und gut, aber möglicherweise sind Sie nun der Meinung, das eigentliche Problem bezüglich stolzer Personen bestehe darin, dass niemand sie wirklich mag. Sie sind zwar ausdauernd und haben Führungsqualitäten, werden aber aufgrund ihrer Erfolge oft verunglimpft. So wie niemand einen ewigen Besserwisser mag, mögen nur wenige einen Ehrgeizling. Es ist nicht so, dass stolze Menschen ihre Aufgaben nicht erledigen, denn den oben beschriebenen Studien zufolge tun sie das sogar sehr gut. Das Problem ist, dass andere ihnen den Erfolg oft neiden. Aber was sagt die Forschung dazu? Werden stolze Personen gemocht oder nicht gemocht?

Zur Beantwortung dieser Frage können wir erneut einen Blick auf die Studie von Williams und DeSteno werfen.[13] Erinnern wir uns daran, dass die Teilnehmer nach dem Sehtest, der als Stolzmanipulation diente, die Gruppenaufgabe bearbeiteten. Nach dieser Aufgabe bewertete jeder Teilnehmer seinen Eindruck von den anderen Personen in der Gruppe. Sie beantworteten Fragen wie: »Haben Sie Ihre Partner als fähig erlebt?«, »Wie viel haben sie beigetragen?«, »Wie dominant waren sie?«. Es ist wohl nicht wirklich überraschend, dass die Personen in der Stolzbedingung der Kombination und Analyse dieser Bewertungen zufolge als dominanter wahrgenommen wurden.

Natürlich macht dies durchaus Sinn angesichts der Tatsache, dass stolze Teilnehmer bei der Puzzleaufgabe die Führung übernahmen; aber die interessante Frage ist: Mochte man die stolzen Teilnehmer auch? Williams und DeStenos Teilnehmer mochten die stolzen Probanden durchaus und bewerteten sie als deutlich sympathischer als Kontrollteilnehmer und Verbündete. Dies steht im Einklang mit anderen Arbeiten Jessica Tracys und ihrer Kollegen, die zeigen, dass Menschen, die zu authentischem Stolz neigen, zufriedener mit ihren Beziehungen und sozialen Netzwerken sind, was wiederum darauf schließen lässt, dass sie sehr beliebt bei anderen sind.[14] Sie werden also nicht nur nicht sozial geächtet, sondern wirken, im Gegenteil, sehr attraktiv auf andere. Wir erkennen nicht nur ihre Fähigkeiten und Führungsqualitäten, sondern mögen sie dafür sogar umso mehr.

Ist altruistischer Stolz ein Oxymoron?

Da der Stolz als eine der sogenannten »selbstbewussten« Emotionen gilt, ist seine Beschäftigung mit dem eigenen Selbst vielleicht entschuldbar. Aber kann Stolz jemals anderen nützen?

Im Jahr 1995 beleuchtete eine vom MacArthur Foundation Research Network on Successful Midlife Development durchgeführte Studie psychologische Aspekte in 48 der 50 amerikanischen Staaten.[15]

Unter anderem wurden die angerufenen Teilnehmer gebeten, ihre Zustimmung zur folgenden Aussage zu bewerten: »Wenn ich über die Arbeit nachdenke, die ich in der Gemeinschaft leiste, verspüre ich sehr viel Stolz.«

Außerdem wurden sie zu ihren karitativen Aktivitäten befragt: Hatten sie ehrenamtlich gearbeitet und wenn ja, wo? Fand diese Arbeit im gesundheitlichen, schulischen oder in einem ganz anderen Bereich statt?

Daniel Hart von der Rutgers University und M. Kyle Matsuba von der University of Missouri in St. Louis untersuchten auf Grundlage dieser Umfragedaten, wie Gefühle von Stolz mit freiwilliger Arbeit zusammenhingen.[16] Wenn die Stolzen tatsächlich so egoistisch, eitel und arrogant sind, wie manche glauben, würden wir erwarten, dass Stolz mit weniger ehrenamtlicher Arbeit einhergeht. In der Tat war genau das Gegenteil der Fall: Je stolzer die Menschen auf ihre Arbeit in der Gemeinschaft waren, desto mehr Stunden leisteten sie. Beeindruckenderweise war dies sogar der Fall, wenn man Persönlichkeitsmerkmale berücksichtigte, die sowohl Stolz als auch freiwillige Arbeit beeinflussen könnten. Unabhängig davon, wie freundlich oder umgänglich sich die Teilnehmer zeigten, leisteten sie umso mehr Wohltätigkeitsarbeit, je stolzer sie waren.

Wie sonnt man sich im Erfolg eines Anderen?

Trotz all der positiven Auswirkungen des Stolzes gibt es einen offensichtlichen Nachteil: Um Stolz zu verspüren, müssen wir zunächst Erfolg erfahren, was normalerweise voraussetzt, dass wir etwas gut können oder wenigstens bereit sind, hart an etwas zu arbeiten. Für Viele (besonders für Menschen, die gerne der Trägheit frönen) mögen dies unerwünschte Neuigkeiten sein, aber trösten Sie sich, denn es gibt ein Schlupfloch für diejenigen von uns, die zu faul sind, die harte Arbeit selbst zu erledigen.

Während der College-Footballsaison 1973 besuchten Robert Cialdini, damals Juniorprofessor für Psychologie an der Arizona State University, und eine Gruppe seiner Kollegen sieben Universitäten in den Vereinigten Staaten.[17] Von der Ohio State zur Notre Dame und von Michigan bis Pittsburgh waren Cialdinis Kollegen ein fester Bestandteil verschiedener Einführungskurse in die Psychologie. Jeden Montag während der Footballsaison ließ Cialdini seine Verbündeten die modischen Eigenarten der Studenten beobachten. Dabei war von Interesse, ob die Studenten im Unterricht die Farben der Universität bzw. die T-Shirts der jeweiligen College-Mannschaft anhatten.

Cialdini interessierte aber nicht nur, *was* diese Studenten trugen, sondern auch, *wann* sie es trugen. Die ausschlaggebende Frage: Trugen am Montag mehr Studenten die Universitätsfarben, wenn die Mannschaft der Universität am Wochenende ein Spiel gewonnen hatte?

Cialdinis Studie basierte auf der Idee, dass Menschen nicht nur auf das stolz sind, was sie selber erreichen, sondern auch auf das, was andere tun. Das ist der Grund, warum Eltern stolz auf ihre Kinder sind, und warum Deutsche oder Spanier, zum Beispiel, stolz auf ihre jeweilige Fußballnationalmannschaft sind.

Hochmut

Wenn andere, uns auf irgendeine Art ähnliche Personen Erfolge einheimsen, ernten wir gerne einen Teil der Lorbeeren.

Kam diese Art des Stolzes in der Mode der Studienanfänger zum Ausdruck? Auf jeden Fall. Studenten neigten dazu, ihre Universitätszugehörigkeit nach einem Sieg ihrer Mannschaft eher zur Schau zu stellen als nach einer Niederlage. Außerdem galt: Je überragender der Sieg, desto mehr Studierende brachten ihren Mannschaftsstolz zum Ausdruck.

Cialdini nennt dies BIRGing: basking in reflected glory*. Und nicht nur Sportmannschaften sind Ziele des BIRGing. Nachdem Barack Obama im Jahre 2008 die Präsidentschaftswahl gewonnen hatte, ließen seine Anhänger ihre Wahlschilder noch circa weitere fünf Tage in ihren Vorgärten stehen, während die Anhänger McCains ihre nach nur drei Tagen entfernten.[18]

Warum ist das so? In Folgestudien zu seiner Footballuntersuchung zeigte Cialdini, dass die Menschen dazu neigen, sich in den Erfolgen anderer zu sonnen, um sich die Anerkennung ihres Umfelds zu sichern. Mithilfe verschiedener Methoden fand er heraus, dass Personen, die dazu gebracht wurden, sich schlecht zu fühlen, im Anschluss größere Zugehörigkeit zu einer Siegermannschaft geltend machten. Wir fühlen uns ein wenig besser, wenn etwas von dem Licht uns ähnlicher, erfolgreicher Personen auf uns scheint.

Es ist also ganz einfach: Wenn Sie nicht gegen jemanden gewinnen können, identifizieren Sie sich mit denen, die es können, und sonnen Sie sich in deren Erfolg.

---

* Anmerkung der Übersetzerin: BIRGing oder »basking in reflected glory« kann sinngemäß mit »sich im Erfolg eines Anderen sonnen« übersetzt werden.

Die Mythen und Realitäten des Narziss

Bisher haben wir uns mit authentischem Stolz beschäftigt. Im Folgenden geht es um die andere Seite der Medaille, die Hybris. Sie erinnern sich, dass es sich dabei um den arroganten und eingebildeten Stolz handelt, der sich ein wenig zu wichtig nimmt. Dieser tritt auf, wenn wir unseren Erfolg nicht unseren Anstrengungen, sondern dauerhaften internen Ursachen wie Talent, Geschick oder – auch das ist möglich – unserem guten Aussehen zuschreiben.

Menschen mit einem Faible für Hybris neigen eher zu Soziophobie, Aggressivität und Angst.[19] Außerdem neigen sie zu weniger erfolgreichen Beziehungen und fühlen sich weniger von den Menschen in ihrer Umgebung unterstützt.

Als wäre diese Liste nicht schon schlimm genug, sind hochmütige Menschen laut Claire Ashton-James von der Rijksuniversiteit Groningen auch vorurteilsbehafteter. In einem Artikel, der natürlich nur den Namen *Pride and Prejudice** tragen konnte, berichten Ashton-James und Jessica Tracy davon, wie sie anmaßenden Stolz in ihren Versuchspersonen induzierten, indem sie diese baten, sich an eine Zeit zu erinnern, zu der sie sich selbstgefällig verhalten oder sich anmaßend oder hochnäsig gefühlt hatten.[20] Als die Teilnehmer später aufgefordert wurden, sich auf Basis ihrer Bewertungen von Eigenschaften wie »freundlich« und »gemein« ein Bild von einer Fremdgruppe zu machen, zeigten sie sich negativer in ihren Gesamtbewertungen als die Kontrollteilnehmer. (Und wenn wir schon beim Thema sind, hier ein weiterer Pluspunkt des authentischen Stolzes: Teilnehmer,

---

* Anmerkung der Übersetzerin: »Pride and Prejudice« bedeutet »Stolz und Vorurteil«. Dieser Titel lässt den gleichnamigen Jane-Austen-Roman anklingen.

bei denen diese Art des Stolzes induziert wurde, zeigten keine Zunahme von Vorurteilen.)

Einen tieferen Einblick in die Natur der Hybris erhalten wir, wenn wir einen nahen psychologischen Verwandten betrachten: den Narzissmus.

Sie kennen wahrscheinlich den Mythos von Narziss, zumindest in groben Zügen. Ein gut aussehender griechischer Sterblicher geht an einen See, wirft einen Blick auf sein Spiegelbild im Wasser und ist völlig hin und weg. Er liebt es so sehr, dass er es nicht übers Herz bringt, seinen Blick abzuwenden. So sitzt er dort am See und starrt auf sein Spiegelbild, bis er verhungert (oder ertrinkt, je nach Fassung; so oder so, Sie verstehen, was die Geschichte uns sagen will).

Narziss ist der Inbegriff der Hybris; und obwohl Hybris und Narzissmus aus psychologischer Sicht nicht ganz dasselbe sind, betrachten Forscher die Hybris als den emotionalen Kern der narzisstischen Persönlichkeit. Und genau wie der anmaßende Stolz zeigt sich auch der Narzissmus auf den ersten Blick wenig tugendhaft.

Wie Sie vielleicht erwarten, ist der Narzisst sehr selbstbewusst, und obwohl ein solches Selbstvertrauen Vorteile hat (zum Beispiel fühlt es sich gut an), hat es ebenso Nachteile. Narzissten neigen zu schlechten Leistungen im akademischen Umfeld und schneiden auch bei einer Reihe von privat zu erledigenden Aufgaben schlecht ab.[21] Wenn der Narzisst kein Publikum hat, versucht er erst gar nicht, sich Mühe zu geben. Genau wie diejenigen, die zur Hybris neigen, haben Narzissten ebenfalls Schwierigkeiten, langfristig Beziehungen aufrechtzuerhalten, und werden von anderen oft nicht gemocht.[22]

Zugegeben sieht es nicht gut aus für den Narzissmus. Aber nicht so schnell. Es gibt im Mythos von Narziss ein Detail, an das Sie sich vielleicht nicht erinnern. Nachdem Narziss starb, erbarmte die Nymphe Echo sich seiner und verwandelte ihn in eine Blume: die Narzisse – oder, wie ihr botanischer Name lautet, »Narcissus«*. Es stimmt zwar, dass diese Blume giftig ist, aber dennoch ist sie sehr hübsch. Hat der alltägliche Narzissmus vielleicht ebenfalls irgendwelche angenehmen floralen Eigenschaften?

Hat er, laut einem Artikel von W. Keith Campbell und Laura Buffardi, Psychologen an der University of Georgia.[23] Obwohl Narzissten in einigen Situationen schlechter abschneiden, schlagen sie sich erstaunlich gut, wenn ihre Leistung mit der Möglichkeit einhergeht, sich selbst aufzuwerten. Und obwohl sie langfristig Beziehungsprobleme haben können, sorgen ihr Selbstvertrauen und ihr Charme dafür, dass Narzissten bei der Beziehungsanbahnung sehr erfolgreich sind.

Die Situation von Hybris und Narzissmus stellt sich also ein wenig komplizierter dar, als die des authentischen Stolzes. Es gibt Nachteile – mehr Aggression, Angst und Beziehungsprobleme –, aber es gibt auch Vorteile. Narzissten sind hartnäckig und ihr Charme zahlt sich nicht selten aus. Selbst diese schlechte Art des Stolzes ist also nicht ausschließlich schlecht.

Bisher haben wir den Stolz von *innen* betrachtet. Wir haben uns damit beschäftigt, was es heißt, diese Sünde zu erleben, wie diese Erfahrung unser Denken beeinflusst und wie die daraus resultierenden mentalen Verschiebungen wiederum unser Verhalten verändern.

Aber das ist nur eine Hälfte der Geschichte. Um vollständig zu verstehen, was der Stolz für uns leistet, müssen wir diese Emotion von *außen* betrachten. Statt nur zu untersuchen, was das *Erleben* von Stolz mit sich bringt, müssen wir berücksichtigen, welche Funktionen der *Ausdruck* von Stolz hat. Dazu müssen wir uns dem Judowettkampf der Olympischen Spiele 2004 zuwenden.

---

* Anmerkung der Übersetzerin: Die Schreibweise Narcissus entspricht dem englischen Namen für Narziss.

Das wahre Spiegelbild des Stolzes

Es passiert nicht oft, dass Wissenschaftler sich den Kampfkünsten zuwenden, um Antworten auf wichtige Fragen zu finden, aber hin und wieder kommt es dennoch vor. Beim Judowettkampf der Olympischen Spiele 2004 ließen Jessica Tracy und David Matsumoto, ein Emotionsforscher von der San Francisco State University, einen offiziellen Fotografen der Internationalen Judo-Föderation während und unmittelbar nach jedem Kampf Bilder von den Athleten machen.[24] Mit Belichtungszeiten von bis zu $1/500$ Sekunde produzierte der Fotograf Momentaufnahmen der Reaktionen jedes Judoka auf Sieg oder Niederlage der jeweiligen Runde. Als alle Fotos vorlagen, ließen Tracy und Matsumoto diese von speziell geschulten Bewertern kodieren. Dabei suchten sie nach Folgendem:

1. Kopf nach hinten geneigt (circa 20°)
2. Lächeln
3. Arme seitlich oder erhoben
4. Hände zu Fäusten geballt
5. Brust geweitet
6. Oberkörper raus

Warum? Weil so Stolz aussieht. In früheren Studien hatte Tracy gezeigt, dass Menschen überall auf der Welt – von nordamerikanischen Collegestudenten über Einwohner ländlicher Siedlungen in Burkina Faso bis hin zu vier Jahre alten Kindern – diese Anzeichen konsequent als Ausdruck von Stolz bewerten.[25] Diese nahezu universelle Identifizierung von Stolz war, nebenher bemerkt, selbst ein bemerkenswerter Fund. Obwohl Forschern seit geraumer Zeit bekannt ist, dass die sogenannten »Basisemotionen« (Wut, Angst, Freude, Trauer, Ekel und Überraschung)

Das wahre Spiegelbild des Stolzes

universell erkennbare Merkmale beinhalten, hatte bisher niemand angenommen, Ähnliches könnte für den Stolz gelten.

Als Ergebnis der Judostudie erwarteten Tracy und Matsumoto, nach einem Sieg vermehrt nach hinten geneigte Köpfe, geweitete Brustkörbe usw. zu finden. Dies scheint eine ziemlich offensichtliche Vorhersage zu sein und tatsächlich fanden sie, was sie prognostiziert hatten: Alle sechs Merkmale des Stolzes zeigten sich nach einem Sieg öfter.

Besonders interessant werden die Dinge jedoch erst, wenn man bedenkt, dass die gleiche Studie mit blinden Paralympicsteilnehmern durchgeführt wurde. Judo ist seit 1988 eine feste Größe bei den Paralympischen Sommerspielen. Die Regeln sind ähnlich denen für sehende Sportler und das Wettkampfformat ist das gleiche. Wieder ließen die Forscher einen Fotografen die Reaktionen der Sieger und Verlierer Moment für Moment aufzeichnen. Und bemerkenswerterweise zeigten selbst von Geburt an blinde Sportler nach einem Sieg einheitliche Anzeichen für Stolz. Diese Athleten konnten diese Zurschaustellung offensichtlich nicht über visuelle Signale erlernt haben, was der Theorie Gewicht verleiht, der Ausdruck von Stolz könnte angeboren sein.

Dieses Ergebnis ist besonders bemerkenswert, weil es in Verbindung mit der Universalität der Erkennung des Ausdrucksverhaltens nahelegt, dass der Stolz sich entwickelt hat, um eine bestimmte evolutionäre Funktion zu erfüllen. Wie andere Emotionen auch, kommuniziert der Stolz etwas. Aus evolutionärer Sicht sind Emotionen nicht nur Gefühle (die Innenperspektive), sondern auch nonverbale Botschaften an andere (die Außenperspektive). Wenn Sie ein wütendes Gesicht sehen, wissen Sie, dass Sie der Person entweder aus dem Weg gehen oder sich auf einen Kampf einstellen sollten. Ähnlich wie das Knurren der Wut oder die hochgezogenen Augenbrauen der Überraschung, treffen die geweitete Brust und die in die Seite gestemmten Arme des Stolzes eine ganz konkrete Aussage über die Person, zu der diese gehören. Sie sagen: *Ich bin erfolgreich; ich nehme eine hohe Stellung ein.* Wären die Punktrichter bei den Paralympics sich unsicher gewesen, wem die Goldmedaille letztendlich gebührte, hätten sie einfach nur den Winkel der Kopfneigung der Athleten betrachten müssen, um sich zu vergewissern.

Warum genau ist das Signalisieren von Status durch den Ausdruck von Stolz evolutionär zweckmäßig? Nun, Personen mit hohem Status profitieren von Vorteilen, die anderen Menschen nicht zur Verfügung stehen. Der Ausdruck von Stolz ist die nonverbale Kurzform für: »Ich bin erfolgreich, ich habe einen hohen Status, also überhäuft mich mit allem, was evolutionär vorteilhaft ist.« Ihr Ausdruck von Stolz lässt die Leute wissen, dass Sie ein geeignetes Ziel für ehrerbietige Behandlung, Respekt, Partnersuche, Ressourcen und allerlei andere Dinge sind, die Ihre Chancen erhöhen, Ihre Gene an die nächste Generation weiterzugeben. Wenn Sie Judoturniere gewinnen oder Großwild erlegen und niemand weiß etwas davon, ist es unwahrscheinlich, dass Sie soziale Anerkennung, Frauen, Ressourcen und Respekt bekommen.

Alles, selbst Football, ist Eitelkeit

Am 29. Juni 2004 führte New Jersey die erste Eitelkeitssteuer der Vereinigten Staaten ein. In einem Artikel zu dieser Steuer im *Journal of Legal Medicine* weist der Anwalt Michael Ruel darauf hin, dass das, was viele offiziell unter dem Namen New Jersey's Cosmetic Medical Procedure Tax* kennen, im Wesentlichen eine Abgabe auf jeden Eingriff ist, der darauf abzielt, das Aussehen einer Person zu verbessern, ohne dabei die reibungslose Funktion des Körpers zu unterstützen.[26] Der Juristenjargon bezüglich

---

* Anmerkung der Übersetzerin: Dabei handelt es sich um eine Steuer für Schönheitsoperationen.

dieser Steuer ist recht undurchsichtig, aber im Grunde ist sie nichts weiter als eine Abgabe auf rein kosmetische Eingriffe ohne medizinischen Nutzen.

Und die Einwohner New Jerseys sind nicht die Einzigen, die hart mit der Eitelkeit ins Gericht gehen. Minnesota und Hawaii folgten ihrem Beispiel im Jahr 2006 und Arkansas scheiterte 2005 nur knapp bei dem Versuch, eine solche Steuer einzuführen. Dies wirft die Frage auf, ob die Menschen mit Hilfe von Steuern oder anderen Dingen davon abgehalten werden sollten, ein wenig Eitelkeit an den Tag zu legen.

Die Antwort: nicht, wenn sie Quarterbacks in der National Football League (NFL) sind.

Die NFL hat ein ausgeklügeltes System zur Leistungsbewertung ihrer Spieler. Es gibt Mannschaftsstatistiken, Statistiken zur Defensive und natürlich individuelle Spielerstatistiken. Man kann die Sacks und Interceptions der Defensive Linemen und die Fumbles der Punt Returners nachverfolgen. Und dann gibt es natürlich noch die Quarterback-Statistiken, Completions, Touchdowns, First Downs, gewonnene Yards ... und so weiter.

Der Sinn all dieser statistischen Pedanterie ist die detaillierte Verfolgung der Leistung. Die Zahlen erzählen eine Geschichte, denn der Wert eines Spielers zeigt sich zumindest teilweise, wenn nicht vollständig, in seinen Statistiken. Der Quarterback, der Pässe wirft und an Boden gewinnt, wird bezahlt. Ende der Geschichte.

Nicht ganz. Ein wenig komplizierter ist es laut David J. Berri, Ökonom an der Southern Utah University, dann doch.[27] Berri und einige seiner Kollegen interessierten sich dafür, ob noch mehr zum Wert (sprich: »Gehalt«) eines Spielers gehört, als nur seine objektive Leistung.

Dazu schauten sie sich zunächst die Porträts von 312 NFL-Quarterbacks aus den Jahren 1995 bis 2006 an. Diese speisten sie in ein Programm namens *Symmeter* ein, das die Gesichtssymmetrie jedes Quarterbacks maß. Dann sagten sie basierend auf der Symmetrie (die, wie Sie vielleicht bereits erraten haben, ein Maß für die Attraktivität ist) und einer Reihe von objektiven Messgrößen wie Leistung, Passversuche im Laufe der Karriere und Pro-Bowl-Status* die Spielergehälter voraus.

Wie erwartet ließen sich auf Grundlage der objektiven Messgrößen die Gehälter ohne Weiteres bestimmen: Mehr Pässe und mehr Pro Bowls bedeuten mehr Geld. Aber überraschenderweise galt das auch für die Attraktivität. Über die Auswirkungen einer Reihe von statistischen Leistungsgrößen hinaus, erhielten Spieler mit symmetrischeren Gesichtern höhere Gehälter. Ein Spieler mit einem Symmetriewert von einer Standardabweichung über dem Mittelwert (d.h. mit einem höheren Wert als 84 % der anderen Spieler) erhält 12,8 % mehr Gehalt als ein Quarterback mit durchschnittlichem Aussehen.

Gut aussehende Quarterbacks werden also besser bezahlt. Aber solche Effekte beschränken sich nicht auf das Footballfeld. In der Schule bekommen unscheinbare Kinder schlechtere Noten als ihre attraktiven Klassenkameraden[28] und am Arbeitsplatz finden wir ähnliche Einbußen: Die unansehnlichsten Personen erhalten bis zu 10 % weniger Gehalt als durchschnittlich aussehende Angestellte.[29] (Dieser Wert gilt für die USA. In Großbritannien und Australien ist er mindestens doppelt so hoch.)[30] Und, um noch einen draufzusetzen: Je hässlicher Sie sind, desto wahrscheinlicher werden Sie zum Verbrecher.[31]

Einige weitere Vorteile von attraktivem Aussehen sind: mehr Dating-Erfahrung, mehr sexuelle Erfahrungen, bessere körperliche und geistige Gesundheit, größerer beruflicher Erfolg, größere Beliebtheit, mehr Selbstvertrauen und bessere soziale Fähigkeiten.[32]

---

* Anmerkung der Übersetzerin: Der Pro Bowl ist das All-Star-Spiel der NFL und beeinflusst maßgeblich den Marktwert der nominierten Spieler.

Ein Großteil der positiven Auswirkungen der Schönheit basiert darauf, was andere Leute bereit sind, für jemanden zu tun, der ein hübsches Gesicht hat. Attraktive Kinder bekommen vor allem bessere Noten, weil Lehrer gut aussehende Schüler bevorzugen. Selbst Fremde tun schönen Menschen eher einen Gefallen. Wenn Sie schön anzusehen sind, unterzeichnen andere Ihre Petitionen, erklären Ihnen den Weg, erledigen Botengänge für Sie, geben Ihnen Geld für eine Tetanusimpfung und, was für Sozialpsychologen besonders interessant ist, nehmen an Ihren Studien teil.[33]

Vielleicht ist Ihnen bei all diesem Gerede über Attraktivität ein kleiner Taschenspielertrick aufgefallen. *Erwartet er wirklich von mir, zu glauben, dass Schönheit und Eitelkeit dasselbe sind?* Nein, tue ich nicht. Aber ich musste den folgenden Punkt verdeutlichen: Auch wenn uns das nicht gefällt, die Schönen haben Vorteile im Leben, die dem Rest von uns verschlossen bleiben.

Nun zurück zur Eitelkeit. Trotz allem, was unsere Mütter sagen, bleibt Schönheit einigen von uns verwehrt. Das muss uns aber nicht zu einem Leben in Elend und Inkompetenz, mit schlechten sozialen Fähigkeiten, Tetanus und nicht unterzeichneten Petitionen verdammen. Mit ein wenig Arbeit (und damit meine ich nicht nur chirurgische) kann auch der Rest von uns vom Glorifizierungseffekt der Attraktivität profitieren. Wir können vielleicht nicht ohne Weiteres unsere Gesichtssymmetrie verändern, aber die Eitelkeit lässt sich dennoch zu unseren Gunsten einsetzen. Wir können unsere Haare kämmen, unsere Zähne putzen, unsere Schuhe polieren und vielleicht ein wenig Lippenstift auftragen oder unsere Krawatte zurechtrücken.

Körperpflege macht tatsächlich einen Unterschied und übertrumpft vielleicht sogar von Natur aus gutes Aussehen. Michael French, Soziologe an der University of Miami, und einige seiner Kollegen untersuchten detailliert einen Datensatz, der die Antworten von circa 20 000 Jugendlichen auf Interviewfragen zur

Gesundheits- und ähnlichen Themen enthielt.³⁴ French interessierte sich für die Auswirkungen des äußeren Erscheinungsbildes auf schulische Leistungen. Wie erwartet fand French heraus, dass sich anhand der körperlichen Attraktivität (basierend auf Bewertungen der Interviewer) der Notendurchschnitt vorhersagen ließ.

Auf den ersten Blick schienen die Ergebnisse eine uns bekannte Geschichte zu erzählen: Schönheit bringt Vorteile. Bei genauerem Hinschauen ergab sich jedoch ein interessantes (und beruhigendes Muster). Als French auch die Körperpflege berücksichtigte, verschwanden die Auswirkungen der körperlichen Attraktivität als solche.

Ein anderer wichtiger Punkt ist der, dass die Eitelkeit nicht nur das Gesicht betrifft. Es geht dabei auch um Kleidung, und zum Glück sind Hemden ein wenig leichter zu wechseln als Gesichter.

Wir definieren uns sehr stark über unsere Kleidung. Ganze Identitäten sind an eine einzelne Sicherheitsnadel, eine Bolokrawatte oder einen Stetsonhut gebunden. Kleidung formt nicht nur unsere Identität, sondern kommuniziert sie auch. Ein einzelnes Kleidungsstück oder ein ganzes Outfit kann andere wissen lassen, welche Musik wir mögen, wo wir herkommen oder wo wir arbeiten.

Samuel Gosling, Sozialpsychologe an der University of Texas in Austin, hat den Großteil des letzten Jahrzehnts damit verbracht, sorgfältig die in Besitztümern, Gehbewegungen und Kleidungsstücken verschlüsselten Nachrichten zu erforschen.

Er kann Ihnen sagen, dass Menschen mit Motivationspostern an der Schlafzimmerwand neurotisch sind, Menschen, die beim Gehen ihre Arme schwingen lassen, extrovertiert und Menschen mit aufgeräumten Büros gewissenhaft.³⁵

Bekleidungstechnisch gibt es die folgenden Kodes: dunkle Kleidung = neurotisch; formelle Kleidung = gewissenhaft; unordentliche und unkonventionelle Kleidung = offen für Neues; und tief ausgeschnittene und teure Kleidung = Narzissmus, zumindest bei Frauen (ein tiefer Ausschnitt bei Männern signalisiert etwas völlig anderes).[36]

Kleider haben aber auch noch eine geheimnisvolle Macht, die über die Formung und Kommunikation von Identitäten hinausgeht. Sie sind überzeugende Signale; und während die Aussage »Kleider machen Leute« vielleicht nicht ganz richtig ist, sorgen Kleider auf jeden Fall dafür, dass die Männer (und Frauen) um einen herum ihr Verhalten auf interessante Weise verändern.

Stellen Sie sich vor, Sie stehen an einer Ampel und warten darauf, die Straße zu überqueren. Neben Ihnen steht ein junger Mann, circa 30 Jahre alt, in einem frisch gebügelten Anzug, weißem Hemd und polierten Schuhen. Die Ampel ist *rot*, aber der junge Mann überquert die Straße dennoch. Sie überlegen, ob Sie ebenfalls bei Rot über die Straße gehen sollen oder nicht. Als Monroe Lefkowitz, Robert Blake und Jane Mouton von der University of Texas in einem Geschäftsviertel von Austin genau dieses Szenario inszenierten, fanden sie ein interessantes Ergebnismuster, aus dem die Überzeugungskraft der Kleidung hervorgeht.[37] Wenn der Verbündete ein professionelles Outfit trug – bestehend aus Anzug, Hemd und glänzenden Schuhen –, überquerten 14 % der ahnungslosen Teilnehmer (Fußgänger, die zufällig zu dieser Zeit an der Ampel standen) mit ihm zusammen die Straße. Trug der Verbündete jedoch abgetragene Schuhe, eine schmutzige Hose und Jeanshemd, folgten ihm nur 4 % der Teilnehmer.

Die unangenehme Wahrheit ist: Unser Aussehen ist von Bedeutung; unsere Gesichter, unsere Körper, unsere Haut, unsere Kleidung. All diese Dinge beeinflussen, wie wir wahrgenommen werden und was wir erreichen können. Und während ein wenig Eitelkeit in Bezug auf Ihre Erscheinung alleine Sie wahrscheinlich nicht von einer »1« in eine perfekte »10« verwandeln kann,

kann etwas Styling hier und ein wenig Glätten dort Ihnen dabei helfen, bessere Noten zu bekommen oder Tetanus zu vermeiden.

Salman Rushdie und Christopher Hitchens spielten früher gerne ein Wortspiel, das sich um Buchtitel drehte, die so niemals gedruckt wurden: *The Big Gatsby, Good Expectations* und *Mr. Zhivago** waren einige der Favoriten.[38] Genauso unpoetisch und flach, aber nicht annähernd so geistreich: *Prides*** *and Prejudice*. Zweitklassig, aber durchaus passend angesichts dessen, was in Austens Roman passiert: Elizabeth Bennett fühlt sich in Bezug auf Mr. Darcy hin- und hergerissen zwischen Liebe und Hass, zwischen Bewunderung seiner Ehrhaftigkeit (sprich: seines authentischen Stolzes) und Abscheu ob seiner Selbstgefälligkeit (sprich: seiner Hybris).

Genau wie in den Studien der Sozialpsychologen gibt es in Austens Roman zwei Arten von Stolz. Austen erwähnt einige der Vorzüge des Stolzes, vergisst aber andere, die seither durch die Arbeit von Wissenschaftlern ans Licht gebracht worden sind: Stolze Menschen arbeiten hart und erreichen viel, sie übernehmen die Führung und sind beliebt.

Dennoch sieht sie das große Ganze. Es gibt zwei Arten von Stolz. Es ist entscheidend, der guten Art nachzugeben, der schlechten aber (zumindest weitgehend) zu widerstehen, um aus dieser Königin der Todsünden das Beste zu machen. Und wenn Sie gerne gute Noten hätten oder wollen, dass Fremde Ihnen Geld geben, kann ein wenig Eitelkeit auch nicht schaden.

---

* Anmerkung der Übersetzerin: Die Buchtitel, die es letztendlich in die Regale schafften, waren: *The Great Gatsby, Great Expectations* und *Dr. Zhivago*. Da diese Unterscheidungen im Deutschen nicht in allen Fällen funktionieren, wurde hier auf die Angabe der deutschen Titel verzichtet.

** Anmerkung der Übersetzerin: »Prides« bildet hier den Plural von Stolz. Der Originaltitel lautet *Pride and Prejudice* (*Stolz und Vorurteil*).

Schlusswort
Gerade als Sie dachten, es gäbe nur sieben ...

Während ich dieses Buch schrieb, berichtete *BBC Focus* von einer weltweiten Studie zu den sündigsten Ländern der Welt.[1] Mit Methoden, die denen ähnelten, die von Thomas Vought und seinen Kollegen bei der Kartierung der US-Sündenlandschaft verwendet worden waren – Diebstahlstatistiken für Neid, BMI für Völlerei, Anzahl der Krankheitstage für Trägheit –, stellte die BBC folgende Gewinnerliste zusammen:

Wollust: Südkorea
Völlerei: Vereinigte Staaten
Habgier: Mexiko
Trägheit: Island
Zorn: Südafrika
Neid: Australien
Hochmut: Island

Mit nur einem Hauch von Stolz (dem der authentischen Vielfalt natürlich) freue ich mich sagen zu können, dass Australien zur weltweit sündigsten Nation gekürt wurde. Ich habe Mitleid mit den Ländern, die diesen Platz nur knapp verfehlt haben – die Vereinigten Staaten auf Platz zwei und Kanada an dritter Stelle –, aber noch mehr leid tun mir jene, die es gar nicht erst auf die Liste geschafft haben (Grönland zum Beispiel). Aber tugendhafte Grönländer und andere wie sie müssen sich keine Sorgen machen, denn es scheint, als gäbe es andere Möglichkeiten, das Amt der weltweit sündigsten Nation zu übernehmen.

Am 9. März 2008 überarbeitete Bischof Gianfranco Girotti, der Regent der Apostolischen Pönitentiarie, einem der drei obersten Gerichtshöfe der römisch-katholischen Kirche, die sieben Todsünden für das neue Jahrtausend. In einem Interview mit der Zeitung des Vatikans, *l'Osservatore Romano*, fügte Bischof Girotti der Liste der klassischen und hoffentlich mittlerweile bekannten Sieben verschiedene »soziale« Sünden wie Drogenkonsum, Abtreibung, Umweltverschmutzung und Stammzellenforschung hinzu: »Man lästert Gott nicht nur durch Stehlen, Blasphemie oder das Begehren seines Nächsten Weib, sondern auch indem man die Umwelt verschmutzt, moralisch fragwürdige wissenschaftliche Experimente durchführt oder die Zustimmung zu genetischen Manipulationen gibt, die die DNS verändern oder Embryonen gefährden.«[2]

Der Regent der Apostolischen Pönitentiarie ist nicht der Einzige, der versucht hat, die Liste der Todsünden für das 21. Jahrhundert auf den neuesten Stand zu bringen. Laut einer BBC-Umfrage aus dem Jahr 2005 würde eine zeitgenössische Liste der Todsünden wie folgt aussehen[3]:

Grausamkeit
Ehebruch
Bigotterie
Unehrlichkeit
Heuchelei
Habgier
Egoismus

Schlusswort

Ich möchte wirklich nicht auf diesem Punkt herumreiten (und auch nicht unterschlagen, dass die BBC-Umfrage nicht ganz ernst gemeint war), aber das Label »Sünde« wird den damit verbundenen komplexen psychologischen und sozialen Phänomenen einfach nicht gerecht. Mehr noch, es lässt sie vereinfachend eindimensional erscheinen. Von der Habgier wurde bereits gesprochen. Unehrlichkeit soll kategorisch schlecht sein? Wie steht es mit der Heuchelei? Haben Sie noch nie etwas vorgetäuscht, um die Gefühle Ihres Gegenübers zu schonen? »Wie steht mir dieses Kleid, Schatz?«

Es besteht kein Zweifel daran, dass explizite Anweisungen von anerkannten Autoritäten für viele ein dringend benötigter moralischer Kompass in einer komplexen Welt sind. In der Tat vereinfacht die Fähigkeit, ein Verhalten als schwarz oder weiß, als offensichtlich falsch oder richtig zu bewerten, das Leben ganz enorm. Im Falle der klassischen Todsünden haben wir jedoch gesehen, dass sich die Realität viel komplizierter darstellt. Eine grob vereinfachende Kategorisierung sozialer und psychologischer Phänomene in »Sünden« und »Tugenden«, in »gut« und »böse« erkennt dem menschlichen Handeln seine angeborene und faszinierende Vielfalt ab. Außerdem marginalisiert sie die »Sünder« und erschwert den ernsthaften und anspruchsvollen Diskurs.

Was erscheint Ihnen vernünftiger? Eine durchdachte und fundierte Diskussion über die ethischen Folgen der Stammzellenforschung oder die bloße Behauptung, diese Art von Forschung sei eine Sünde, und der daraus resultierende vollständige Verzicht darauf? Drogenbehandlungsprogramme, die auf einer sorgfältigen Abwägung der wissenschaftlichen Erkenntnisse im Hinblick auf die direkten und indirekten Ursachen von Drogenmissbrauch basieren – oder ein »Droge = Sünde«-Mantra, das die Drogenkonsumenten nicht nur für alle Ewigkeit zur Hölle verdammt, sondern auch zu sozialer Ausgrenzung und Stigmatisierung?

Schlusswort

In diesem Buch haben Sie gesehen, dass sieben psychologische Merkmale des Menschengeschlechts, die sechzehn Jahrhunderte lang als Todsünden dämonisiert wurden, eigentlich sehr gut für uns sind. Alles, was man für diese Schlussfolgerung braucht, ist ein wenig sorgfältige Überlegung, eine Durchsicht der wissenschaftlichen Aufzeichnungen und die Bereitschaft, sich von einem kulturellen Erbe abzukehren, das die menschliche Natur in drastischer Weise simplifiziert. Wenn Sie sich nur einen Moment Zeit nehmen, ist es nicht schwer zu erkennen, wie Wollust, Völlerei, Habgier, Trägheit, Zorn, Neid und Hochmut oft für Sie und die Menschen um Sie herum arbeiten können. Und wenn Sie sich noch ein paar Augenblicke mehr gönnen, werden Sie die Idee ebenso vernünftig finden, dass fast alle Facetten des menschlichen Verhaltens – von der Gentechnik bis hin zur Selbstsucht – zu komplex, zu vielschichtig und oft auch einfach zu zweckmäßig sind, um ihnen den Stempel der Sünde aufzudrücken.

Danksagung

Danke (in keiner bestimmten Reihenfolge) an alle, die an der Gestaltung dieses Buches beteiligt waren. Danke an Bill von Hippel, Ladd Wheeler, Jessica Tracy, Jessica Payne, Nick Haslam, Peter Kuppens, Pete Koval, Omri Gillath, Bianca Levis und Hanne Watkins für das Lesen von Manuskriptauszügen. Besonderer Dank geht an Cordelia Fine und Cassie Govan.

Vielen Dank auch an Barbara Loewenstein und Norman Kurz von Loewenstein and Associates und an Heather Lazare und alle anderen bei Three Rivers Press.

Für ihre Unterstützung danke ich meinen Eltern, Nick, Lizzie, Clare und Matt (und vielen anderen). Mein größter Dank geht an Stacey.

Anmerkungen

Einleitung

1 Thomas Vought, Ryan Bergstrom, Michael Dulin & Mitchell Stimers: »The spatial distribution of the seven deadly sins by county within the United States.« Poster präsentiert beim Annual Meeting of the Association of American Geographers, Las Vegas, 2009.
2 Gregor der Große: »Moralia in Iob.« Turnhout, Brepols, 1979
3 Rebecca DeYoung: »Glittering Vices.« Grand Rapids, Baker Publishing Group, 2009.
4 William Sinnott-Armstrong (Hrsg.): »Moral psychology.« Teil 1: »The evolution of morality«, Cambridge, MIT Press, 2008.
5 William Hoverd & Chris Sibley: »Immoral Bodies: The Implicit Association Between Moral Discourse and the Body.« Journal for the Scientific Study of Religion 46, S. 391–403, 2007.
6 Gregor der Große: »Moralia in Iob.«

Kapitel 1: Wollust

1 Cindy M. Meston & David M. Buss: »Why Humans Have Sex.« Archives of Sexual Behavior 36, S. 477–507, 2007.
2 D. Amen, »Bedtime Stories.« Men's Health 19 (2), S. 152, 2005.
3 »Cosmo's Sex Trick Hall of Fame.« Cosmopolitan 238 (6), S. 118, 2005.

4 David M. Buss: »Sex Differences in Human Mate Preferences: Evolutionary Hypotheses Tested in 37 Cultures.« Behavioral and Brain Sciences 12, S. 1–49, 1989. David M. Buss, The Evolution of Desire: Strategies of Human Mating, New York: Basic Books, 1994. David M. Buss & David P. Schmitt: »Sexual Strategies Theory: An Evolutionary Perspective on Human Mating.« Psychological Review 100, S. 204–232, 1993. Boguslaw Pawlowski und Slawomir Koziel: »The Impact of Traits Offered in Personal Advertisements on Response Rates.« Evolution and Human Behavior 23, S. 139–149, 2002.
5 Buss: »The Evolution of Desire.«
6 Jeffrey A. Hall, Namkee Park, Hayeon Song & Michael J. Cody: »Strategic Misrepresentation in Online Dating: The Effects Of Gender, Self-Monitoring, and Personality Traits.« Journal of Social and Personal Relationships 27, S. 117–135, 2010.
7 James R. Roney: »Effects of Visual Exposure to the Opposite Sex: Cognitive Aspects of Mate Attraction in Human Males.« Personality and Social Psychology Bulletin 29, S. 393–404, März 2003.
8 Bruce J. Ellis & Donald Symons: »Sex Differences in Sexual Fantasy: An Evolutionary Psychological Approach.« The Journal of Sex Research 27, S. 527–555, November 1990.
9 Antonio Zadra: »Sex Dreams: What do Men and Women Dream About?« Sleep 20, A376, 2007.
10 Russell D. Clark III & Elaine Hatfield: »Gender Differences in Receptivity to Sexual Offers.« Journal of Psychology and Human Sexuality 2, S. 39–55, 1989.
11 Buss: »The Evolution of Desire.«
12 Meston & Buss: »Why Humans Have Sex.«

13 Willibrord Weijmar Schultz, Pek van Andel, Ida Sabelis & Eduard Mooyaart: »Magnetic Resonance Imaging of Male and Female Genitals During Coitus and Female Sexual Arousal.« British Medical Journal 319, S. 1596–1600, 1999.
14 Omri Gillath, Mario Mikulincer, Gurit E. Birnbaum & Phillip R. Shaver: »Does Subliminal Exposure to Sexual Stimuli Have the Same Effects on Men and Women?« Journal of Sex Research 44, S. 111–121, 2007.
15 Jon K. Maner, Douglas T. Kenrick, D. Vaughn Becker, Theresa E. Robertson, Brian Hofer, Steven L. Neuberg, Andrew W. Delton, Jonathan Butner & Mark Schaller: »Functional Projection: How Fundamental Social Motives Can Bias Interpersonal Perception.« Journal of Personality and Social Psychology 88, S. 63–78, 2005.
16 Walter Stephan, Ellen Berscheid & Elaine Walster: »Sexual Arousal and Heterosexual Perception.« Journal of Personality and Social Psychology 20, S. 93–101, 1971. Jon K. Maner, Matthew T. Gailliot, D. Aaron Rouby & Saul L. Miller: »Can't Take My Eyes off You: Attentional Adhesion to Mates and Rivals.« Journal of Personality and Social Psychology 93, S. 389–401, 2007.
17 Gregory J. Madden & Warren K. Bickel: Impulsivity: The Behavioral and Neurological Science of Discounting, Washington, DC: American Psychological Association, 2010.
18 Bram van den Bergh, Siegfried Dewitte & Luk Warlop: »Bikinis Instigate Generalized Impatience in Intertemporal Choice.« Journal of Consumer Research 35, S. 85–97, Juni 2008.
19 Ebd.
20 Richard E. Nisbett, Kaiping Peng, Incheol Choi & Ara Norenzayan: »Culture and Systems of Thought: Holistic Versus Analytic Cognition.« Psychological Review 108, S. 291–310, 2001.

21 Jens Förster, Amina Özelsel & Kai Epstude: »How Love and Lust Change People's Perception of Relationship Partners.« Journal of Experimental Social Psychology 46, S. 237–246, 2010.
22 Jens Förster, Kai Epstude & Amina Özelsel: »Why Love Has Wings and Sex Has Not: How Reminders of Love and Sex Influence Creative and Analytic Thinking.« Personality and Social Psychology Bulletin 35, S. 1479–1490, 2009.
23 Omri Gillath: »Neural and Cognitive Correlates of Exposure to Sex.« Gespräch bei dem 22nd Annual Meeting of the Association for Psychological Science (APS), Boston, Mai 2010.
24 Brad J. Bushman: »Violence and Sex in Television Programs Do Not Sell Products in Advertisements.« Psychological Science 16, S. 702–708, 2005.
25 Anemone Cerridwen & Dean Keith Simonton: »Sex Doesn't Sell – Nor Impress! Content, Box Office, Critics, and Awards in Mainstream Cinema.« Psychology of Aesthetics, Creativity, and the Arts, S. 200–210, 2009.
26 Vladas Griskevicius, Noah J. Goldstein, Chad R. Mortensen, Robert B. Cialdini & Douglas T. Kenrick: »Going Along Versus Going Alone: When Fundamental Motives Facilitate Strategic (Non)Conformity.« Journal of Personality and Social Psychology 91, S. 281–294, 2006.
27 Vladas Griskevicius, Joshua M. Tybur, Jill M. Sundie, Robert B. Cialdini, Geoffrey F. Miller & Douglas T. Kenrick: »Blatant Benevolence and Conspicuous Consumption: When Romantic Motives Elicit Strategic Costly Signals.« Journal of Personality and Social Psychology 93, S. 85–102, 2007.
28 Ebd.
29 Omri Gillath, Mario Mikulincer, Gurit E. Birnbaum & Phillip R. Shaver: »When Sex Primes Love: Subliminal Sexual Pri-

ming Motivates Relationship Goal Pursuit.« Personality and Social Psychology Bulletin 34, S. 1057–1069, 2008.
30 Ebd.
31 Dan Ariely & George Loewenstein: »The Heat of the Moment: The Effect of Sexual Arousal on Sexual Decision Making.« Journal of Behavioral Decision Making 19, S. 87–98, 2006.
32 Richard Ronay & William von Hippel: »The Presence of an Attractive Woman Elevates Testosterone and Physical Risk Taking in Young Men.« Social Psychological and Personality Science 1, S. 57–64, Januar 2010.
33 Geoffrey F. Miller: »Sexual Selection for Moral Virtues.« Quarterly Review of Biology 82, S. 97–125, 2007.
34 David M. Buss & Michael Barnes: »Preferences in Human Mate Selection.« Journal of Personality and Social Psychology 50, S. 559–570, 1986.
35 Vladas Griskevicius, Robert B. Cialdini & Douglas T. Kenrick: »Peacocks, Picasso, and Parental Investment: The Effects of Romantic Motives on Creativity.« Journal of Personality and Social Psychology 91, S. 63–76, 2006.
36 Miller: »Sexual Selection for Moral Virtues.«
37 Vladas Griskevicius et. al: »Blatant Benevolence and Conspicuous Consumption.«
38 Katechismus der Katholischen Kirche (1997), Online-Version abrufbar unter: http://www.vatican.va/archive/deu0035/_index.htm (Stand: 24.10.2012).

Kapitel 2: Völlerei

1 Rozin, C. Fischler, S. Imada, A. Sarubin und A. Wrzesniewski: »Attitudes to Food and the Role of Food in Life In the U.S.A., Japan, Flemish Belgium and France: Possible Implications for the Diet-Health Debate.« Appetite 33, S. 163–

180, 1999. Paul Rozin: »The Meaning of Food in Our Lives: A Cross-Cultural Perspective on Eating and Well-Being.« Journal of Nutrition Education and Behaviour 37, S. 107–112, 2005.
2 National Center for Health Statistics, National Health and Nutrition Examination Survey, Datentabellen abgerufen am 31. Dezember 2010: http://www.cdc.gov/nchs/data/nhanes/databriefs/adultweight.pdf. Paul Rozin, Kimberly Kabnick, Erin Pete, Claude Fischler & Christy Shields: »The Ecology of Eating: Smaller Portion Sizes in France Than in the United States Help Explain the French Paradox.« Psychological Science 14, S. 450–454, September 2003.
3 Susan E. Hill: »The Ooze of Gluttony: Attitudes Towards Food, Eating, and Excess in the Middle Ages.« The Seven Deadly Sins: From Communities to Individuals, Richard Newhauser (Hrsg.), Niederlande, Koninklijke Brill NV, 2007.
4 Richard I. Stein & Carol J. Nemeroff: »Moral Overtones of Food: Judgments of Others Based on What They Eat.« Personality and Social Psychology Bulletin 21, S. 480–490, Mai 1995.
5 Ebd.
6 Sarah-Jeanne Salvy, Julie C. Bowker, Lauren A. Nitecki, Melissa A. Kluczynski, Lisa J. Germeroth & James N. Roemmich: »Impact of Simulated Ostracism on Overweight and Normal-Weight Youths. Motivation to Eat and Food Intake.« Appetite 56, S. 39–45, Februar 2011.
7 Brian Wansink: »Can Package Size Accelerate Usage Volume?« Journal of Marketing 60, S. 1–14, Juli 1996. Brian Wansink & Junyong Kim: »Bad Popcorn in Big Buckets: Portion Size Can Influence Intake as Much as Taste.« Journal of Nutrition Education and Behavior 37, S. 242–245, 2005.

Anmerkungen

8 Brian Wansink: »Environmental Factors that Increase the Food Intake and Consumption Volume of Unknowing Consumers.« Annual Review of Nutrition 24, S. 455–479, 2004.
9 Brian Wansink, James E. Painter & Jill North: »Bottomless Bowls: Why Visual Cues of Portion Size May Influence Intake.« Obesity Research 13, S. 93–100, 2005.
10 Brian Wansink & Koert Van Ittersum: »Bottoms Up! The Influence of Elongation On Pouring and Consumption Volume.« Journal of Consumer Research 30, S. 455–463, 2003.
11 Brian Wansink, Koert van Ittersum, James E. Painter: »Ice Cream Illusions: Bowls, Spoons, and Self-Served Portion Sizes.« American Journal of Preventive Medicine 31, S. 240–243, 2006. B. Wansink, J. E. Painter & Y.-K. Lee: »The Office Candy Dish: Proximity's Influence on Estimated and Actual Consumption.« International Journal of Obesity 30, S. 871–875, 2006. Barbara E. Kahn & Brian Wansink: »The Influence of Assortment Structure on Perceived Variety and Consumption Quantities.« Journal of Consumer Research 30, S. 519–533, 2004.

12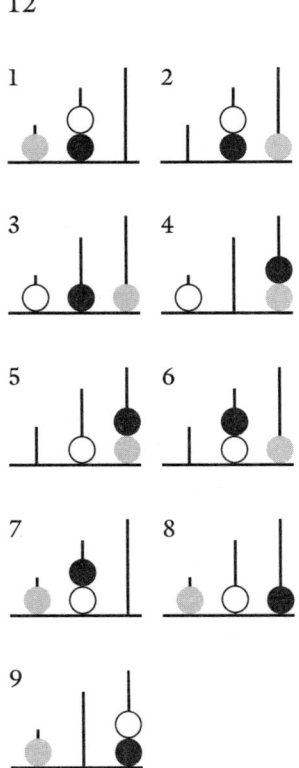

13 Michael W. Green & Peter J. Rogers: »Impairments in Working Memory Associated With Spontaneous Dieting Behaviour.« Psychological Medicine 28, 1063–1070, 1998.
14 Ebd.
15 Matthew T. Gailliot: »Unlocking the Energy Dynamics of Executive Functioning.« Perspectives on Psychological Science 3, S. 245–263, 2008.
16 Matthew T. Gailliot, Roy F. Baumeister, C. Nathan DeWall, Jon K. Maner, E. Ashby Plant, Dianne M. Tice, Lauren E. Brewer & Brandon J. Schmeichel: »Self-Control Relies on Glucose as a Limited Energy Source: Willpower Is More Than a Metaphor.« Journal of Personality and Social Psychology 92, S. 325–336, 2007.
17 Matthew T. Gailliot & Roy F. Baumeister: »The Physiology of Willpower: Linking Blood Glucose to Self-Control.« Personality and Social Psychology Review 11, S. 303–327, 2007. Matthew T. Gailliot: »Unlocking the Energy Dynamics of Executive Functioning.«
18 Matthew T. Gailliot, B. Michelle Peruche, E. Ashby Plant & Roy F. Baumeister: »Stereotypes and Prejudice in the Blood: Sucrose Drinks Reduce Prejudice and Stereotyping.« Journal of Experimental Social Psychology 45, S. 288–290, 2009.
19 Barbara Briers, Mario Pandelaere, Siegfried Dewitte & Luk Warlop: »Hungry for Money: The Desire for Caloric Resources Increases the Desire for Financial Resources and Vice Versa.« Psychological Science 17, S. 939–943, 2006.
20 Hans C. Breiter, Itzhak Aharon, Daniel Kahneman, Anders Dale & Peter Shizgal: »Functional Imaging of Neural Responses to Expectancy and Experience of Monetary Gains and Losses.« Neuron 30, S. 619–639, Mai 2001. John P. O'Doherty, Ralf Diechmann, Hugo D. Critchley & Raymond J. Dolan: »Neural Responses During Anticipation of a Primary Taste Reward.« Neuron 33 (28), S. 815–826, 2001.

21 Briers et al.: »Hungry for Money.«
22 Brian Wansink, Koert van Ittersum & James E. Painter: »How Diet and Health Labels Influence Taste and Satiation.« Journal of Food Science 69, S. 340–346, 2004. Brian Wansink: »Mindless Eating: Why We Eat More Than We Think.« New York: Bantam Dell, 2007.
23 Akshay R. Rao & Kent B. Monroe: »The Effect of Price, Brand Name, and Store Name on Buyers' Perceptions of Product Quality: An Integrative Review.« Journal of Marketing Research 26, S. 351–357, August 1989.
24 Hilke Plassmann, John O'Doherty, Baba Shiv & Antonio Rangel: »Marketing Actions Can Modulate Neural Representations of Experienced Pleasantness.« Proceedings of the National Academy of Sciences 105, S. 1050–1054, Januar 2008.
25 Aner Sela, Jonah Berger & Wendy Liu: »Variety, Vice, and Virtue: How Assortment Size Influences Option Choice.« Journal of Consumer Research 35, S. 941–951, April 2009.
26 Sheena S. Iyengar & Mark R. Lepper: »When Choice is Demotivating: Can One Desire Too Much of a Good Thing?« Journal of Personality and Social Psychology 79, S. 995–1006, 2000.
27 Dan Ariely & Jonathan Levav: »Sequential Choice in Group Settings: Taking the Road Less Traveled and Less Enjoyed.« Journal of Consumer Research 27, S. 279–290, Dezember 2000.
28 Rozin et al.: »Attitudes to Food and the Role of Food in Life.«
29 Rozin et al.: »The Ecology of Eating.«
30 Ebd.
31 Wansink: »Mindless Eating.«
32 Richard Wrangham: »Catching Fire: How Cooking Made Us Human.« London: Profile Books, 2009.
33 Matthew W. Gillman, Sheryl L. Rifas-Shiman, A. Lindsay Frazier, Helaine R. H. Rockett, Carlos A. Camargo Jr., Alison E.

Field, Catherine S. Berkey & Graham A. Colditz: »Family Dinner and Diet Quality Among Older Children and Adolescents.« Archives of Family Medicine 9, S. 235–240, März 2000.
34 The Oxford English Dictionary, s.v. »companion, n/1.« 2nd ed. 1989. OED Online. Oxford University Press, abgerufen am 1. Januar 2011.

Kapitel 3: Habgier

1 »Wall Street« (1987), Twentieth Century Fox Home Entertainment, Erscheinungstermin März 2010, Format DVD.
2 Betsy Stevenson & Justin Wolfers: »Economic Growth and Subjective Well-Being: Reassessing the Easterlin Paradox.« Brookings Papers on Economic Activity, Spring, S. 1–87, 2008.
3 Ebd., S. 65–67.
4 Bertrand Russell: »Lob des Müßiggangs.« 4. Auflage, München: Deutscher Taschenbuch Verlag, 2006.
5 Leaf Van Boven & Thomas Gilovich: »To Do or to Have? That Is the Question.« Journal of Personality and Social Psychology 85, S. 1193–1202, 2003.
6 Ebd.
7 Daniel Gilbert: »Stumbling on Happiness.« London: Harper Perennial, 2006.
8 Ebd.
9 Ed Diener & Robert Biswas-Diener: »Happiness: Unlocking the Mysteries of Psychological Wealth.« Malden, MA: Blackwell, 2008.
10 Ebd.
11 Ed Diener & Martin Seligman: »Beyond Money: Toward an Economy of Well-Being.« Psychological Science in the Public Interest 5, S. 1–31, 2004.

12 Diener & Biswas-Diener: »Happiness.«
13 Ebd.
14 Thomas Gilovich, Robert Vallone & Amos Tversky: »The Hot Hand in Basketball: On the Misperception of Random Sequences.« Cognitive Psychology 17, S. 295–314, 1985.
15 Todd McFall, Charles Knoeber & Walter Thurman: »Contests, Grand Prizes and the Hot Hand.« Journal of Sports Economics 10, S. 236–255, 2009.
16 Douglas Jenkins Jr., Atul Mitra, Nina Gupta & Jason Shaw: »Are Financial Incentives Related to Performance? A Meta-Analytic Review of Empirical Research.« Journal of Applied Psychology 83, S. 777–787, 1998.
17 Edward Deci: »Effects of Externally Mediated Rewards on Intrinsic Motivation.« Journal of Personality and Social Psychology 18, S. 105–115, 1971.
18 Philip Tetlock, Orie Kristel, Beth Elson, Melanie Green & Jennifer Lerner: »The Psychology of the Unthinkable: Taboo Trade-offs, Forbidden Base Rates, and Heretical Counterfactuals.« Journal of Personality and Social Psychology 78, S. 853–870, 2000.
19 Dan Ariely: »Predictably Irrational.« London: HarperCollins, 2008.
20 Uri Gneezy & Aldo Rustichini: »Pay Enough or Don't Pay at All.« The Quarterly Journal of Economics, S. 791–810, August 2000.
21 Kathleen Vohs, Nicole Mead & Miranda Goode: »Psychological Consequences of Money.« Science 314, S. 1154–1156, 2006.
22 Kathleen Vohs, Nicole Mead & Miranda Goode: »Merely Activating the Concept of Money Changes Personal and Interpersonal Behavior.« Current Directions in Psychological Science 17, S. 209, 2008.

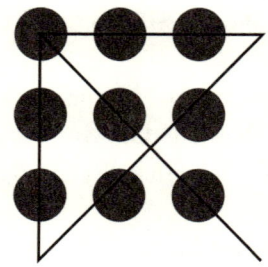

23 Ebd.
24 Xinyue Zhou, Kathleen Vohs & Roy Baumeister: »The Symbolic Power of Money: Reminders of Money Alter Social Distress and Physical Pain.« Psychological Science 20, S. 700–706, 2009.
25 Kathleen Vohs: »Small Reminders of Money Elicit Big Changes in Behavior.« Hauptrede bei der 39th Annual Conference of the Society of Australasian Social Psychologists, Melbourne, 2009.
26 Kathleen Vohs, Nicole Mead & Miranda Goode: »Psychological Consequences of Money.« Science 314, S. 1154–1156, 2006.
27 Ebd.
28 Stephen Lea & Paul Webley: »Money as Tool, Money as Drug: The Biological Psychology of a Strong Incentive.« Behavioral and Brain Sciences 29, S. 161–209, 2006.

Kapitel 4: Trägheit

1 http://www.duden.de/rechtschreibung/Traegheit. Abgefragt: 22.6.2012.
2 Robert E. Sinkewicz: »Evagrius of Pontus: The Greek Ascetic Corpus.« Oxford: Oxford University Press, S. 99, 2006.
3 Max Weber: »The Protestant Ethic and the ›Spirit‹ of Capitalism and Other Writings.« New York: Penguin Books, 2002.

4 Bertrand Russell: »Lob des Müßiggangs.« München: dtv, 2006.
5 Robert Louis Stevenson: »An Apology for Idlers.« 1876, abgerufen von: http://essays.quotidiana.org/stevenson/apology_for_idlers/.
6 Sheldon Cohen, William J. Doyle, Cuneyt M. Alper, Denise Janicki-Deverts & Ronald B. Turner: »Sleep Habits and Susceptibility to the Common Cold.« Archives of Internal Medicine 169, S. 62–67, 2009.
7 Matthew P. Walker & Robert Stickgold: »Sleep, Memory and Plasticity.« Annual Review of Psychology 57, S. 139–166, 2006
8 Jessica D. Payne, Daniel L. Schacter, Ruth E. Propper, Li-Wen Huang, Erin J. Wamsley, Matthew A. Tucker, Matthew P. Walker & Robert Stickgold: »The Role of Sleep in False Memory Formation.« Neurobiology of Learning and Memory 92, S. 327–334, 2009.
9 Ebd.
10 Jessica D. Payne & Elizabeth A. Kensinger: »Sleep's Role in the Consolidation of Emotional Episodic Memories.« Current Directions in Psychological Science 19, S. 290–295, 2010.
11 Walker & Stickgold: »Sleep, Memory and Plasticity.«
12 Ullrich Wagner, Steffen Gais, Hilde Haider, Rolf Verleger & Jan Born: »Sleep Inspires Insight.« Nature 427, S. 352–355, 2004.
13 Denise J. Cai, Sarnoff A. Mednick, Elizabeth M. Harrison, Jennifer C. Kanady & Sara C. Mednick: »REM, Not Incubation, Improves Creativity by Priming Associative Networks.« Proceedings of the National Academy of Sciences of the United States of America 106, S. 10130–10134, 2009.
14 Erin J. Wamsley, Matthew Tucker, Jessica D. Payne, Joseph A. Benavides & Robert Stickgold: »Dreaming of a Learning

Task is Associated with Enhanced Sleep-Dependent Memory Consolidation.« Current Biology 20, S. 850–855, 2010.
15 Ebd.
16 Jonathan Schooler, Erik Reichle & David Halpern: »Zoning Out While Reading: Evidence for Dissociations Between Experience and Metaconsciousness.« Thinking and Seeing: Visual Metacognition in Adults and Children, Daniel Levin (Hrsg.), Cambridge, MIT Press, S. 203–226, 2004.
17 Eric Klinger & Miles Cox: »Dimensions of Thought Flow in Everyday Life.« Imagination, Cognition, and Personality 7, S. 105–128, 1987–1988.
18 Deborah F. Greenwald & David W. Harder: »Fantasies, Coping Behaviour and Psychopathology.« Journal of Clinical Psychology 59, 1089–1095, Oktober 2003.
19 John Kounios, Jennifer L. Frymiare, Edward M. Bowden, Jessica I. Fleck, Karuna Subramaniam, Todd B. Parrish & Mark Jung-Beeman: »The Prepared Mind: Neural Activity Prior to Problem Presentation Predicts Subsequent Solution by Sudden Insight.« Psychological Science 17, S. 882–890, 2006.
20 Kalina Christoff, Alan M. Gordon, Jonathan Smallwood, Rachelle Smith & Jonathan W. Schooler: »Experience Sampling during fMRI Reveals Default Network and Executive System Contributions to Mind Wandering.« Proceedings of the National Academy of Sciences of the United States of America 106, S. 8719–8724, 2009.
21 Malia F. Mason, Michael I. Norton, John D. Van Horn, Daniel M. Wegner, Scott T. Grafton & C. Neil Macrae: »Wandering Minds: The Default Network and Stimulus-Independent Thought.« Science 315, S. 393–395, 2007.
22 Jackie Andrade: »What Does Doodling Do?« Applied Cognitive Psychology 24, S. 100–106, 2010.

23 K. Anders Ericsson, Ralf Th. Krampe & Clemens Tesch-Romer: »The Role of Deliberate Practice in the Acquisition of Expert Performance.« Psychological Review 100, S. 363–406, 1993. Malcolm Gladwell: »Outliers: The Story of Success.« New York: Little, Brown and Company/Hachette Book Group, 2008.
24 Nicholas O. Rule & Nalini Ambady: »The Face of Success: Inferences From Chief Executive Officers' Appearance Predict Company Profits.« Psychological Science 19, S. 109–111, 2008.
25 Timothy D. Wilson & Jonathan W. Schooler: »Thinking Too Much: Introspection Can Reduce the Quality of Preferences and Decisions.« Journal of Personality and Social Psychology 60, S. 181–192, 1991.
26 Ap Dijksterhuis, Rick B. van Baaren, Karin C. A. Bongers, Maarten W. Bos, Matthijs L. van Leeuwen & Andries van der Leij: »The Rational Unconscious: Conscious versus Unconscious Thought in Complex Consumer Choice.« Social Psychology of Consumer Behavior, Michaela Wanke (Hrsg.), S. 468–477, 2009.
27 Ebd.
28 Ap Dijksterhuis & Loran F. Nordgren: »A Theory of Unconscious Thought.« Perspectives on Psychological Science 1, S. 95–109, 2006.
29 Ben R. Newell, Kwan Yao Wong, Jeremy C. H. Cheung & Tim Rakow: »Think, Blink or Sleep on it? The Impact of Modes of Thought on Complex Decision Making.« The Quarterly Journal of Experimental Psychology 62, S. 707–732, 2009. John W. Payne, Adriana Samper, James R. Bettman & Mary Frances Luce: »Boundary Conditions on Unconscious Thought in Complex Decision Making.« Psychological Science 19, S. 1118–1123, 2008.
30 Dijksterhuis et al.: »The Rational Unconscious.«

31 Jaap Ham, Kees van den Bos & Evert A. Van Doorn: »Lady Justice Thinks Unconsciously: Unconscious Thought Can Lead to More Accurate Justice Judgments.« Social Cognition 27, S. 509–521, 2009.
32 John A. Bargh, Mark Chen & Lara Burrows: »Automaticity of Social Behaviour: Direct Effects of Trait Construct and Stereotype Activation on Action.« Journal of Personality and Social Psychology 71, S. 230–244, 1996.
33 Rob Gray & Russ Branaghan: »Changing Driver Behaviour Through Unconscious Stereotype Activation.« Proceedings of the Fifth International Driving Symposium on Human Factors in Driver Assessment, Training and Vehicle Design, 2009.
34 Robert Levine: »A Geography of Time.« New York: Basic Books, 1997.
35 Ebd.
36 Robert V. Levine, Karen Lynch, Kunitate Miyake & Marty Lucia: »The Type A City: Coronary Heart Disease and the Pace of Life.« Journal of Behavioral Medicine 12, S. 509–524, 1989.
37 Robert V. Levine, Stephen Reysen & Ellen Ganz: »The Kindness of Strangers Revisited: A Comparison of 24 US Cities.« Social Indicators Research 85, S. 461–481, 2009.
38 Levine et al.: »The Type A City.«
39 John M. Darley & C. Daniel Batson: »From Jerusalem to Jericho: A Study of Situational and Dispositional Variables in Helping Behaviour.« Journal of Personality and Social Psychology 27, S. 100–108, 1973.
40 Ebd., S. 101.
41 Ebd., S. 102.
42 Stanley Milgram: »The Experience of Living in Cities.« Science 167, S. 1461–1468, März 1970.
43 Ebd.

Kapitel 5: Zorn

1 The Oxford English Dictionary Online, »violence«, abgerufen am 29. Dezember 2010: http://www.oed.com: 80/Entry/223638.
2 Joel R. Davitz: »The Language of Emotion.«, New York: Academic Press, 1969.
3 Jill Lobbestael, Arnoud Arntz & Reinout W. Wiers: »How to Push Someones Buttons: A Comparison of Four Anger-Induction Methods.« Cognition and Emotion 22, S. 353–373, 2008.
4 Howard Kassinove, Denis G. Sukhodolsky, Sergei V. Tsytsarev & Svetlana Solovyova: »Self-Reported Anger Episodes in Russia and America.« Journal of Social Behaviour and Personality 12, S. 301–324, 1997. H. Meltzer: »Student's Adjustments in Anger.« Journal of Social Psychology 4, S. 285–309, August 1933.
5 Janice E. Williams, Catherine C. Paton, Ilene C. Siegler, Marsha L. Eigenbrodt, F. Javier Nieto & Herman A. Tyroler: »Anger Proneness Predicts Coronary Heart Disease Risk: Prospective Analysis From the Atherosclerosis Risk in Communities (ARIC) Study.« Circulation 101, S. 2034–2039, Mai 2000. Patricia P. Chang, Daniel E. Ford, Lucy A. Meoni, Nae-Yuh Wang & Michael J. Klag: »Anger in Young Men and Subsequent Premature Cardiovascular Disease: The Precursors Study.« Archives of Internal Medicine 162, S. 901–906, 2002. Jerry L. Deffenbacher, Maureen E. Huff, Rebekah S. Lynch, Eugene R. Oetting & Natalie F. Salvatore: »Characteristics and Treatment of High-Anger Drivers.« Journal of Counseling Psychology 47, S. 5–17, 2000.
6 Mario Mikulincer: »Reactance and Helplessness Following Exposure to Unsolvable Problems: The Effects of Attributio-

nal Style.« Journal of Personality and Social Psychology 54, S. 679–686, 1988.
7 Michael Cosio: »Soda Pop Vending Machine Injuries.« Journal of the American Medical Association 260, S. 2697–2699, 1988.
8 Charles S. Carver & Eddie Harmon-Jones: »Anger Is an Approach-Related Affect: Evidence and Implications.« Psychological Bulletin 135, S. 183–204, 2009.
9 Ebd.
10 Maya Tamir, Christopher Mitchell & James J. Gross: »Hedonic and Instrumental Motives in Anger Regulation.« Psychological Science 19, S. 324–328, 2008.
11 Brett Q. Ford, Maya Tamir, Tad T. Brunyé, William R. Shirer, Caroline R. Mahoney & Holly A. Taylor: »Keeping Your Eyes on the Prize: Anger and Visual Attention to Threats and Rewards.« Psychological Science 21, S. 1098–1105, 2010.
12 John Cassian: »The Institutes of the Coenobia, and the Remedies for the Eight Principal Vices«, Übers. Boniface Ramsey, Ancient Christian Writers, Nr. 58. Mahwah: Newman Press, 2000.
13 Norbert Schwarz & Gerald L. Clore: »Mood, Misattribution, and Judgments of Well-Being: Informative and Directive Functions of Affective States.« Journal of Personality and Social Psychology 45, S. 513–523, 1983.
14 Jennifer S. Lerner & Dacher Keltner: »Fear, Anger, and Risk.« Journal of Personality and Social Psychology 81, S. 146–159, 2001.
15 Maia J. Young, Larissa Z. Tiedens, Heajung Jung & Ming-Hong Tsai: »Mad Enough to See the Other Side: Anger and the Search for Disconfirming Information.« Cognition and Emotion 25, S. 10–21, 2011.
16 Ebd.

17 Wesley G. Moons & Diane M. Mackie: »Thinking Straight While Seeing Red: The Influence of Anger on Information Processing.« Personality and Social Psychology Bulletin 33, S. 706–720, 2007.
18 Joseph Henrich, Steven J. Heine & Ara Norenzayan: »The Weirdest People in the World.« Behavioral and Brain Sciences 33, S. 61–83, 2010.
19 Jonathan Haidt: »The New Synthesis in Moral Psychology.« Science 316, S. 998–1002, 2007. Jonathan Haidt & Jesse Graham: »When Morality Opposes Justice: Conservatives Have Moral Intuitions That Liberals May Not Recognize.« Social Justice Research 20, S. 98–116, März 2007.
20 Haidt & Graham, ebd.
21 Henrich, Heine & Norenzayan: »The Weirdest People in the World.«
22 Jonathan Haidt: »The Emotional Dog and Its Rational Tail: A Social Intuitionist Approach to Moral Judgment.« Psychological Review 108, S. 814–834, 2001. Paul Rozin, Laura Lowery, Sumio Imada & Jonathan Haidt: »The CAD Triad Hypothesis: A Mapping Between Three Moral Emotions (Contempt, Anger, Disgust) and Three Moral Codes (Community, Autonomy, Divinity).« Journal of Personality and Social Psychology 76, S. 574–586, 1999.
23 Roberto Gutierrez & Roger Giner-Sorolla: »Anger, Disgust, and Presumption of Harm as Reactions to Taboo-Breaking Behaviors.« Emotion 7, S. 853–868, 2007.
24 Joydeep Srivastava, Francine Espinoza & Alexander Fedorikhin: »Coupling and Decoupling of Unfairness and Anger in Ultimatum Bargaining.« Journal of Behavioral Decision Making 22, S. 475–489, 2009.
25 Larissa Z. Tiedens: »Anger and Advancement Versus Sadness and Subjugation: The Effect of Negative Emotion Expres-

sions of Social Status Conferral.« Journal of Personality and Social Psychology 80, S. 86–94, 2001.
26 Ebd.
27 Ebd.
28 Maureen Dowd: »Who's Hormonal? Hillary or Dick?« The New York Times, A21, 8. Februar, 2006.
29 Adam Nagourney: »Calling Senator Clinton ›Angry‹, G.O.P. Chairman Attacks.« The New York Times, A16, 5. Februar, 2006.
30 Victoria L. Brescoll & Eric Luis Uhlmann: »Can an Angry Woman Get Ahead? Status Conferral, Gender, and Expression of Emotion in the Workplace.« Psychological Science 19, S. 268–275, 2008.
31 Gerben A. van Kleff, Carsten K. W. De Dreu & Antony S. R. Manstead: »The Interpersonal Effects of Anger and Happiness in Negotiations.« Journal of Personality and Social Psychology 86, S. 57–76, 2004.
32 Marwan Sinaceur & Larissa Z. Tiedens: »Get Mad and Get More Than Even: When and Why Anger Expression is Effective in Negotiations.« Journal of Experimental Social Psychology 42, S. 314–322, 2006.
33 Gerben A. van Kleef & Stéphane Côté: »Expressing Anger in Conflict: When it Helps and When it Hurts.« Journal of Applied Psychology 92, S. 1557–1569, 2007.
34 Hajo Adam, Aiwa Shirako & William W. Maddux: »Cultural Variance in the Interpersonal Effects of Anger in Negotiations.« Psychological Science 21, S. 882–889, 2010.
35 James R. Averill: »Studies on Anger and Aggression: Implications for Theories of Emotion.« American Psychologist 38, S. 1145–1160, November 1983. Howard Kassinove et al.: »Self-Reported Anger Episodes in Russia and America.« Journal of Social Behaviour and Personality 12, S. 301–324, 1997.

36 Howard Kassinove et al.: »Self-Reported Anger Episodes in Russia and America.« Journal of Social Behaviour and Personality 12, S. 301–324, 1997. Raymond Chip Tafrate, Howard Kassinove & Louis Dundin: »Anger Episodes in High- and Low-Trait-Anger Community Adults.« Journal of Clinical Psychology 58, 1573–1590, 2002.
37 Kassinove et al.: »Self-Reported Anger Episodes in Russia and America.«
38 Tafrate, Kassinove & Dundin: »Anger Episodes in High- and Low-Trait-Anger Community Adults.«
39 Mary Gordon: »Anger.« Deadly Sins, Thomas Pynchon (Hrsg.), New York: William Morrow and Company, Inc., 1993.

Kapitel 6: Neid

1 W. Gerrod Parrott & Richard H. Smith: »Distinguishing the Experiences of Envy and Jealousy.« Journal of Personality and Social Psychology 64, S. 906–920, 1993.
2 Leon Festinger: »A Theory of Social Comparison Processes.« Human Relations 7, S. 117–140, 1954.
3 Francis Bacon: »Of Envy.« The Essays, London: Penguin Group, S. 83–87, 1985.
4 Daniel T. Gilbert, Kathryn A. Morris & R. Brian Giesler: »When Comparisons Arise.« Journal of Personality and Social Psychology 69, S. 227–236, 1995.
5 Lisa G. Aspinwall & Shelley E. Taylor: »Effects of Social Comparison Direction, Threat, and Self-Esteem on Affect, Self-Evaluation, and Expected Success.« Journal of Personality and Social Psychology 64, S. 708–722, 1993.
6 Ladd Wheeler: »Motivation as a determinant of upward comparison.« Supplement 1, Journal of Experimental Social Psychology, S. 27–31, 1966.

7 Penelope Lockwood & Ziva Kunda: »Superstars and Me: Predicting the Impact of Role Models on the Self.« Journal of Personality and Social Psychology 73, S. 91–103, 1997.
8 George Loewenstein: »Anticipation and the Valuation of Delayed Consumption.« The Economic Journal 97, S. 666–684, September 1987.
9 Ebd.
10 Richard H. Smith & Sung Hee Kim: »Comprehending Envy.« Psychological Bulletin 133, S. 46–64, 2007.
11 Camille S. Johnson & Diederik A. Stapel: »No Pain, No Gain: The Conditions Under Which Upward Comparisons Lead to Better Performance.« Journal of Personality and Social Psychology 92, S. 1051–1067, 2007.
12 Hart Blanton, Bram P. Buunk, Frederick X. Gibbons & Hans Kuyper: »When Better-Than-Others Compare Upward: Choice of Comparison and Comparative Evaluation as Independent Predictors of Academic Performance.« Journal of Personality and Social Psychology 76, S. 420–430, 1999.
13 John J. Seta: »The Impact of Comparison Processes on Co-actors' Task Performance.« Journal of Personality and Social Psychology 42, S. 281–291, 1982. David M. Marx & Jasmin S. Roman: »Female Role Models: Protecting Women's Math Test Performance.« Personality and Social Psychology Bulletin 28, S. 1183–1193, 2002.
14 Naomi Mandel, Petia K. Petrova & Robert B. Cialdini: »Images of Success and the Preference for Luxury Brands.« Journal of Consumer Psychology 16, S. 57–69, 2006.
15 Lockwood & Kunda: »Superstars and Me.«
16 Ebd.
17 Timothy D. Wilson, Thalia Wheatley, Jonathan M. Meyers, Daniel T. Gilbert & Danny Axsom: »Focalism: A Source of

Durability Bias in Affective Forecasting.« Journal of Personality and Social Psychology 78, S. 821–836, 2000.
18 Philip Brickman, Dan Coates & Ronnie Janoff-Bulman: »Lottery Winners and Accident Victims: Is Happiness Relative?« Journal of Personality and Social Psychology 36, S. 917–927, 1978.
19 Richard E. Lucas & Andrew E. Clark: »Do People Really Adapt To Marriage?« Journal of Happiness Studies 7, S. 405–426, 2006. Richard E. Lucas, Andrew E. Clark, Yannis Georgellis & Ed Diener: »Reexamining Adaptation and the Set Point Model of Happiness: Reactions to Changes in Marital Status.« Journal of Personality and Social Psychology 84, S. 527–539, 2003.
20 Jaime L. Kurtz, Timothy D. Wilson & Daniel T. Gilbert: »Quantity Versus Uncertainty: When Winning One Prize is Better Than Winning Two.« Journal of Experimental Social Psychology 43, S. 979–985, 2007.
21 Timothy Wilson, Jay Meyers & Daniel Gilbert: »›How Happy Was I, Anyway?‹ A Retrospective Impact Bias.« Social Cognition 21, S. 407–432, 2003.
22 Timothy Wilson, David Centerbar, Deborah Kermer & Daniel Gilbert: »The Pleasures of Uncertainty: Prolonging Positive Moods in Ways People Do Not Anticipate.« Journal of Personality and Social Psychology 88, S. 5–21, 2005.
23 Douglas H. Wedell & Allen Parducci: »The Category Effect in Social Judgment: Experimental Ratings of Happiness.« Journal of Personality and Social Psychology 55, S. 341–356, 1988.
24 Christopher K. Hsee, Reid Hastie & Jingqiu Chen: »Hedonomics. Bridging Decision Research With Happiness Research.« Perspectives on Psychological Science 3, S. 224–243, 2008.

25 Christopher K. Hsee, Yang Yang, Naihe Li & Luxi Shen: »Wealth, Warmth, and Well-Being: Whether Happiness is Relative or Absolute Depends on Whether It Is About Money, Acquisition, or Consumption.« Journal of Marketing Research 46, S. 396–409, 2009.
26 Ebd.

Kapitel 7: Hochmut

1 Stanford M. Lyman: »The Seven Deadly Sins: Society and Evil.« Rev. Ed., Dix Hills, NY: General Hall, Inc., S. 136, 1989. Michael Eric Dyson: »Pride. The Seven Deadly Sins.« New York, Oxford University Press, 2006. Matthew Baasten: »Pride According to Pope Gregory the Great: A Study of the Moralia.« Lewinston, New York: Edwin Mellen Press, 1986.
2 Jessica L. Tracy & Richard W. Robins: »The Psychological Structure of Pride: A Tale of Two Facets.« Journal of Personality and Social Psychology 92, S. 506–525, 2007.
3 Aristoteles: »Die Nikomachische Ethik.« Ditzingen: Reclam, 1986.
4 Jessica L. Tracy & Richard W. Robins: »The Psychological Structure of Pride«.
5 Martin Amis: »The Moronic Inferno.« London: Jonathan Cape, S. 105, 1986.
6 Gore Vidal: »Pride.« »Deadly Sins«, Thomas Pynchon (Hrsg.), New York: William Morrow and Company, Inc., S. 67, 1993.
7 Jessica L. Tracy, Azim F. Shariff & Joey T. Cheng: »A Naturalist's View of Pride.« Emotion Review 2, S. 163–177, April 2010.
8 Roy F. Baumeister, Jennifer D. Campbell, Joachim I. Krueger & Kathleen D. Vohs: »Does High Self-Esteem Cause

Better Performance, Interpersonal Success, Happiness or Healthier Lifestyles?« Psychological Science in the Public Interest 4, S. 1–44, Mai 2003.
9 Lisa A. Williams & David DeSteno: »Pride and Perseverance: The Motivational Role of Pride.« Journal of Personality and Social Psychology 94, S. 1007–1017, 2008.
10 Willem Verbeke, Frank Belschak & Richard P. Bagozzi: »The Adaptive Consequences of Pride in Personal Selling.« Journal of the Academy of Marketing Science 32, S. 386–402, 2004.
11 Mary M. Herrald & Joe Tomaka: »Patterns of Emotion-Specific Appraisal, Coping, and Cardiovascular Reactivity During an Ongoing Emotional Episode.« Journal of Personality and Social Psychology 83, S. 434–450, 2002.
12 Lisa A. Williams & David DeSteno: »Pride: Adaptive Social Emotion or Seventh Sin?« Psychological Science 20, S. 284–288, 2009.
13 Ebd.
14 Jessica L. Tracy, Joey T. Cheng, Richard W. Robins & Kali H. Trzesniewski: »Authentic and Hubristic Pride: The Affective Core of Self-Esteem and Narcissism.« Self and Identity 8, S. 196–213, 2009.
15 MacArthur Foundation Research Network on Successful Midlife Development: »Midlife in the United States: A National Study of Health and Well-Being«, 1994–1995.
16 Daniel Hart & M. Kyle Matsuba: »The Development of Pride and Moral Life.« The Self-Conscious Emotions: Theory and Research, Jessica L. Tracy, Richard W. Robins and June Price Tangney (Hrsg.), New York: The Guilford Press, S. 114–133, 2007.
17 Robert B. Cialdini, Richard J. Borden, Avril Thorne, Marcus Randall Walker, Stephen Freeman & Lloyd Reynolds Sloan:

»Basking in Reflected Glory: Three (Football) Field Studies.« Journal of Personality and Social Psychology 34, S. 366–375, 1976.
18 Chris B. Miller: »Yes We Did! Basking in Reflected Glory and Cutting Off Reflected Failure in the 2008 Presidential Election.« Analyses of Social Issues and Public Policy 9, S. 283–296, 2009.
19 Tracy et al.: »Authentic and Hubristic Pride.«
20 Claire E. Ashton-James & Jessica L. Tracy: »Pride and Prejudice: How Feelings About the Self Influence Judgments of Others.« Zur Publikation freigegebenes Manuskript.
21 W. Keith Campbell & Laura E. Buffardi: »The Lure of the Noisy Ego: Narcissism as a Social Trap.« Quieting the Ego: Psychological Benefits of Transcending Egotism, J. Bauer & H. Wayment (Hrsg.), Washington, DC: American Psychological Association, S. 23–32, 2008.
22 Ebd.
23 Ebd.
24 Jessica L. Tracy & David Matsumoto: »The Spontaneous Expression of Pride and Shame: Evidence for Biologically Innate Nonverbal Displays.« Proceedings of the National Academy of Sciences of the United States of America 105, S. 11655–11660, 2008.
25 Jessica L. Tracy & Richard W. Robins: »Show Your Pride: Evidence for a Discrete Emotion Expression.« Psychological Science 15, S. 194–197, 2004. Jessica L. Tracy, Richard W. Robins & Kristin H. Lagattuta: »Can Children Recognize the Pride Expression?« Emotion 5, S. 251–257, 2005. Jessica L. Tracy and Richard W. Robins: »The Nonverbal Expression of Pride: Evidence for Cross-Cultural Recognition.« Journal of Personality and Social Psychology 94, S. 516–530, 2008.
26 Michael D. Ruel: »Vanity Tax: How New Jersey Has Opened Pandora's Box by Elevating Its Moral Judgment About

Cosmetic Surgery Without Consideration of Fair Health Care Policy.« The Journal of Legal Medicine 28, S. 119–134, 2007.
27 David J. Berri, Rob Simmons, Jennifer Van Gilder & Lisle O'Neill: »What Does it Mean to Find the Face of the Franchise? Physical Attractiveness and the Evaluation of Athletic Performance.« Präsentiert bei der Western Economic Association International 85th Annual Conference, Portland, 29. Juni – 3. Juli 2010.
28 Vicki Ritts, Miles L. Patterson & Mark E. Tubbs: »Expectations, Impressions, and Judgments of Physically Attractive Students: A Review.« Review of Educational Research 62, S. 413–426, 1992.
29 Daniel S. Hamermesh & Jeff E. Biddle: »Beauty and the Labor Market.« American Economic Review 84, S. 1174–1194, 2004.
30 Ebd.
31 Naci Mocan & Erdal Tekin: »Ugly Criminals.« The Review of Economics and Statistics 92, S. 15–30, 2010.
32 Judith Langlois, Lisa Kalakanis, Adam Rubenstein, Andrea Larson, Monica Hallam & Monica Smoot: »Maxims or Myths of Beauty? A Meta-Analytic and Theoretical Review.« Psychological Bulletin 126, S. 390–423, 2000.
33 Stephen West & Jan Brown: »Physical Attractiveness, the Severity of the Emergency and Helping: A Field Experiment and Interpersonal Simulation.« Journal of Experimental Social Psychology 11, S. 531–538, 1975.
34 Michael T. French, Philip K. Robins, Jenny F. Homer & Lauren M. Tapsell: »Effects of Physical Attractiveness, Personality, and Grooming on Academic Performance in High School.« Labour Economics 16, S. 373–382, 2009.
35 Sam Gosling: »Snoop: What Your Stuff Says About You.« London: Profile Books, 2008.

36 Ebd.
37 Monroe Lefkowitz, Robert R. Blake & Jane Srygley Mouton: »Status Factors in Pedestrian Violation of Traffic Signals.« Journal of Abnormal and Social Psychology 51, S. 704–706, November 1955.
38 Christopher Hitchens: »The Hitch – Geständnisse eines Unbeugsamen«, München: Karl Blessing Verlag, 2011.

Schlusswort

1 Andy Ridgway: »The Human Brain: Hardwired to Sin.« BBC Focus 212, 2010.
2 Nicola Gori: »The New Forms of Social Sin.« l'Osservatore Romano, 9. März 2008.
3 Craig Brown: »Out with the Old Deadly Sins, in with the New.« Scotsman, 7. Februar 2005.

Über den Autor

Simon M. Laham, PhD, ist ein experimenteller Sozialpsychologe. Zurzeit ist er Dozent und wissenschaftlicher Mitarbeiter im Fachbereich Psychological Sciences an der University of Melbourne, Australien. Vor seinem Umzug nach Melbourne studierte Simon an der University of New South Wales und arbeitete an der University of Oxford. Er hat zahlreiche wissenschaftliche Artikel zum Thema moralische Psychologie und Emotion veröffentlicht. Seine populärwissenschaftlichen Arbeiten sind im *New Statesman* erschienen. Dies ist sein erstes Buch.

Simon bloggt auf themoralpsychologist.com. Außerdem finden Sie ihn auf simonlaham.com.